# 你的IP
# 价值百万

所长老金◎著

IP⁺

人民东方出版传媒
People's Oriental Publishing & Media
东方出版社
The Oriental Press

**图书在版编目（CIP）数据**

你的IP价值百万 / 所长老金 著. — 北京：东方出
版社, 2022.12

ISBN 978-7-5207-2066-3

Ⅰ.①你… Ⅱ.①所… Ⅲ.①网络营销
Ⅳ.①F713.365.2

中国版本图书馆CIP数据核字(2022)第223655号

**你的 IP 价值百万**

（NI DE IP JIAZHI BAI-WAN）

作　　　者：所长老金
责 任 编 辑：辛春来
出　　　版：东方出版社
发　　　行：人民东方出版传媒有限公司
地　　　址：北京市东城区朝阳门内大街166号
邮　　　编：100010
印　　　刷：河北盛世彩捷印刷有限公司
版　　　次：2022年12月第1版
印　　　次：2022年12月第1次印刷
开　　　本：710毫米×1000毫米　1/16
印　　　张：20
字　　　数：307千字
书　　　号：ISBN 978-7-5207-2066-3
定　　　价：59.00元
发 行 电 话：（010）85924663　85924644　85924641

# 目 录

# 序言
## ——从落榜生到估值2.5亿元的创业者

Hi，你好，我是新IP掘金所的所长老金。

2017年10月，刚办完婚礼的我拿着10万元份子钱，开始了人生第3次创业。

在创业的舞台上，我很幸运，是那种一出场就享受高光时刻的人——仅在公司成立22天后，就拿到了"真格基金"400万元天使轮融资，成了"被徐小平选中的男人"。

在之后的几年中，我经历了从一个人创业到拥有四五百人的团队；业绩从单月5万元到年营收破亿；融资从天使轮的数百万元，到融资额数千万元，估值2.5亿元的A+轮……直到2021年"双减"政策落地前的一个月，我把公司战略并购出售，经历了整个创业闭环和完整的商业周期。

在朋友和学员眼中，我这个生在长在浙江的南方人，好像天生就是创业的料！然而，在走上创业道路前，我曾经是一个普通到不能再普通、平庸到不能再平庸的学习后进生、高考落榜生、传销失足少年、三尺讲台上的低颜值老师。

今天，是我们第一次认识，我想占用你10分钟时间，让这篇序言带你了解一下这个即将要和你"发生关系"的所长老金。

# 01 落榜：与名校擦肩而过

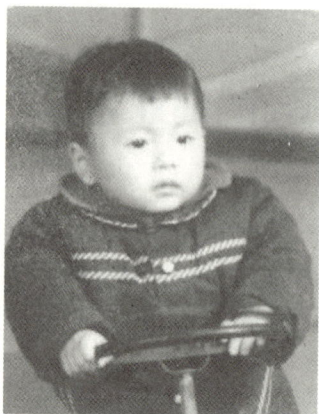

▲ 小时候的我，也曾帅气可爱

可能南方人真的有眉清目秀、清新俊逸的基因。不信？看看我一周岁时候拍的照片。然而，等我读高中的时候，体重已经达到了185斤！

我是怎么胖的？在亲戚和家人口中，一直流传着一个关于我怎么变胖的传说：在我9岁那年，有一次放学回家，我偷吃了一整只鸡——这不是一只普通的鸡，而是给我14岁的、正在发育中的大姐补充营养的补品鸡。据说自那之后，我整个人就开始"膨胀"了！

肥胖导致我整个高中阶段始终活在巨大的自卑和压抑中。内心敏感的我听到身边的人都喊我"胖子"，感到非常恼火，却不敢反驳；我学习十分刻苦，但成绩却始终徘徊在班级的后40%；班主任也不喜欢我，我明明不是班里个子最高的，却把我的座位安排在最后一排。这些都让我更加自卑。

▲ 2001 年，读高一的我，已经胖到和小时候判若两人

写到这里，你已经发现，我并不是那种一出场就自带精英气质的学霸人设。没错，我虽然不是学渣，但绝对是那种天赋不高、学习极度刻苦但又考不出好成绩的后进生。果然，高考成绩发榜时，我考了450分，成绩决定我只能选择普通大学的三本专业。

我清晰地记得，在高考前的"誓师大会"上，我信誓旦旦地喊出了"我要考浙大"的目标，那时的我期待超常发挥和奇迹降临在自己身上。那时，班主任笑了，同学笑了，我爸妈也无奈地笑了。然而，没有奇迹发生，我"稳定"

地发挥出以往的水平——400多分，我落榜了。

我想复读，先不说一定能考上浙大，但是至少要读个一本啊！这时，我大姐——对，就是那个被我抢了一只补品鸡的大姐，第一个跳出来反对，她冷言冷语地说道："你还是别复读了，得再花一年的时间和复读费不说，搞不好考得还不如今年，最后得去读大专呢！"

我知道大姐并没有恶意，而且从小到现在，大姐对我一直疼爱有加。我也相信大姐不是一个见不得弟弟好的人。那时候，她的反对其实只是想刺激一下我的斗志、确认一下我的决心。

然而，我怂了。我听从家人的意见，不复读了，心想：就去三本学校吧，好歹是个大学本科！都说人在做完决定之后，是最轻松的。然而，我却变得更加自责和自卑，讨厌自己没有勇气坚持自己的想法。我悲观乃至绝望地认为：没有读浙大，而是去了个三本学校，我这辈子，没戏了！

哀莫大于心死。一个高中刚毕业的17岁的少年，已经觉得自己的人生没希望了！

# 02　减肥：两个月减掉40斤

在拿到了大学录取通知书等待开学的那个暑假，我心情压抑，万念俱灰。

有一天，大姐的"毒舌功"又发作了。她看着像烂泥一样躺在床上睡得昏天黑地的我说："你看你，考成这样，还这么胖，你以后可怎么办？肯定连工作都找不到，别提找老婆了。"

大姐彻底激到我了——不管是刺激，还是激励，总之，激到我了。我决心减肥！不是为了让自己的人生有个新的开始，不是为了让自己有个更瘦、更帅的形象进入大学，只是为了向大姐证明，她把我想成"像个废物一样的胖子"是不对的！

有时候，朋友的鼓励，足以让你优秀；而"敌人"的嘲讽，却能让你变得卓越！

我要减肥——哦，不！不是要减肥，而是一定要、一定能减肥！

都说减肥靠的是"管住嘴，迈开腿"，但在我看来，所有的减肥方法——科学饮食、多喝早睡、食物热量监测，甚至药物干预，都不如一个因素——你的决心。既然下定决心减肥，后面的操作法，也就是自然而然的事情了：

一天24小时中，我大概有15小时是在运动。早上起床，马上去跑步；吃过早饭，开始举哑铃、跳绳、跳远、跳高；下午室外的太阳毒辣，就把自己关在家里，伴着摇滚乐疯狂地"跳舞"，当然，所谓"跳舞"，不过就是"抖肉运动"罢了；晚上，再来一组至少100个的俯卧撑。

两个月后，我瘦了近40斤！

每每我在村子里走动，总能听到街坊邻居大爷大妈在我背后说："啧啧，这不是那谁家的儿子吗？怎么瘦了这么多？还变帅了！"

坦白说，这是我人生中第一次体会到自信和成就感。尽管那时候的我，还没勇敢到再次和大姐和爸妈说我要复读一年，考进浙大，但是我开始明白：这个世界上有一种叫作"相信"的东西，只要你相信自己可以，你就真的可以！

## 03 突破：从哑巴英语到斩获英语演讲大赛冠军

带着减肥成功后的自信，我轻松愉快地踏进大学校园，之前高考失利的阴霾也一去不返。

大学一年级，我彻底放飞自我：没日没夜地泡在学校西门旁的网吧里，上QQ、看电影、打CS……恨不得衣食住行都在网吧里解决，我为此翘课，期末挂科当然也在预料之中了。这种堕落的状态，直到当时深爱的女朋友向我提出分手才有所改变。我清楚地记得她说："你太堕落了，没有一点儿上进心，也没有目标和人生规划，我担心和你待在一起久了，自己也会变成你这样，我们分手吧！"这时，我才开始觉醒：我是不是真的太堕落了，注定这辈子没希望了？是的，高考落榜后的那种"觉得自己这辈子没戏了"的绝望，再次扑面而来！

可最终，我是幸运的。

如果说高考结束后的决心变好，是因为毒舌大姐这个"敌人"的话，那大学时期的这次"变好",则来自我生命中的第一位"贵人",他就是新东方的创始人兼董事长——俞敏洪老师。

大二开学,一个偶然的机会,同系的一个朋友,喊我去杭州黄龙体育中心听俞敏洪老师和徐小平老师的演讲。我想到可以顺道逛逛一直没去但很想去的杭州延安路,就和他一起去了。

这是一场神奇的讲座!

俞敏洪老师站在隔着老远的体育馆中央演讲,他的身影模糊而渺小,然而,他风趣幽默的口才、跌宕起伏的人生故事、脱口而出的流利英文,却让他看起来那么清晰伟岸、潇洒高大!听完那场讲座回来后,我中了英语的毒,开始疯狂学英语。

而掌握英语这门语言,则成了我后来人生发展的主线索:我的每一个机会、每一次飞跃,甚至事业东山再起的每一个新起点,都和英语有关。所以我总说,俞敏洪老师是我的贵人。

如果说一个人想做成一件事的动力包括外力和内力两种,那么内心觉醒带来的内在动力,一定强于外在的推力数万倍。我开启了像当年减肥时的疯狂模式,而且我也相信,我一定能学好英语!

我是怎样从零基础哑巴英语开始学的呢?

第一,练习发音。我找了VOA(Voice of America《美国之音》)的Special English作为素材,像小孩模仿大人说话一样,一个音标一个音标、一个单词一个单词、一个短句一个短句地跟读、模仿。尽管那时我连音标都认不全,但我并不在乎,只想保证发音正确。两个月后,我在发音方面初见成效,至少已经有外教开始夸我发音不错了。

第二,学习英文句子。我给自己定了一个目标,每天必须背会10个英文句子;再把这些句子抄写在小卡牌上,这样就能随身携带,随时朗读。那时,学校的马路上、图书馆大楼前、湖边情人坡上……到处都能看到我读英语的身影。

就这样,又过了两个月,我背下来五六百个英文句子。这时,奇迹发生了:我不仅会背这几百个句子了,还会不经思考地自由组装造句了。而且,我再去英语角，就成了绝对的主角，那些喜欢英语的女孩子开始主动上前和我用英语交流——那种被人重视，尤其是被异性重视的感觉，真好！

于是，我鼓起勇气，以一个三本经管专业学生的身份，报名参加了外语学院高手云集的"CCTV杯"英语演讲大赛。当然，那次我没能拿到名次。我虽然学了四五个月英语，但是除了发音纯正、能开口讲之外，和那些受过专业英语训练的高手相比，依然差得很远。

放弃吗？不，我不服，我一定要拿下一次英语演讲比赛的冠军！

幸运的是，在一次英语角上，学校的一位外教在夸我"英语真好"的同时，指出了我的不少问题：英语思维不够地道、词汇表达不够灵活、西方文化底蕴不足……

于是我主动要求花钱请她教我英语。跟着她学习了不到3个月，我基本掌握了地道英语的学习方法：我用她教的背诵方法和"英汉对译平比法"，每天能背300个词左右的英语短文，每当看到中文句子，就能瞬间转述成地道的英语。

然后，我第二次报名参加了"CCTV杯"英语演讲大赛。

这次，我一举拿下了全场比赛的冠军。

▲ 三本经管专业的我拿到了"CCTV杯"英语演讲大赛冠军

从高中开始就喜欢自己躲着默默学习的我，第一次感受到好老师带给自己的不仅是屡试不爽的小方法、小技巧，更是一套破解问题本质的底层逻辑！也是从那时起，我形成了一种思维——一定要向最好、最贵、最有结果的老师学习，这样最节省时间，最能收获成果。

再说回这次演讲比赛。这是我人生中的第一个冠军奖杯，我也再次品尝到减肥成功之后的那种自信的感觉。

当我站在台上，接过外语学院党委书记颁发给我的奖杯、证书和鲜花的时候，我看到台下一张熟悉的面孔——那个在我大一最堕落的时候离我而去的前女友。

当着报告厅里数百人的面，我大踏步走下舞台，走到她的身边，把手中的鲜花递给她，我说："感谢你当年给我的鞭策，我想我现在，应该没有让你失望！"

我不知道那一刻她内心的想法。但是我很清晰地记得当时我自己内心的想法：回应这个世界对你怀疑的最好方式，不是绝望、认怂，也不是泼辣回击，而是证明给他们看，我真的可以做到（I can make it）！

## 04  注定折腾：我拒绝了留校机会

2007年夏天，我大学本科毕业了。

因为英语能力出众，拿过演讲比赛冠军、国家英语大赛一等奖，创办了一个英语协会等，我在学校也算是个小名人了。

▲  大学毕业那年，我还是满脸的青涩

有一天，学校党委书记把我、学生会主席、社团联合会主席三个人叫去谈话。和我单独谈的时候，书记说："小金，你英语确实不错，也为学校的校风建设起了很好的榜样表率作用。学校国际交流处有个岗位，你要不要选择留校?"

我直愣愣地回答："书记，我想出去看看外面的世界。"

书记看我不经思考地回答，就让我回去再考虑一下，三天后给他答复。

三天后，我给书记递交了一份3000字的感谢信和说明信。

我还是决定不留校。

后来，我和父亲提起这件事时，他把我痛骂了一顿，说我错失了一个影响一生的机会。而且，在日后"闯荡江湖"的岁月里，每每遇到人生低谷甚至是绝境时，父亲都会为我当年的决定感到惋惜。

然而，我从未后悔做出不留校的决定。

每个人都有自己的人生道路，听从内心的声音，潇洒地过自己想要的生活，不是很好吗? 毕竟，人生不长，而且，人生只有一次。

## 05　踏入社会：六进新东方

放弃了留校机会后，我走向社会，自主择业。

因为受俞敏洪老师影响极深，我对新东方有一种近乎崇拜的喜欢。在十几年前的那段时间里，新东方的影响力，较之现在，有过之而无不及。坊间有云：这个世界上，只有两种英语老师，一种叫新东方英语老师，一种叫非新东方英语老师。

因此，我决定去新东方应聘，当一名新东方英语老师。朋友们都劝我："冷静点，你是不可能进新东方的!"

为什么呢?

首先，你不是名校背景；其次，你不是英语专业科班出身；最后，你英语的确好，但是你没有教学经验。

朋友们说的都对，他们是理性的，也是有道理的。但是，我坚信一句话：这个世界上，悲观者往往正确，而乐观者往往成功。

我背着书包，带上简历，拿着试讲讲义，去了新东方面试。

因为我是浙江人，毕业能留在省城杭州工作是极好的。于是，我选择去杭州新东方学校面试。

面试结果出来了，和我朋友的分析完全吻合，我没有通过面试。

我拿出了当年减肥、学英语的那股韧劲，面试回来后，在网上找了各种新东方老师讲课的公开视频，不断设计自己的面试试讲材料，一遍遍地在镜子前演练试讲过程。

3个月后，我第二次踏进杭州新东方的大门，做第二次面试试讲。

结果，又失败了。

面试结果公布后，我一个箭步冲到面试官戴莹老师面前，问她："戴老师，我到底因为什么又落选了？"

戴老师看了我一眼，缓缓地说道："你英语功底确实还不错，但是我们大多数情况下还是招英语专业出身的，还有你的整体风格，包括形象、讲课方式等，都与新东方不太匹配。"

坦白讲，听到这些话的时候，尽管我能感受到她的坦诚，但我内心是绝望的。面对人间真实，不仅要有人间清醒的态度，更要有强大的意志和心力啊。

可我还是不甘心。

我心想，只要能进新东方，在不在杭州已经不重要了。于是，我去了南京新东方面试，两次面试，都以失败告终；我又去了厦门新东方面试，同样是两次，也都失败了。

半年内，我在3个新东方学校累计面试了6次，无论我多坚定、多努力，可最终结果都是失败。

有时候，有些事情，真的是你越用力，结果却越不如意——因为一旦你的思维错了，路径就错了，那么，无论你再怎么努力，结果都会不尽如人意！

在绝望之时，我做了两件事：第一，我翻开了俞敏洪老师当年亲手写在我笔记本上的新东方校训"在绝望中寻找希望，生命终将辉煌"，认真地一遍遍地看，一遍遍地念，一遍遍地给自己鼓励打气。第二，我鼓起勇气拨通了当年被我"拒绝"的党委书记的电话——那时候，我已经意识到：人生卡点，需要高人指点，才能转换思维，获得新机！

党委书记听完我的情况，非但没有因为我当年拒绝留校而心存芥蒂，反而语重心长地和我说："既然是教育机构，都会比较重视面试者的学历背景，你在这方面比较欠缺。趁现在刚毕业，也年轻，去考研究生吧，哪怕是在你读研的时候再去面试，机会也比现在大。"

## 06　进京北漂：誓考研究生，圆梦新东方

我听取了党委书记的建议，决定考研。

既然决定出发，为什么不选一个更大更好的目的地呢？于是，我决定背井离乡，离开浙江去北京，目标是考取北京师范大学的研究生！

那年，过完国庆节，我就一个人背上行囊来了北京。从北京站下来，看着这恢宏的"老北京十大建筑之一"的火车站，看着天桥下川流不息的车辆，看着这座城市的万家灯火，我内心泛起一丝胆怯：这个城市，未来有没有一扇亮着灯光的窗户是属于我的？我到底能不能在这个城市留下来？

容不得再多愁善感，我就开始了在北京的征程。

我花400元在北师大附近租了一个地下室，开始备考研究生。为了节约开支，我每天买几个馒头就着泡面吃，每天只吃两顿；地下室的暖气供应不足，白天就泡在北师大的图书馆里，图书馆关门就去教室里继续学，每天晚上学到凌晨才回家；因为我在本科阶段英语学得比较好，所以节省了大量本应该花在英语上的时间，专心背政治；专业课不会的地方，就去教室里旁听上课；那些可有可无的参考书，为了省钱，我坚决不买，都是趁着其他同学去吃饭的时候，用最快的时间把参考书偷着翻一遍……

距离第二年一月份考研只有两个月的时候，气候干燥、饮食差异引起的水土不服让我非常难受，而且那年北京11月初就开始下雪了，我冻得双手、耳朵都长满了冻疮，脸颊和嘴唇上也裂开了无数道口子。但是，一想到我将在这里征服新东方，在这里扎根，冰天雪地里的我，依然开心得像个孩子。

功夫不负有心人。我以高出北师大分数线40分的成绩通过笔试，进入复试面试环节，由于准备充分，表达力强，加上我在本科时期拿到了13种获奖证

书，我被北师大录取了。

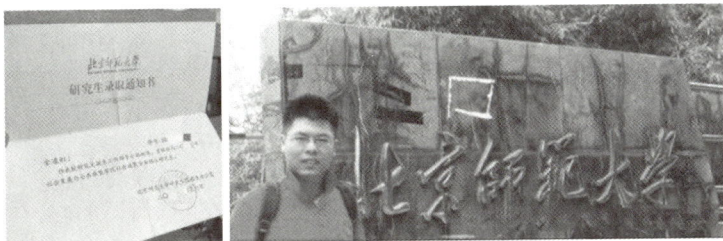

▲ 阶段性逆袭成功：从三本到名校研究生

成功考取北师大研究生，对我而言意义非凡。

不仅学历得到优化，这也是我人生的转折点，然而，它更大的意义在于，我更加坚定地相信：只要有梦想，有目标，辅以科学的方法和不断坚持，一切皆有可能！

我又给党委书记打了一通电话，告诉他我已经考研成功了。

党委书记说："现在你有学历了，可以继续追逐你的梦想了，再去新东方试试吧！"

我准备好简历，把试讲的课件工工整整地打印出来，再次去新东方面试。

只不过这次面试和前6次的经历相比，有两处明显不同：首先，这次面试的是新东方的全国总校——北京新东方；其次，这次我不再是三本毕业的大学生，而是名校北师大的研究生。

这次，我终于被新东方录取了！

得知录取结果后，我给当年面试我的戴莹老师写了一封电子邮件："戴老师，我是去年在杭州新东方面试的学生，当时，您说我的能力和风格与新东方不匹配。现在，我已经应聘成功北京新东方。感谢您当年的教诲，有机会您来北京，我请您吃饭。"

写完邮件，我脑海不禁浮现出五月天唱的那首《倔强》："我和我最后的倔强，握紧双手绝对不放，下一站是不是天堂，就算失望不能绝望。"

也许是之前新东方的面试失败次数太多，研究生备考之路过于艰难，进入新东方之后，我的人生便开始"开挂"了。

进入新东方第一年，我获得了"新东方集团教师说课擂台赛全国冠军"，成为新东方历史上在北京海淀剧院举办专场演讲年龄最小的老师；进入新东方第二年，我开始写书并出版。

2012年，也就是我进新东方的第二年，我的月薪已近10万元，加上出版、录播版税、直播等其他收入，10年前，26岁读研二的我，已经达到年薪百万。

2013年，我成为明星董洁、江映蓉、张远（至上励合队长）等明星的英语老师，个人成长经历被北京影响力最大的报纸之一《新京报》报道，用于鼓励当年的高考考前学子……

▲ 靠自己的努力和能力，挣到人生第一个100万

## 07  不安现状：放弃百万年薪，寻找生命可能

2016年年底，是我在新东方工作的第7个年头。特别感恩新东方这个平台，它不仅让我挣到钱，出了书，各种奖项都拿了一遍，还让我有了北京户口，并在北京买车买房，安家落户。

可能是浙江人骨子里的不安分，抑或是那几年风起云涌的互联网教育大环境的影响，那年冬天，我还是放弃了新东方百万年薪的稳定工作，选择离职。

我和俞老师在微信里聊了辞职的打算，他说："你的才华和努力，是毋庸置疑的，你要选择离职，我们也充分尊重你的决定。但是有一点要明确：很多人在社会上取得一点成就，往往会过多地归功于自身，而忽略平台的因素。如果你离开新东方了，可能会失去这棵大树和品牌，未来的发展，未必如你想象的顺利，你有这样的心理准备，才能更好地走接下来的路。"这段话至今还留在我的聊天记录里。

我最终还是选择离职，选择过一种"充满不确定性"的人生，毕竟，那一年我才31岁，我相信我的生活充满各种可能性。因为我已经不满足于仅仅做一个名师，我想看看自己能否取得更大、更不一样的成果，我也很想知道自己的

能力边界到底在哪里。

我想创业并不是为了挣更多钱，或者某天公司上市实现财务自由，而是单纯地觉得做一家自己想看到的样子的公司，也是一件很酷的事。但是，我对自己的能力，尤其是除了内容研发、讲课之外的综合能力，还是有自知之明的，从新东方辞职，以老师的身份和经历直接创业，成功率显然不高。毕竟，创业之前，我就很清楚：名师和公司CEO是完全不同的两个工种。于是，我决定在创业之前先去互联网教育公司上班，当然，能去创业期的互联网教育公司上班更好。

# 08　创业征程：贵人相助，步步为营

当时，刚好有猎头给我发了一则"轻课"互联网教育公司职位信息，它在创业期，正在寻找一位教研合伙人。我心想：这是一家从没听说过的公司。我供职7年的新东方可谓行业"天花板"级的存在，我怎么能"下嫁"到一家完全没有名气的初创公司呢？于是，我拒绝了猎头的邀请。

过了两天，我在朋友圈看到一篇刷屏级的文章，讲的是轻课创始人肖逸群（私域肖厂长）创办轻课的故事。这篇文章让我完全改变了对轻课的认识，甚至让我对创始人肖厂长心生敬佩。

我主动和猎头联系，说我改变主意了，想和轻课创始人见面聊聊。这一聊，就聊出了火花。一个月后，我正式加入轻课，担任教研合伙人，负责公司的教学教研、师资招募培训、产品体系设计。轻课的工作经历成了我创业前的预科班。

我把之前在新东方的教学和研发经验，结合到互联网的产品开发、技术研发和用户运营中去，在和团队开发完百万用户级的"轻课英语能力智能测评系统"后，我从一名英语老师，转型成为互联网教育产品专家。

轻课团队（现已升级为"星辰教育"）闻名于行业的，就是其增长获客方法和高效裂变体系，我曾目睹轻课的增长办公室一天三班倒、墙上挂满手机、单日裂变10万粉丝的盛况。

尽管我负责的是教研部门，但是我每天都是第一个到公司，然后就去增长办公室和同事"取经"，每当厂长亲自给增长部门开会，我也会拿着笔记本跟在后面记。不知不觉间，我对互联网流量、增长、链路和裂变渐渐入门，甚至成了小专家。

除此之外，肖厂长对公司管理也很有一套，无论是公司每天的站会，还是周度、月度的会议和OKR复盘，抑或公司周报、邮件的书写规范，他都管理得非常系统科学。即使只是按规操作，就已经能学到很多管理公司的方法了。

产品能力、流量思维、公司管理，在轻课公司学到的这"创业三件套"，让我和创业的目标更接近了。

在后来的岁月里，我时常会想，如果没有在轻课工作的那段经历，我的创业之路肯定会很艰难，甚至，公司能不能开起来，能不能拿到融资，都是未知数。有时候，人的进步，真的是环境和圈子的产物。我特别庆幸，更是心怀感恩，能在创业之前，就加入这么好的创业团队，遇到这么厉害的创业公司CEO，无疑，肖厂长是我创业路上的贵人。

从轻课离职创业的契机，则来自我的另一位贵人。

在参加一个互联网教育的行业论坛时，我和一位在新东方时期的老领导偶遇了，当时他已经多了一个新身份——专业投资人。

老领导和我说："你有丰富的教学教研经验，有新东方的辉煌经历背书，现在又有了互联网能力和思维，加上你有超强的学习力和'疯狗'般的执行力，是到了自主创业的时机了。如果你有什么好的创业点子和项目，记得随时来找我。"

和老领导聊完之后，我并没有头脑发热马上辞职创业。但是他对我说的这番话，却像种子一样播撒在我的心田，等待着合适的时机，破土而出。

2017年10月，我刚办完婚礼，带着一个让自己热血沸腾的创业项目，和婚礼上亲戚朋友给的10万元份子钱，正式开始创业了。

老领导是我婚礼的证婚人。在婚礼现场，我就和他说了我的创业点子。出乎我意料的是，老领导并没有用他强悍的商业思维和专业的投资判断工具来考察我的项目，而是直勾勾地看着我，问道："这个项目，你是想做，还是一定要做成？"

我说："我一定要做成！"

他说："好的，我今天给你打钱，你回去把办公室找好，开始！"

确实如他说的，我有"疯狗"般的执行力。结完婚回北京的那天下午，我就把办公室找好了。

后来，我也问过老领导为什么那么坚定而爽快地支持我创业。

他说："投资就是投人，你值得信任！"

带着老领导的信任，我正式

▲ 开张了：这是我创业的第一间办公室

开始了创业之旅。如果说肖厂长和新东方的老领导是我在创业路上遇到的前两个贵人的话，很幸运，我即将遇见我的第三个贵人。

为了让公司有更好的发展，势必需要投入更多的资源，而某种意义上，资源的最直接呈现方式，就是资金。因此，不可避免的，我也要出去融资。

我拿着项目商业计划书，每天穿梭在国贸、望京的高档写字楼里，扎堆在投资机构中，和那些"世界上最聪明的"投资人说我的创业初心、商业模式和融资意图。尽管我是新东方名师，口才和表达力远胜一般的创始人，但我连续接触了100多位投资人，他们都拒绝了我的项目。

拒绝的理由各种各样：有说项目的天花板太低的，有说市场竞争太激烈的，有说临近年关投资机构要做经营盘点、已经关闭投资动作的。总之，我没拿到钱。

幸运的是：接触完这100多位投资人，我已经完全掌握了和投资人打交道的策略，懂得如何"讲故事"，而且学到了大量的商业思维。最重要的一点是他们让我收获了信心，每次见完投资人，无论真心还是客套，我总能收到他们正向的评价："你的教研教学功底很扎实，而且也是一个成熟的互联网人。"这个评价的前半句，是我在新东方的积累；后半句，则是轻课和肖厂长赋予我的。

在我融资处处碰壁，近乎绝望的时候，我遇到了真格基金创始人、新东方联合创始人徐小平老师——他后来被证实是我创业路上的第三位贵人。

徐小平老师问了我三个问题：

1.你过去的工作生涯中，最多一年赚过多少钱？（考察我的赚钱力）

2.你结没结婚？爱人是做什么工作的？（考察我的社交力和稳定度）

3.如果公司账上已经发不出钱了，你会怎么做？（考察我的心力和抗压力）

我快速、精准且清晰地回答了这3个问题。

▲　获得 400 万元天使轮融资，我成了"徐小平看中的男人"

最后，徐小平老师说要投资我。我只要200万元，但是徐老师说：翻倍，给你400万元。

我和真格基金签署了业界闻名的"一页纸投资合同"后，不到一星期，投资款就打到了账上。手握几百万元，我终于可以放开手做了，至少，已经上了和其他同行友商竞争的同一张"牌桌"。而且，当时的我，应该已经具备媒体公关、品牌传播的意识了。在第二年开春3月份，我主动联系几家知名的新闻媒体和创业媒体，告知他们我已经获得徐小平真格基金的投资并且款项已到账。

很快，《新东方名师离职创业，22分钟拿到徐小平400万投资》的新闻就面世了，这篇文章一经发布，我的微信号瞬间就被加爆了，有上百个投资人闻讯而来，纷纷要求和我面谈项目，有意向投资。为了节省时间，我只挑选了其中特别优质、靠谱的10%的投资机构见面，其余的全部采用电话会议的方式。很快，我的第二笔融资（220万美元，折合人民币1500万元左右）在当年5月份完成。

这之后，公司就进入发展的快车道。尽管过程中磕磕绊绊，我也是边学习创业边实践，但是我们还是比较精准地把握住了每一个发展节点、流量红利节点和融资节点。

到2020年新冠肺炎疫情出现之前，我们完成了破亿元的年销售额，实现了3.4万的付费用户和百万级的微信生态私域流量，团队也从我一个人扩张到了近200人，还有250人左右的兼职员工。

这段创业的历程，是一段波澜壮阔、激情四射的生命之路：我和我的团队曾无数次开会到凌晨两三点讨论方案解决问题，我们曾无数次庆祝每一次的业绩增长，我们也曾为一个问题吵得摔门而去，第二天又并肩作战……

然而，所有的青春光华和创业激情，都定格在了2021年7月，"双减"政策正式落地，我们的业务被明令禁止。在那之后，我把公司并购出售给了一家综合性上市集团公司，怀着像卖掉了自己亲手养大的孩子般的心情，结束了这次创业。

当然，我从未后悔当年做出创业的决定。先不谈这次创业的物质的收获、精神的成长和商业思维的蜕变，至少我走完了创业的整个商业闭环和周期，单单这个经历，已够我和孩子吹一辈子了。

说完全没有遗憾和伤感，也是假的。有一次，我和老领导一起吃饭，诉苦这次创业遭受的损失，老领导语重心长地安慰道："没什么好感伤的，不管最终结局是成功还是失败，都是一段宝贵的经历！而且，你从0到1，最后虽然变成从1到0，但是你别忘了，你已经具备了从0到1的底层能力，你已经赚大了！"老领导的思维境界确实是高，我不禁认同，感觉也没那么难受了。

## 09　创业赋能，重新出发

创业这5年的坎坷，断然不是用几千字就能写完的。然而无论经历多少困难挫折，无论最终是成是败，无论是因为自身缘故还是外部原因，每一个结局都有它的意义和价值。

关于这次创业的心得，我写成了一篇题为《我花1.5亿上了个MBA：创业5年我的10条心得》的文章。您可以加我的微信，回复"读者领干货"，我把这篇创业心法发给您。

渐渐地，我突然发现，我成了身边同学、朋友当中，为数不多的有创业经历，并走完整个创业闭环的人。我也成了那个不断被他们咨询创业方法、避坑指南、品牌运营、资本运作的最佳人选。因为关于赛道选择、品牌打造、产品设计、团队搭建、运营操盘、资本融资等，我全都经历过，并拿到了结果。

用自己的创业经验去赋能更多创业者，实在是一件有趣、有意义的事情，这让我充满激情。

创业赋能，具体要赋能什么？

早期，我试图教创业者"怎么给投资人讲故事拿融资"的心法，后来发现很多创业者对这个话题并不感兴趣，因为他们早已领略了近年来资本市场的冷漠；后来，我又想给创业者传授如何搭建创业团队的经验，但又发现很多创业者对组建大团队的话题避之唯恐不及；最终，我发现在自媒体、短视频火爆的当下，创业者对IP打造和个人品牌建设的话题充满兴趣，且需求旺盛！

为什么会这样呢？因为在产品同质化严重和新媒体平台日趋成熟的双重因素叠加下，越来越多的创业者、创始人发现，打造自己的IP和个人品牌，能更好地赋能公司品牌的传播和业务的增长。

我复盘了一下自己的经历和拿到过的结果，发现在个人品牌和创始人IP打造这件事情上，我在新东方工作和创业阶段，已经证明了自己的天赋、手感和知识体系了。我想，为什么不把自己在品牌传播、IP打造上的知识体系和实操心得赋能给创业者？基于这种初心，2021年12月，我成立了"新IP掘金所"，致力于帮助100万名创业者/创始人打造个人IP品牌，赋能企业二次增长。

2021年12月，我的第一个产品"创始人IP个人品牌百日进化营"发售，10多天的时间，吸引了近百名学员付费加入该课程。我在给学员履约交付的过程中，给每位学员都做了电话咨询，收集和解决了大量的真实案例；同时，给学员上了16节直播课，包含"定位、品牌、内容、流量、发售、团队打造"等系统模块，构建了IP个人品牌商业化落地的完整闭环。

现在，我把这些咨询的案例心得和系统的直播课程浓缩成一本书，让这本书造福更多创业者，尤其是期望用IP个人品牌拉动公司/产品品牌增长的创业者。希望这本书能使你的人生和事业因为IP价值不断增值！因为个人品牌变得更贵！

最后，在这里奉上反向赋能到公司品牌上的经验，把复杂事情简单化，把抽象事情具体化。我会在朋友圈每天发布至少5条关于IP打造、个人品牌营销和创业心得的干货。希望我们不仅是作者与读者的关系，更能成为微信好友，因为创业者都是圆梦路上的盟友，结伴同行，彼此温暖，相"望"于江湖！

# 前言：个人品牌打造的"天龙八部"落地系统

## 什么是个人品牌和IP打造的"天龙八部"落地系统

我结合辅导学员和自身打造个人IP品牌的经验，发现有六类人是特别适合，也特别需要打造个人IP品牌的。

1.宝妈。她们可以通过打造个人IP品牌获得一份副业收入。

2.专业人士。这类人群也可以称为"超级技能个体"，如老师、艺术家、媒体人、金融从业者等。

3.职场人士。职场中的中高管通过打造个人品牌，为升职加薪跳槽或日后创业做准备。

4.电商从业者。他们通过打造个人品牌，提高带货变现能力。

5.创业者/创始人。他们通过打造创始人IP个人品牌，提高公司品牌形象和产品的转化率。

6.娱体明星。他们天然具有较好的粉丝基础，打造个人品牌能更好地提高知名度和商业化成熟程度。

这六类人，为什么适合以及特别需要打造个人IP品牌？我们换一个角度来思考上面这个问题：一家公司、一个企业，为什么需要做广告、打品牌？原因无非两个：一是通过打造公司品牌，占领用户心智，制造一种瞬间联想，当用户需要购买某种商品时，能第一时间想到某个品牌；二是通过打造公司品牌，形成品牌美誉度，制造一种合理偏爱，无论市场上冒出多少种品牌，用户总能忠诚持久地选择某种品牌，哪怕该品牌出现一些危机或负面事件，也会用宽容选择接纳。

其实，打造个人IP品牌，也是这两个目的：制造瞬间联想，让客户在做购买选择的时候，第一时间想到你和你的产品；合理偏爱，让用户在面临多产品选择的时候，能一以贯之忠诚地选择你和你的产品。

当然，个人IP品牌和公司品牌也有区别。公司和企业打造品牌，目的更加多元，如通过品牌形象提升，增加人才吸引力程度、提高产品定价能力、提高公司处理危机事件时的正面舆论基础、保障竞争优势、提高市占率等；而个人IP品牌打造的目的则相对单一、直接，就是变现。展开来说，四句话就能概括：

让兴趣实现商业价值

让技能找到变现出口

让经验形成知识产品

让特长变成赚钱工具

如果把这四句话进行压缩提炼，也能浓缩成一句话——打造个人IP品牌，最终出口是变现，先让自己值钱，再让自己变得更贵。

然而，很多人，无论在自己的领域行业和本职岗位上有多优秀，一说到打造个人IP品牌，尤其是说到通过个人IP品牌来变现，来让自己变得更贵的时候，都是迷茫无措的。怎样把自己打造成品牌，打造成可以商业化变现的"产品"？只需要按部就班地走好八个步骤、搭建好八个系统，就够了。

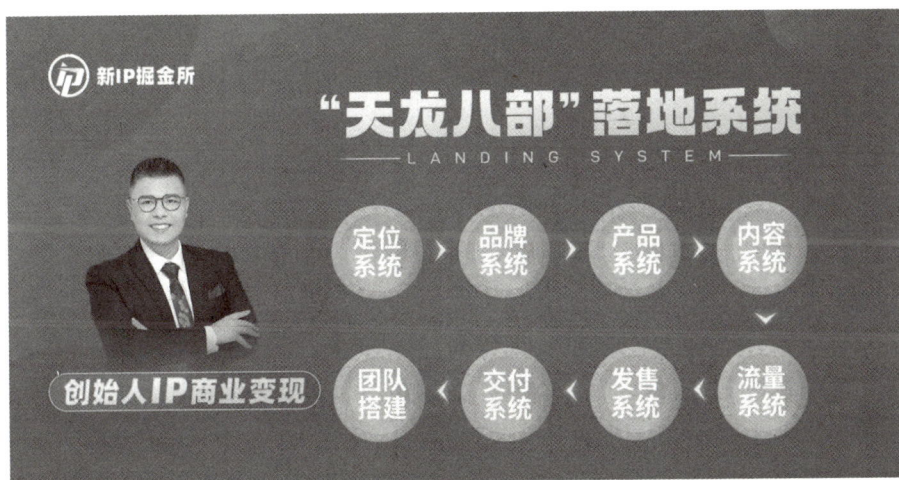

第一步：定位系统

找准自己的定位，包括人设定位、产品定位、内容定位和商业化定位。

第二步：品牌系统

像打造公司品牌一样打造自己的个人IP品牌，做好品牌基础设施建设，使自己具备占领用户心智和大众传播力的属性。

第三步：产品系统

判断市场需求，找准目标客群，设计一个能解决客户痛点形成付费价值的产品矩阵。

第四步：内容系统

通过持续稳定地输出高质量内容，稳固个人品牌，同时带来流量增长和粉丝关注。

第五步：流量系统

流量是一切生意的本质，通过"买造换裂"四大方法，获得源源不断的流量。

第六步：发售系统

在产品设计完成、流量储备完毕、内容搭建稳固的基础上，进行产品发售和转化，完成商业变现。

第七步：交付系统

为付费客户提供产品和服务交付，商业化上完成履约、品牌层面形成美誉度和持久度。

第八步：团队搭建

虽然是个人IP的创业，但仅靠个人是断然不行的，打造一个高效自运转的精干团队，才能确保拿到结果，长期经营。

以上八个步骤，从完整性上是不可或缺的，从顺序上是不可调换的系统运营方法，在我的实战过程中也屡试不爽，经得起市场考验。本书每个章节讨论一个步骤，展开细说个人IP品牌打造的商业化变现落地方案。我称这八个步骤为个人IP品牌打造的"天龙八部"落地系统。

## "天龙八部"落地系统实操案例

### ——"NewLady商业联盟"14天打造百万直播间

"NewLady商业联盟"的实操过程完全按照"天龙八部"系统落地，只不过把通常需要3~6个月策划筹备的事件，极速压缩到14天。然而，时间可以缩短，阶段不可跨越，每个阶段都严格按照8个步骤严密落地执行。它由我的8位学员IP成团，经过14天策划筹备，最终在微信视频号上直播发售，单场8小时直播斩获10万流量场观、108万GMV。

2022年4月20日下午4点到次日凌晨1点，我带着8位素人女神，完成了一场耗时8小时的直播马拉松。最后的战绩是场观10.3万，最高同时在线人数4800人，实现108万元营收。

这个活动，我们是从4月7日正式定案要做的，到4月20日，用了14天时间。刚开始确实觉得时间有点紧张，最后实施起来才发现14天也完全够用，这也证明了人的弹性和潜力真的很大。

我们这14天到底经历了什么？是哪些元素促成这场直播达到品效合一的结果？就是套用上述"天龙八部"落地系统的模型。现在我们来做拆解。

## 01 定位系统

### 从哪里找到这8位女神，如何对她们进行定位？

这8位女神并不是我找来硬"攒"在一起的。她们本身就是我"创始人IP个人品牌百日进化营"课程里的付费学员。在成为这个班的学员之前，她们本身也是生活中玩在一起的好闺蜜，业务上互通有无的好伙伴。

她们在认识我之前就一直想要成立一个"女性创业联盟"，只是一直没找到合适的业态和出道的姿势。恰好她们遇到我，就顺利成团出道了。

作为微信视频号生态上的第一个"成团IP"，由8个个人IP组团形成一个主IP，这种玩法确实非常新颖。能把8个人拧成一股绳，实属不易，也是可遇不可求的IP组合。比较幸运的是，她们不是人为"攒"在一起组合，而是原本就是"理念一致、价值观趋同"的好友。（普通人也可以找几个伙伴成团，但前提是彼此信任，有感情基础。否则，还是个人独立IP打造品牌比较好。）

那么，如何对8个IP组团成的主IP进行定位？

我辅导学员的时候一直强调一个理念："不要对自己的人设和产品自嗨，要做对用户真正产生价值、满足他们需求、解决他们问题的事，简言之，要做离钱近的事。"因此，女性变现、女性个人品牌商业化，成了我们主要考虑的方向。

另外，从8位女神各自的履历、经验和特长来看，她们都有从商创业的经验：有做以私域为主的年营收4亿元珠宝黄金生意的，有开着年产值几千万元企业培训公司的，有做团队规模数百人的直销业的，有做2000余家线下美业实体店的总经理的……她们都离商业非常近，有真实的体感和心法。因此，"女性商业"就成了这个成团IP的主方向和主航道。

然而，"女性商业"实在是一个大品类，它还可以有很多细分赛道。考虑到目前新环境、新技术、新平台和新媒体大趋势下的个人IP品牌打造，是最热门的赛道，和"女性商业"也是能够深度关联的业务，再加上8位女神在各自的行业领域中也非常擅长打造个人品牌，我们最终确立了这个成团IP的定位：女性商业个人品牌打造——致力于让更多女性通过打造自身的个人IP品牌，实现商业价值的落地和增值。

为了更好地挖掘8位女神的优势基因和差异化特长，我给她们布置了一项作业——让她们把自己人生生涯中的"最有成就感的高光事件"罗列出来，同时拆解这些事件背后的核心技能点。

## 项目 预kick off 摸底

- ◎ 你目前的粉丝人群画像
  - 粉丝量
  - 年龄
  - 性别
  - 身份
  - 收入
  - 可能成交的人数
  - 可能接受的价位范围
- ⌨ 你能提供的离商业/变现最近的产品方向
  - 1
  - 2
  - 3
- 👤 你人生中的成就事件（有数据结果可量化）
  - 1

## 4.9NewLady商业联盟 Kick off

**一 人设与产品定位**

总体定位：

《黄金时代：商业女性崛起》

—— 女性商业力黄金三角模型

内动力：黎虹，嘻哈妈，qiqi

关系力：简平，雯洁，许多

商业力：lisa，米粒

1 黎虹 幸福力变现 《女性幸福力变现》情商 家庭沟通家庭关系

2 嘻哈妈 家庭教育力 育儿与亲子关系 《家庭CEO教育力》

3 柒柒 心理正念力 自我疗愈 平衡 调节 心理能量 心力

4 简平 沟通商业力教练 《这样沟通、生意才会来》

非常幸运，每个人拆解出来的核心技能点都和"女性商业个人品牌打造"有深度关联，而且不重合，各有特色。可以说，未来她们的客户都能从她们身上学到独门绝技。

# 02  品牌系统

## "NewLady商业联盟"的品牌工程建设

确定好定位后，要做的就是品牌建设。

做品牌建设，首先要取一个名字，一个有辨识度和传播度的名字。

因为8位女神本身就有做"女性创业联盟"的意愿，这是很好的底层前提。但是，这个名字太普通了，而且"创业"这个字眼，在如今的大环境下，不要说对女性，就是对男性而言，也会有很大的压迫感，所以一定要改。

因为我是从新东方出来的，自己的品牌名也带有"新"字，所以一开始我们定了"新女性商业天团"，后来发现赛道内已经有"新女性商业""女性新商业"等叫法，所以还是得改。

为了让名字洋气一点，我提议改成"NewLady商业联盟"。

主IP的名字定下后，我们在当天就开始找人设计Logo。

同时，主IP下的每一个个人IP，我们都重新提炼和打磨了介绍标签，有的甚至还改了一个更容易记得住的名字，比如其中一位女神原名"立鸿"，就改成"黎虹"，寓意让人看到"黎明的彩虹"。

接着，便到了品牌建设中的重头戏——每个人都需要写一篇回顾过去10年

的人生故事，我把这个故事称为"个人故事小传"。8位姑娘的配合度和执行力非常强，用三四天时间就完成了单篇约6000字的长文。

一个IP，不管是成团IP还是个人IP，都代表着一个品牌。既然是品牌，一定要有自己的灵魂和理念，这种精神内涵不仅能让团队具备文化属性，还能在很多难以决断的大是大非面前，有一个公认的判断标准。这种灵魂和理念，最好的载体，就是品牌的使命、愿景、价值观。因此，在品牌建设的最后一环，我们又一起叩问内心、敲打灵魂，打造出了这个成团IP组合的使命愿景价值观。

## 03　产品系统

### 我们要设计一个什么样的产品去交付给市场

成团出道的知识/商业IP，在视频号生态中应该算是第一个。

成团并不罕见。娱乐圈成团出道的不胜枚举；在抖音等平台也有女子组合成团的，只不过她们是双人CP或者多人组合，做电商带货的。

但是8人成团，做的还是知识/商业IP，实属首创。

那应该设计一个什么样的产品呢？

在设计产品的过程中，还是要回到第一步——定位系统，因为定位是一切 IP 的根。我们已经确定了"女性商业个人品牌"的主航道定位，因此，在产品设计上，主要做了三件事：第一，分类归纳；第二，产品服务和权益设计；第三，价格设计。

我们首先把8个人的优势基因和核心技能放在一起，进行归类建模，把相似的部分放在一起归成一类。8个方向压缩成了三个模块：内动力、关系力和商业力。缩八成三，精简了很多。所谓"多则惑少则精"，这样反而轻松易懂了。

确定了大方向和三个模块之后，确定产品的品名、服务、权益以及定价就非常顺畅了。

我们快速梳理出执行价1999元的训练营产品和执行价19800元的高端圈子（私董会）产品。同时，为了更好地承接直播过程由平台推流进直播间的新用户，我们还特别设计了一款定价500元的直播间下单才可以购买的咨询诊断类产品。

这并不是盲目定价，因为做这种大型的直播发售活动，一定要设计带有梯度的产品：

500—1000元的咨询（咨询后可退费）产品，用来承接平台推流来的新流量；

1000—5000元的产品，用来服务有需求但支付能力居中的私域老客户；

10000—50000元的产品，用来满足有高端需求且支付能力强的客户。

这次活动在女团的总IP和各自独立IP的产品线设计上也是比较科学的。我们把训练营和高端圈子产品作为所有人共同的"产品容器"——无论是老客户还是新粉丝，只要是有打造个人IP需求和进入高端圈子需求的客户，都把他们装到这个容器中来，这刚好能够对冲个人IP能力全面性和影响力势能方面的不足。客户未必都会被这个女团吸引，但极可能因为女团中的某个人或几个人驻足。

除此之外，女团中的每个人都可以设计自己专业垂类的入口产品（如99—999元级），以及后端高客单价产品（如年度商业顾问/一对一私教，20000—98000元级），产品结构图示如下。

# 04　内容系统

## 内容即品牌的时代，如何搭建内容体系

尽管8个姑娘之前私交很好，但是组团出道创业却是第一次合作，因此并

没有留下任何团队性的品牌存量资产。

内容即品牌，内容体系，一切都要从零开始搭建。

我们做了朋友圈、公众号、视频号三大内容体系的建设。

## 一、朋友圈体系建设

在确定要IP成团之后，8个姑娘朋友圈内容就不能像之前一样随意了，而是要精心设计和打磨。该发什么样的朋友圈，什么时间发，发完后要提醒谁看，如何在朋友圈点赞追评……都需要一一设计。

## 二、公众号体系建设

公众号在整个微信生态中尽管打开率呈下降趋势，但依旧举足轻重。它既是一个内容沉淀和分发平台，也是一个用户关系触达平台，还是一个流量中转平台。同时，公众号上的优质图文内容也是建立粉丝和客户信任关系的最好载体之一。

因此，在4月20日大型发售开始之前，大家每天都会在公众号上推送个人故事、从业心得、相关商业女性个人品牌的干货内容。

### 三、视频号体系建设

试想，用户如果通过直播进入一个视频号主页面后，看到账号内没有任何短视频内容，会不会想：这个账号一定是临时搭建起来圈钱的。因为我们要在4月20日用"NewLady商业联盟"这个视频号做直播，因此，在开播前，我们要让视频号的内容丰富起来，这很重要。

因为是8人成团，视频号的内容也要体现出这是一个团队。我们请来专业摄像师，搭场景、架灯光，拍摄8人一起聊天、讨论、工作的场景视频。仅一天就拍摄了二三十条视频，之后开始高效剪辑，并且每天往账号上上传2~3条视频，快速形成账号的内容沉淀。

通过朋友圈、公众号、视频号三大内容体系的搭建，这个成团IP的内容矩阵也搭建起来了。

为什么我近乎强迫地要求她们一定要提前在朋友圈、视频号、公众号上做内容呢？原因很简单，互联网交易的本质是信任；信任的本质来自品牌；品牌的最底层也是最扎实的承载物——是内容。

在此提醒大家，如果您要做个人品牌或者创始人IP，一定要有内容能力，或者有自己的内容团队，因为互联网的尽头，不是技术，是内容；品牌的载体，不是忽悠，是内容。

# 05  流量系统

## 流量也能从无到有，关键在于存量带增量

有句话说得好："流量，是一切生意的本质。"

那么这次大型品牌和发售活动，在定位、品牌、产品和内容搭建都完成的基础上，同等重要的事，就是流量保障了。

我们至少做了四件事，来保障流量。

1.每位IP在活动的造势期，就把带有二维码的海报发到朋友圈，吸引私域老友进入专属社群。

2.每位IP都会在自己所在的相关社群发布这次活动的消息，邀请群友助力，转发带二维码的海报，实现流量的第一次裂变。

3.在社群里，设定裂变机制（比如邀请多少人进群，就奖励某种福利）。社群二维码用活码，群内人数到一定数量后，自动新建群。同时，为了让活动开始前的社群更有价值，我们还安排8位姑娘轮班值日，在社群里做高质量的分享输出，由此再次带动群裂变的持续进行，让更多新流量源源不断地进入社群当中；截至活动开始，我们搭建了十几个社群，群内人数在2000人左右。

4.在活动开始之前，向官方申请、报备，以确保活动当天直播间的场观UV数据达标。

最终，我们实现了10万UV的场观，也就是说当天至少有10万人进入直播间。可以说，是朋友圈、社群、裂变、官方报备这四件事，保障了活动当天的流量要求。

# 06　发售系统

## 把产品卖给有需求的客户，完成商业闭环

做足了准备工作，接下来就到了临门一脚：把产品卖给有需求的客户，完成商业闭环。

我们这次发售的主阵地是微信视频号的直播间。

抖音和视频号在内容和产品转化的逻辑上是有本质区别的。抖音是典型的流量逻辑（陌生人），视频号是典型的社交逻辑（熟人）。不同的本质导致商品售卖和转化率底层逻辑不同：抖音直播间节奏更快，内容+售卖的小闭环周期

更短，产品定价倾向于低单价，无痛付费；视频号直播间节奏缓和一些，允许主播讲情怀、谈理想，小闭环的周期也长一些，产品客单价更高，甚至高至万元级。因为很多来视频号直播间成交的客户，在直播开始前已完成了产品介绍和转化，比如，预付500—1000元押金等，到直播间只要付全款就可以了。

基于该逻辑，在直播开始前，"八仙女"既要兼顾视频号、公众号的内容建设，又要投入到产品的设计中（如海报设计和呈现），但核心工作和工作结果衡量指标只有一个——私域老客户的成交锁单率。

基于此，作为本次活动主策划和操盘手，我成了一个实打实的"销售总监"：每天要求大家量化工作量（比如私聊多少位朋友），每天晚上要在群里晒单，组织朋友圈的内容设计（发每条朋友圈要用"提醒谁看"来唤醒客户）等。

正是因为视频号直播间的转化从社交属性上来说，是允许IP在直播间产生转化前抢跑的，因此提前的私聊和成交转化，变得尤为重要。

因此，到了发售当天，我们已经提前知道这场大型发售活动的成交金额了，这就是所谓的"先胜而后战"。至于直播当天新来直播间的粉丝同时完成

下单购买的，都属于增量成交额，属于意外的惊喜。

# 07　交付系统

## 向付费客户提供产品和服务，进行交付和履约

在发售结束后，我们并没用立即建群开营做交付，真正的开营日期在5月5日。这15天，我们主要做了两件事。

### 一、追销

我们把报名截止日期定在5月1日，这期间，分别做了直播间复盘、大型快闪群发售、调回原价倒计时促单等活动。在整个追销期内，完成了相当可观的新增营收。

### 二、筹备

8位IP各有分工，有人做追销，有人筹备建群开营交付的工作，比如制作"报名学员全家福""设计开营仪式流程"打磨服务体验体系等。

8位IP因为是第一次在新赛道上完成销售，招到学生，难免新鲜又兴奋，都急于建群开营。我站出来"踩刹车"了：提前建群，表面上热闹非凡，实则消耗大家的注意力和能量，最好在"五一劳动节"后建群，一是能保护学员的新鲜劲儿；二是能保护自己的精力不被过分热情的社群发散；三是利用时间差打磨交付工作。

从4月7日决定，4月20日正式发售，5月1日正式结束发售的这场活动，前后持续24天，一个月不到，我们正式建群开营，进入履约交付环节。

在履约交付的过程中，我一直跟8位姑娘反复强调，要重视三大交付：

1.产品质量交付：要确保自己的产品（如直播课程）的品质。

2.社交关系交付：要给客户最大值的重视，给他们在社群中分享的机会，因为他们有社交和人脉资源搭建的需求。

3.结果保障交付：多和客户单独私聊沟通，并设定咨询电话服务，切实解决客户的卡点和问题，鼓励他们大胆采取行动，拿到结果。

# 08　团队系统

## 胜利属于团队，而非个人

通过这次硬启动直播发售的成功，很多人看到的是站在前台的8个IP和策划人/总导演所长老金。但人们看不到的是我们背后有一支"蚂蚁雄兵"般的执行团队——"创始人IP个人品牌百日进化营"的全体学员在摇旗呐喊，部分学员则参与到核心的运营工作当中。这也是我自己一直推崇的理念：在战斗中学习战斗，在实践中验证理论。带着学员深度参加项目，本身就是最好的以战带练。

虽然参与项目执行的同事基本以远程协作的方式开展工作，但是本着"专人专岗，人岗匹配"的原则，整体工作效率非常高。我们会定时定点召开项目会议，在会议开始之前，提前公布会议要探讨和解决的问题，提前约定会议必须结束的时间，安排相关人员进行会议记录并在会后跟踪结果；根据业务来排兵布阵，在不同的业务细节上安排专人落地执行，分工配合，环环相扣，层层咬合；及时复盘和迭代，确保相关问题不会出现第二次，让下一次执行更加精准高效。

通过14天策划"NewLady商业联盟"百万直播间发售的复盘，全景展示了8位素人转型个人品牌IP创业"从0到1"的完整过程，也用实战和结果验证了个人IP品牌打造"天龙八部"落地系统的"实操落地性"。

本书将会用八个章节，分门别类、条分缕析讲讲"天龙八部"的具体实施步骤。希望通过本书，让您对个人IP品牌打造、内容生产创作、流量获客增长、私域体系运营、商业思维创建和IP创业系统，有一个综合全面的认知，并最终顺利开始自己的个人IP品牌创业之路。

# 01

## 定位系统

# 01
## 定位系统

---

学过市场营销或对经营管理感兴趣的朋友，一定听说过《定位》这本书，它曾被《财富》杂志评选为"史上百本最佳商业经典"第一名，主要是讲当"满足需求"无法赢得客户时，如何占领用户心智进而赢得客户。这本定位领域的开山之作，确实经典，我读了至少五遍，而且每次读，都有新的心得感悟和收获。

然而，这本书对于个人品牌 IP 创业人群来说，有用，但却有隔靴搔痒之嫌——因为这本书讲的是企业级、公司化的品牌定位之道，把它的理论和方法嫁接到个体的时候，难免有些不匹配的地方。

关于精准找到自己的定位这件事，我还是有发言权的。

我是一个方向感和目标感都非常强的人，因此职业发展路径很清晰：第一段职场经历是在新东方工作，工作了六七年；第二段经历是自主创业，也有五六年的时间。

我很少出现"不知道自己接下来要干吗""找不到人生方向"之类定位迷茫的情况。但是，在 2021 年，我将公司战略出售之后，准备再次创业，寻找新的项目和方向时，我陷入了巨大的迷茫，甚至迷茫了整整 8 个月：我不知道自己想做什么，爱做什么，能做什么。总不能躺平，什么都不做吧？

我看短视频火爆，于是也开启了短视频拍摄和制作之路。

因为没有确定创业的主航道、商业变现的主方向（定位）。我的短视频选题飘忽，一变再变：一会儿拍育儿内容，一会儿拍职场沟通表达，一会儿拍创业心法，一会儿拍两性情感，甚至连"情感和婚姻挽回"的话题都进了我的选题库。

整整 8 个月时间，我自编自导自演自剪了将近 400 多条短视频。我很努力，但却不得法门，一无所获。倒是在报班学短视频、买各种设备、短视频加热投流上没少花钱，共计花费 30 多万元。

当然，我是幸运的，在加入一些高端圈子、不断和牛人高手交流、大量阅读和反思之后，我最终找到了自己的定位和再次创业的方向。

这段极长的迷茫无助期，让我能更懂同样没有找到定位、方向的朋友的心境；而最终穿越混沌，拨云见日般地找到自己方向的历程，让我提炼出一套亲测有效的定位心法。

个人品牌 IP 创业，如何精准找到自己的定位？

如何找到定位，严格来说，要至少针对两类人群区别对待。

1. 超级个体

我们把有技能傍身的人称为"超级个体"，如医生、教师、金融从业人员、媒体从业人员、律师、心理学专家等，他们在定位的过程中，要把自己的兴趣、经验、技能或特长进行最精练、最接近市场需求的提炼。

2. 创始人

这类人群有自己的母盘、项目、产品和团队，他们的定位相对简单，只要站到前台做 IP，打造一个用户认可、喜欢，同时也和自己的经历、禀赋相吻合的人设即可。

本章分别拆解这两类人群如何进行精准定位。

# 第一节　超级个体的定位四法

一个素人想跃升为具备商业变现能力的超级个体，成为带有个人品牌的IP，可以通过四种方法挖掘、提炼自身定位。

## 一、通过兴趣定位——人生体验波峰法

"人生体验波峰法"的本质，是让兴趣找到商业变现的价值。

当一个人觉得自己的技能平平、特长寥寥、经验稀缺时，如何进行定位？

其实，除了技能、经验可以输出成为知识产品或服务外，兴趣和爱好也可以打造成知识产品或服务。尽管走的不是专业、学术路线，但完全可以走达人、KOL路线。

"达人"是一个源于英文的音译词，原词是"talent"（天赋、才华）。一个有天赋、才华的人是可以被打造成某个领域的达人、意见领袖的。而且，天赋在很大程度上，也是一个人对某些事产生兴趣的原因，某些事做起来特别顺手、特别有天赋，渐渐地就变成了兴趣爱好。找到自己的天赋所在，挖掘自己独特的兴趣爱好，进行品牌化的包装和打造，最终也能输出为商业化的产品和服务。

但是，很多人不知道自己的兴趣爱好是什么，对把兴趣爱好商业化定位和包装成为产品和服务更是一窍不通。

如何精准挖掘自己的兴趣爱好，并将其成功定位成商业化产品？可以用"人生体验波峰法"操作，具体有画坐标图和填写表格两种实施方法。

1.制作一张坐标图。在X轴上写出你最有成就感的事。这件事通常是因为某种兴趣爱好发挥到极致，并取得了相应的结果，从而获得精神上的巨大满足感、喜悦感和成就感；在Y轴上给这些事件带来的成就感和满足感打分，从0分到10分，分值越高，说明这件事给你带来的成就感和满足感越高。

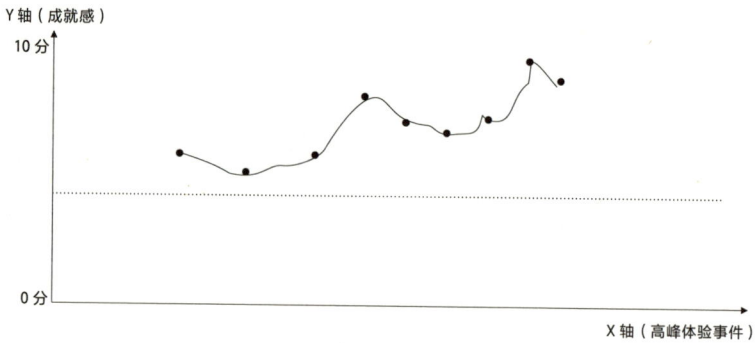

在寻找高峰体验事件的过程中，有两个注意事项：（1）尽量按照时间顺序推进，从出生到当下，将高峰体验事件做到穷尽；（2）要给高峰体验事件的成就感指数精准打分，真实客观地回忆这件事当时给你带来的成就感和满足感。

2.通过填写表格完成对自我兴趣的寻找。写下你经历过的最让你兴奋和有成就感的事情。看看成就感分值排名前三的事件是什么，再看看整张表中的所有事件，尤其是排名前三的高成就感事件有没有相似性。

成就感分值最高的，或许就是你的兴趣所在；分值排名前三的高成就感事件，如果相似度高，基本可以确定兴趣定位；如果所有事件都相似，可以验证你适合做某件事情。

| 阶段 | 高成就感事件 | 人生体验分值 | 排名 |
|------|-------------|-------------|------|
| 求学期 |  |  |  |
|  |  |  |  |
|  |  |  |  |
| 职场期 |  |  |  |
|  |  |  |  |
|  |  |  |  |
| 事业期 |  |  |  |
|  |  |  |  |
|  |  |  |  |

我有一位学员，是公司的行政负责人。她在公司熟悉而又单调的行政工作

之外，也想打造自己的个人品牌成为IP进行商业变现，但是苦于内心迷茫，一直都没有找到精准的定位。我让她用"人生体验波峰法"找寻自己的天赋兴趣。她列出来的让自己有高峰体验的事件是这样的：

| 阶段 | 高成就感事件 | 人生体验分值 | 排名 |
|------|------------|------------|------|
| 求学期 | 小学四年级获得校朗诵大赛一等奖 | 9 | 1 |
| | 初中二年级获得校演讲比赛冠军 | 9 | 1 |
| | 获得"优秀劳动委员"称号 | 8.5 | 2 |
| 职场期 | 连续两年被评为"年度优秀员工" | 8 | 3 |
| | 获得集团插花比赛第二名 | 8 | 4 |
| | 连续三年担任集团年会主持人 | 9 | 1 |

通过表格可以发现，她的高峰事件都是冠军、第一名的荣誉带来的，而且集中于"朗诵、演讲、辩论、主持"这些事件上。显然，她的天赋和兴趣点是语言表达。

后来，我们经过多次深度交流沟通后，将她的人设定位为沟通表达教练，将内容定位在高效沟通、高质量表达上，将商业定位在职场沟通课、表达口才训练营等上面。

## 二、通过特长定位——他人印象询征法

挖掘自身特长可以完成定位。如果不知道自己的特长是什么（没有特长；特长太多，不知道重点；有很厉害的特长，但习以为常，并不觉得是特长），该怎么办呢？如果不清楚自身特长，为何不试试让别人告诉你他们眼中的你的特长呢？毕竟旁观者清，自我评价往往带入主观视角和情绪；他人对你的评价则相对客观，有时候也更清晰。

这个方法，在我身上验证过的。

我有一位做运营的下属，主要负责增长。她从公司离职后，进了百度做运营。

有一次联系的时候，她给我介绍了

三四位朋友——那种愿意付费向我咨询问题的朋友。他们都是创业者，在创业过程中遇到了公司经营、合伙人选择、融资等问题，希望我能给出相应的专业意见。

显然，在这位下属心中，我已经是一位有丰富实战经验的创业者了。

让我印象深刻的还有一件事，2021年端午节假期，我约了几位研究生同学，大家拖家带口去北京郊外烧烤。

整个烧烤过程中，我那几位在高校工作、基本不食人间商业烟火的同学，居然全程在向我请教商业、创业问题，比如，如何引流、如何融资、如何管理、资本怎样运作等。很明显，在他们心中，我已不再是一个多年前只能让他们请教怎么学英语的英语老师了。

身边的朋友、同学不断地涌向我，请教创业问题，让一直"身在创业庐山中"的我渐渐明白：原来，在我身边都是创业者、CEO的圈子里，稀松平常的创业经历和经验，在更大范围的普通人或正准备创业的人的圈子里，是一种宝贵的、有极高价值的经验和技能。于是，这直接促使我找到传授创业心法的商业顾问的定位。

所以，身边旁人的印象和反馈，也能帮你找到定位。我把这种方法称为"他人印象征询法"。"他人印象征询法"分为三步。

### 第一步：收集他人对你的印象反馈

可以找10位亲友或同学，向他们提问题："你最想向我咨询的是哪方面问题？"（话术因人而异，可以修改）

问完这个问题之后，他们给你的答案和反馈，基本上就是你在他们心目中的印象（特长和核心价值）。注意，提问时有两个特别重要的注意事项：

1.尽量用打电话的方式问。如果当面问，对方会因为面子等因素，给你一个美化过的答案，真实度不高；微信问，留给对方的思考时间过多，答案也未必是真实的；电话问出的答案比较客观、真实，因为对方既没有当面回答的尴尬，又不存在微信延迟回答的过多思考。

2.征询的亲友、同学要有层次感。征询时要有亲疏远近的配比，比如，10

个人中，5个是平时沟通密切、对你的近况比较熟悉的人（强关系）；3个是平时经常沟通，但不经常见面，距离感不远不近的人（弱关系）；2个是多年不联系，但过去比较熟悉的人（不要忽视这类人，他们对你的印象，也许是你最底层的、与生俱来的能力和优势）。这样有层次感和配比的征询，得到的答案会更真实。

### 第二步：给对方固定选项，缩小印象特长选择范围

通过第一步征询，我们大概清楚自己给别人留下的印象与核心优势了。这时，把出现率排名前三的罗列出来，进行验证和提炼——再找10个人，问他们最想向你咨询的是哪方面问题。与第一步不同的是，这次要缩小范围，让对方从你给出的三个答案里面选一个，答案会更加精准。

你可以把上述操作结果呈现在下面这张表格上。

| 轮次 | 姓名 | 身份 | 反馈／印象 | 理由 |
|------|------|------|-----------|------|
| 第一轮 | | | | |
| | | | | |
| | | | | |
| 第二轮 | | | | |
| | | | | |

### 第三步：基本定位

结合以上两步，筛选出你在他人心中的印象。这种印象，也可以理解为是你的核心特长，最有价值的能力。比如，或许你是做财务的，但是，问了一圈之后，得知别人最想请教你的是如何做一顿好吃又好看的早餐或是如何拍出好看的朋友圈照片等，答案是不是出乎你的意料，但好像又都在情理之中？

总之，千万不要忽视自己在别人眼中的印象，这种印象更真实，甚至更犀利，最终或许也更有商业化的可能。

### 三、通过技能定位——XY坐标轴分列法

很多人在挖掘自己定位的过程中，经常会出现越想越乱的情况。这是因为把太多的因素掺杂在一起，没有条理，当然越想越乱。

"XY坐标轴分列法"，顾名思义，就是把定位的考虑因素从混乱的状态拆分到X轴和Y轴上。

我们可以把核心技能/经验罗列在X坐标轴上，把内容/专业方向（赛道）罗列在Y坐标轴上。先分开列示，再综合考虑，这种方法称为"拆分组合法"。

注意，核心技能是一种可迁移到不同专业领域的底层能力。核心技能通常来自与生俱来的天赋和长久从事某类型工作形成的经验。它们通常分成以下四类：

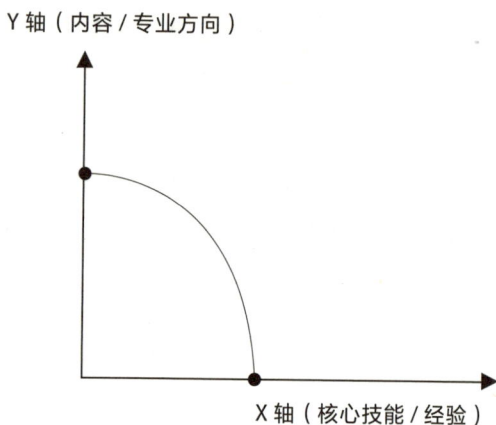

Y轴（内容 / 专业方向）

X轴（核心技能 / 经验）

| 人类四大核心技能 | | | |
|---|---|---|---|
| 脑 | 口 | 心 | 手 |
| 计算，数理，逻辑思考，财务，审计推演，流程，写作 | 教学，交流，沟通表达，演讲，谈判模仿，外语，演唱 | 情商，心态，协作团队，管理，统筹资源，关系，学习 | 乐器，书画，运动操作，组装，制造烹饪，拍摄，生产 |

一定要从底层去思考自己具备什么样的核心技能。这种技能，通常在你小时候就会让你展示出一些天赋和优势，长大后也很明显地让你在某些方面超越其他人。

明白自己的核心技能，等于为自己的方向和内容找到了一个托盘。技能越扎实、越专业，这个托盘越结实。

Y坐标轴上的方向可以是你的兴趣爱好，或者长期从事的某类工作的领域。比如：美妆、穿搭、时尚、萌宠、美食、旅游、家居、影视娱乐、动漫、

摄影、游戏、音乐、舞蹈、绘画、体育、户外、健身、手工、阅读、教育、育儿、汽车、商业、创业、情感等，这些方向和内容领域，可以概括为"衣食住行，生老病死"8个字。

| 方向和内容 | | | | | | | |
|---|---|---|---|---|---|---|---|
| 衣 | 食 | 住 | 行 | 生 | 老 | 病 | 死 |
| 美妆，穿搭形象，时尚 | 美食，烹饪小吃，减肥 | 家居，装修电器，家具 | 汽车，交通装备，旅游 | 萌宠，影视娱乐，育儿教育，学习动漫，摄影游戏，手工创业，商业 | 健康，医疗健身，户外社交，情感 | | |

X轴的核心技能和Y轴的专业方向（先拆分），两者叠加（后组合），也能形成自己的定位。

说说我自己的案例。

我在8个月的迷茫期时，曾付费2万元/小时让一位定位个体品牌界的牛人给我做电话咨询。

他仔细看了我的人生履历，再结合和我交流过程中对我的判断，非常直接明确地指出："你的核心技能，未必是团队管理、财务算账等，而是'教'。你的提炼归纳能力比绝大多数人强，还能用生动有趣的语言把事情讲清楚。而且据我所知，你对'教'这件事，还挺感兴趣的。"

就像这位牛人说的，我确实非常喜欢也非常擅长"教"这件事：无论是一对一辅导，还是给线下几十、几百甚至几千人上课，或者视频直播分享，其实都是在"教"。"教"属于四大核心技能中"口"的部分。

有了核心技能这个托盘，那接下来就要思考，托盘上要放什么？也就是我要"教"什么呢？这个专业方向，不仅是自己感兴趣的，更应该是自己擅长的、有经验、有深度认知的，而且一定要是当年成就过你，你真正为此受益的。

于是我开始思考，是不是可以从家庭教育和育儿方面着手，然而，这个方向，我至多是接触过、感兴趣，但绝对算不上擅长；职场沟通显然也不适合我，因为我真正在职场的时间不长，也不具备从基层员工一步步成为公司副总裁、总裁的成功经验。我在上了几年班之后，就直接创业，一步成为百人公司的CEO了。

我突然发现，打造个人IP和品牌可以成为我的专业方向。在新东方工作的六七年时间里，我把自己从助教打造成名师，出版了13本图书，登上了《新京报》，成为董洁、江映蓉等明星的英语老师；在创业的五六年时间里，我把自己打造成公司的创始人IP，站在公司这个牌子前面，成为公司品牌的人格化IP品牌，用讲双语故事的人设和内容，吸引优质粉丝，把自己推到媒体报道上，吸引更多优秀的创业伙伴加入公司，通过一次次的品牌造势活动，吸引投资人的关注，并最终完成四轮总计5000多万元的融资。在打造个人IP和品牌这件事情上，我很擅长、有热情，而且有结果。

最终，我确定了自己的定位——教创业者打造个人IP品牌。

"XY坐标轴分列法"的核心是将技能和专业拆分考虑，再汇总统合，其本质是让经验和技能形成知识产品，找到变现出口。

### 四、通过评分定位——三圈交集定位法

如果我们想把定位做得更精确、更周全、更符合商业化变现的标准，可以用"三圈交集法"。

画出三个圈，分别是"我想做的""我能做的""我该做的"，然后找到这三个圈的最大交集，这就是你的定位。

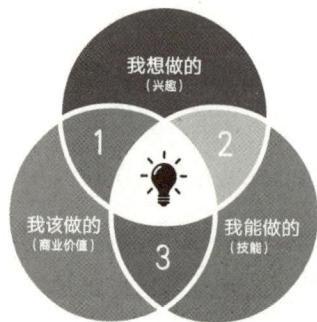

第一个圈是"我想做的"。它要排除社会、经济、客观现实等因素，是个人兴趣、热情和激情所在。它有两个特点：

1.你一旦开始做这件事，就完全感受不到时间的存在，达到废寝忘食的境界。

2.你会不计成本地投入，一旦做起来，就完全不会考虑金钱等各种因素。

第二个圈是"我能做的"。就是你的特长、技能和经验，或者是超越90%的人的绝活儿。这些特长和技能通常会让你做起事来得心应手。同时，这件事很容易让你获得成就感和满足感。

第三个圈是"我该做的"。这个圈子，等于把"想做的""能做的"直接拉回现实，思考你感兴趣的、有特长和有能力做的事，是否真的具备商业价值。这个圈是非常理性、审慎的。你要从行业大貌、市场环境、人群需求、竞品状态、政策导向以及个人价值观等因素综合分析，判断这个定位是否真的可以落地。

我们可以运用评分法，找到这三个圈的最大交集，也就是给每个圆圈进行打分，最后总分高的即个人定位。

| 评分定位法——三圈交集（每项5分） | | | |
|---|---|---|---|
| | 我想做的<br>（兴趣度） | 我能做的<br>（技能度） | 我该做的<br>（价值度） | 总分 |
| 事项A | | | | |
| 事项B | | | | |
| 事项C | | | | |

我有位学员，因为行业的结构性调整被迫离职，找工作也不是特别顺利。她看到IP特别火爆，也想跟着做，于是付费向我咨询。我和她进行了非常细的沟通，基本梳理出她比较有感觉的三个方向：1.健身爱好者；2.阅读爱好者；3.私域运营小能手。

这三个方向，要怎么选？可以用"三圈交集法"的评分方式进行：

| 评分定位法——三圈交集（每项5分） | | | |
|---|---|---|---|
| | 我想做的<br>（兴趣度） | 我能做的<br>（技能度） | 我该做的<br>（价值度） | 总分 |
| 健身 | 4.5 | 3 | 3 | 10.5 |
| 阅读 | 4 | 3 | 2 | 9 |
| 私域运营 | 4 | 4.5 | 4 | 12.5 |

评完分后，定位瞬间清晰了。

她对健身的兴趣度比较高，达到了4.5分；在技能度上，她认为自己只是深度爱好者，远远没达到专业人士的水平，打了3分；在价值度上，她认为自己的体形没有太大优势，健身的效果并不突出，变现能力相对较弱，打了3分。总分为10.5分。

再看阅读，她平时非常爱看书，每周能读完一本书，在兴趣度上，她打了4分；在技能度上，她认为自己并没有受过专业的阅读训练，平时看书也非常随性，没有提炼出什么核心技能，打了3分；在价值度上，她认为读书距离变现，尤其是高单价变现有一定距离，打了2分。总分为9分。

最后看私域运营，她一直是做线上教育行业运营的，认为自己具备做运营需要的"活范"，兴趣也比较浓厚，打了4分；在技能度上，经验比较丰富，成功案例也非常多，打了4.5分；在价值度上，因为公域流量的成本越来越高，无论是个体还是公司创业，都把目光放到了私域上，这一定是具备很强变现能力的刚需，打了4分。总分为12.5分。

显然，经过理性分析和判断，通过"三圈交集定位法"的评分，她很快就清楚了自己未来的定位。

以上四种方法，适合素人小白快速挖掘自己身上的兴趣、特长和技能，进而成为一个具有变现能力和个人品牌价值的"超级个体"，打造出自身的IP，让自己变得值钱、越来越贵。

# 第二节　创始人IP的人设定位法

创始人和超级个体是不一样的人群。相较于超级个体把自己本身当作项目和产品，创始人IP通常有自己的业务、产品和团队。创始人IP的定位，不太需要去挖掘自身兴趣、特长和技能去打造一个独立于原有公司和业务之外的新产品，只需要站到公司和产品的前面做IP、做代言即可。因此，创始人IP的定位，只需要找到自己在客户和市场心中的人设，让客户、市场、投资人、合作伙伴等能接受、认可、信任甚至喜欢上这个IP的人设即可。

"人设"这个词，来自影视作品和故事小说，顾名思义，就是人物设定。它指的是通过人为的打造和包装，将人物形象生动而鲜明地设定在观众和读者心中，最终产生一种类似条件反射式的回路：一看到某个人，就知道他的性格。

可以说，人设仿佛给人物穿上一件极具辨识度的外衣，让人一眼就认得出、记得住、传播得开。举几个例子：一提到经典影视剧《射雕英雄传》中的黄蓉这个角色，大家就能想到"古灵精怪"这个词；现代都市剧《三十而已》这部剧中的顾佳给人的印象就是精明能干，属于事业家庭两手抓的女强人、贤妻良母；电视剧《雪中悍刀行》的男一号徐凤年，在剧中的前半段，他有意给外界塑造了天下第一纨绔的人设。

黄蓉人设：古灵精怪　　　　顾佳人设：女强人　　　　徐凤年人设：天下第一纨绔

可见，人设的威力确实很大，它能给人制造一种瞬间反应的第一印象，而且一旦植入这种印象，就很难改变。

那么，创始人IP应该打造怎样的人设定位呢？我总结了下面四种人设定位。

| 人设类型 | 特征 |
|---|---|
| 上山虎 | 不甘命运、底层逆袭的励志角色 |
| 温柔兔 | 知性温柔，能给人带来精神按摩和情绪价值的温柔女神和贴心暖男角色 |
| 金凤凰 | 从小家境优渥、对生活有极高的品质追求、内心淡定豁达的角色 |
| 老黄牛 | 真诚朴实、兢兢业业、为人低调、专业扎实的人物 |

## 一、上山虎

"上山虎"的人设通常是底层逆袭的励志角色，从他们身上能看到生生不息的昂扬斗志和积极进取的拼搏精神，很容易给粉丝带去力量和能量。例如，创业宝妈、励志小哥哥、百折不挠的创业老兵等。

抖音IP账号"然哥创业管理"的人设，就是没有资源、没有背景、历经挫折创业13年，行业横跨外贸、电商、制造业和自媒体的坚强不屈的"上山虎"角色。

## 二、温柔兔

"温柔兔"的人设通常很容易给粉丝带去亲和力和贴近感。

视频号上IP账号"行动派琦琦"的人设就是一个给人（尤其是创业女性）以精神上的力量、情感上的能量的角色。我们可以通过她的短视频内容选题、语言和表现力的呈现方式，非常清晰地感受到她鲜明的人设。

### 三、金凤凰

"金凤凰"的人设通常是精英背景出身，他们容易给粉丝带去生活的向往、奋斗的理想状态。

视频号上IP账号"辰薇讲女性成长"的人设就属于那种气质高贵、品位高雅，让人产生对生活美的追求的角色。

### 四、老黄牛

"老黄牛"的人设通常会给粉丝带去极强的专业感、亲切感和安全感。

抖音上IP账号"闲不住的阿俊"，这个"熬了三年，最终还是放弃拍电影的梦想而回农村养猪"的小伙儿，他的视频选题内容、语言表述方式和表现力，都让人感觉非常朴实亲切，像头靠得住的"老黄牛"。

人设并不是一种有意彰显、口头宣称的特征，而是体现在IP的外形特征、语言表达、自我介绍、内容调性的方方面面，是一种由粉丝自己感知和提炼，

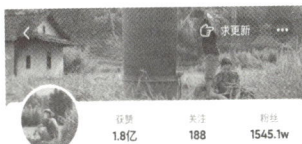

并最终形成统一认知的风格特征。

有了人设之后，创始人IP的理念、价值观才更容易传递，也更容易长期驻留在粉丝心中，形成超强的黏合力和信任感。

关于定位，还有一点要特别强调：定位不是一成不变的，而是可以周期性迭代升级的。

李菁老师是我IP界的朋友，她最早的定位是作家，出了四五本书，书的主题基本是摄影技巧方面的。在有了一定的知名度、影响力和粉丝基础后，她做了一次人设定位升级，开始用社群训练营的模式，教授小白如何拍出好看的照片。这时，她的定位已经从作家转向摄影培训导师了；

后来，她开始教授那些有摄影基础甚至摄影高手如何打造个人品牌，以便更好地招生变现。这时，她的定位又升级为摄影师的个人品牌教练；再后来，随着影响力和口碑越来越好，她开始教授除摄影师之外的宝妈、超级个体人群打造自己的个人IP品牌，这时，她的定位升级成了个人品牌商业顾问。

李菁老师的个人品牌定位，就是一直在升级迭代、螺旋式上升的过程。

正所谓"定位定天下，定位准，变现稳"，没有定位或定位不精准，相当于衣服的第一颗纽扣没系对，后面自然也都是拧巴的。

# 02

## 品牌系统

# 02

## 品牌系统

在完成定位、校准定位和持续升级定位后，我们要做的事情就是品牌打造，或者说是品牌工程系统建设——像打造一家公司的品牌一样，打造自己的 IP 个人品牌。关于打造个人 IP 的品牌工程，大部分人是不及格的。

有品牌意识的人，大抵分为两种：第一种是受过专业品牌训练，比如看书、听课或有人教，但鲜少有人能获得这样的机会；第二种是有天赋，天生就有品牌营销的感觉，最直接的呈现方式是喜欢发高价值的朋友圈，喜欢和名人合影，喜欢把自己的心得感受输出成为内容和作品等。

我最初是第二种人。在新东方工作的时候，因为当时年轻，能得到的机会并不多，于是我就上蹿下跳地营销个人品牌。我会在微博上发优质内容，吸引粉丝，提高影响力；主动给新东方集团视频网录制视频，提高自己的曝光率；给董洁、江映蓉等明星上完英语课后就合影，发朋友圈提高自己的势能；其他老师不爱写书、出书，我则一写就是十几本。

后来开始创业时，因为需要拿融资、码团队、引资源，我才发现系统地打造公司品牌的必要性。那时候，我发现了一个真相——推广公司和产品品牌更犀利的方式，是让创始人自己站到前台来做IP，打造一个人格化的创始人 IP 个人品牌，然后再赋能到公司品牌上。公司的品牌是冰冷的，因为他是一个抽象的概念，而创始人的 IP 品牌是真实的，是有温度的，因为他的本质是人，客户也是人，人们更能对有情感、有情绪、有温度的人产生认同。

关于品牌工程系统建设，我结合在新东方把自己从素人打造成名师的个人品牌经验，结合创业过程中打造公司品牌，并将创始人 IP 个人品牌反向赋能到公司品牌上的经验，把复杂事情简单化，把抽象事情具体化，把零散的事情模块化，总结出了个人 IP 品牌系统八圈模型。

个人IP品牌系统的八圈模型分别是：名字、头像、标签、金句、朋友圈、个人介绍、个人故事、使命愿景价值观。本章我们就来深入探讨这八圈模型的内容。

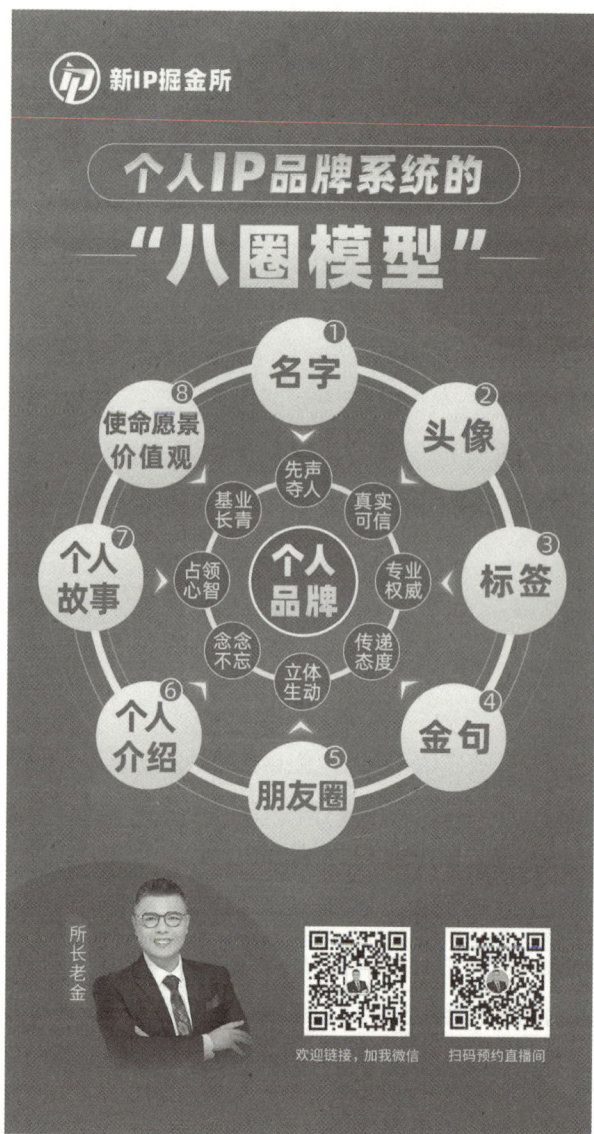

# 第一节 名字

中国有句俗话："赐子千金，不如教子一艺；教子一艺，不如赐子一名。"可以想见，给孩子取一个好名字，是中国人自古以来都非常重视的事情。的确，名字是自带能量的。有些名字，一听就是自带BGM、肯定能火的好名字。

在说具体的取名方法之前，我们首先要知道名字的四种类型。

| 名字 | | | | |
|---|---|---|---|---|
| 类型 | 个人称呼 | 账号名称 | 品牌名称 | 公司名称 |
| 功能 | 记得住<br>易传播 | 有网感<br>带人设 | 业务关联<br>专业权威 | 行政用途<br>不能重名 |

这四种类型的名字功能各异，能满足不同场景的需求。我们不管取哪种类型的名字，在取名的时候，都要符合以下原则：

好读易念不拗口；

阳光大方正能量；

形象生动易传播；

紧扣业务有关联。

接下来，我们具体讲，这四类名字每一类应该怎么取名。

## 一、个人称呼

个人称呼一般用在高频沟通的微信上，方便他人称呼你。

最简单的操作是用本名，但这往往没有记忆点。在此，并不建议大家用英文名，除非你是从事英文相关工作的。

想让名字有记忆点，通常会取一个"行走江湖"的花名，比如，阿里巴巴的CEO"逍遥子"本名是张勇，"得到"App的CEO"脱不花"本名是李天田等。

不用本名用花名有一个好处，就是能规避一些潜在的风险，毕竟，人的本名不会轻易变，但花名则可以相对灵活地修改和弃用。

那么，如何给自己取一个有网感的花名呢？

### 1.与本名相关，又和业务相关

取名时可以与本名有关联性（通常采用谐音的方式），又恰好能关联自己做的业务。

比如，羽毛球女网红叫王小羽，从名字中就可以看出是做和羽毛球相关的内容的；我有位朋友名叫"储运七"，她的解释是"一周七天都在运营，而且'运七'和运气谐音"。

我有位学生，名叫剑萍，是沟通商业力教练，她一直觉得自己的名字没有什么辨识度，让我给她"赐名"。我建议她改成"简平"，这个名字在发音上和本名谐音，而且在业务关联性上，意味着"通过沟通力，平凡人也能做出不简单的事"；我还有位学生，叫立鸿，是做个人定位和幸福力的，她也觉得自己的名字没有特色，我给她取了个名字，叫"黎虹"，和她的本名谐音，在业务关联性上也成立，寓意"找准个人定位，宛如黎明时分看见彩虹，给人以幸福的力量"。

### 2.和熟悉的事物产生捆绑

人们对于原先比较熟悉的事物有亲切感，普遍接纳度和记忆度更高。在取名的时候，也适用本条原则。比如，可以从动物、植物、颜色、水果、历史名人、熟悉称呼等事物中寻找新名字的灵感。

比如，看到名字"李依白"，你是否会联想到李白；看到名字"李叫兽"，你是否会联想到李教授；在抖音上爆火的"张同学"，"张"和"同学"这两个字眼，大家都很熟悉吧；抖音大IP"七舅脑爷"，这个名字，是不是能让人联想到生活中的"七舅姥爷"；"白百何""石榴叔""白冰""曹操来了"这些大IP的名字，是不是都似曾相识？

我有位做金融理财业务的学生，想让我给她取个名字。她姓钱，我随口就说出一个名字——钱哆啦。首先，这个名字的谐音是"钱多啦"，正好和她的业务有关联；其次，"哆啦"能让我们联想到机器猫"哆啦A梦"，给人的感觉是要什么就有什么。"钱哆啦"这个名字让她兴奋了好久，并在第一时间注册了商标。

### 3.自带权威感的名字

有些名字是自带权威感的，给人以专业可信的感觉。

而且，这样的名字，通常还可以和自己的业务品牌名关联。

比如，"所长老金"这个名字就来自品牌名"新IP掘金所"；私域肖厂长来自"恒星私域工厂"这个品牌名；"网红校长"的称呼来自"101名师工厂"；我给一位做代运营服务的学员，取了一个品牌名叫"运营星塔"，她的个人称呼就叫"塔主木木"。

这种和品牌名关联且带有职位的称呼，能给人带来两种联想：

（1）他有自己的体系（产品体系、知识体系、背书体系），比较权威可信。

（2）他身边仿佛有一群粉丝围着，是经过市场验证的。

这种带有权威感的称呼，出场就自带牛人和会火体质，甚至带着某种"江湖地位"和"身份段位"的感觉。

一个好的网名（个人称呼）是"自带风水"的。好名字通常都和业务相关，能产生正面联想，网感极强，容易传播。在打造个人IP品牌系统的时候，一定要精心设计一下自己的名字，当然，也包括微信上的称呼。

### 二、账号名称

账号名称用于各个平台，方便粉丝记住和传播。通常来说，账号名称有以下几种命名方式。

### 1.直接用真名

不用带有网感的个人称呼，也不需要加上自己的赛道和行业，行不更名坐不改姓，直接用真人本名。比如抖音大IP"陈翔六点半""祝晓晗"等。用真名的好处是给人非常强的信任感。

### 2.名词（品类）+个人称呼

比如，"世界抬杠冠军大蓝""摄影师小野""心理人柒柒""餐饮流量军师小博"等。这种账号名称的优点是直接高效地传递自己的主营业务，同时又把个人称呼的名字也夹带上，把自己的IP立起来了。

### 3.个人称呼+动词+名词（品类）

比如，"老金看世相（我的抖音账号名称）""大张讲创业""大王说法""小萍聊育儿"等。这种账号名称和上一条相似，同时曝光了自己所在的行业赛道和个人称呼，而且动词使这个账号名称更加生动，容易传播。

### 4.个人称呼+形容词（状态）

比如，"丽丽超幸运""丹丹很好听""张霞在努力"等。这种账号名称自带小清新的特点，网感比较强，而且很有亲和力，不带目的性和攻击性。

以上四种方法，是给自己的平台账号取名字最常用的方法。

## 三、品牌名称

品牌名称通常用在海报、PPT和相关文件上，能体现个人IP背后的品牌的专业性和权威性，增加信任资本，降低交易成本。

一个好的品牌名，真的价值千万甚至过亿。

比如说，如果你的朋友推荐你在办公室里放一种叫"竹蕉"的盆栽，你也许会不为所动，但是，如果他告诉你，这种盆栽还有个名字叫"富贵竹"，也许你就心动了；有一款国外饮料刚刚进入中国的时候名叫"蝌蚪啃蜡"，听到这个名字你有兴趣品尝吗？这款饮料在早期根本卖不动，后来，它改了个名字，叫"可口可乐"，然后，就卖爆了。我在2017—2021年之间做在线教育创业项目的时候，因为是针对0~6岁低幼儿童提供英语启蒙类产品，在取名字的时候，也费了不少脑细胞：最早叫"咿呀英语"，很多人觉得有"从小就学不好英语"的感觉，就改成了"宝贝英语说"，但投资人和一部分用户觉得没什么特色，最后，我给品牌取名"英语小神童"，大家都比较认可，因为"小神童"寄予了家长的期待，而且也是一个比较熟悉的概念。

那么如何给自己的品牌取一个好名字呢？我总结了四个字——关联反套。

### 1.业务相关

顾名思义，就是品牌名和品牌旗下的主营业务要有关联度。比如，"货拉拉"，一看就知道是拉货的公司；"亲宝宝"，一看就知道是婴童App；"拼多多"，一看就知道有很多的商品可以提供拼团；"企查查"，一看就知道是用来查询企业信息的。

我的公司品牌名叫"新IP掘金所"，首先"新IP"一看就是打造个人IP业务的，而且"新"给人以打破常规、紧跟潮流的联想；"掘金所"中的"掘金"说明我们离变现很近，连一个"所"字，都能让人联想到研究所这样的权威专业的感觉。

### 2.正面联想

品牌名字带有内涵，能让人联想到正面的寓意。要知道，中国人对讨个好彩头这件事是很在乎的。

比如茶饮品牌"喜茶"和"茶颜悦色"，都包含快乐和喜悦的联想；"旺仔牛奶"给人人丁兴旺的联想；"新东方""好未来"给人教育改变命运的联想；运动健身品牌"小熊快跑"给人运动和健康的联想。

### 3.制造反差

这种方法，主要是在画面感和名字的书写上制造一种反差甚至是人为的错误，引起人的思考和注意，进而给人留下深刻的印象。

比如企业级的品牌中，诸如"蓝月亮（月亮不是蓝色的）""天猫（天上没有猫）""三顿半咖啡（人一天吃三顿，怎么多出来半顿呢）""不

方便面馆（是不是多了一个字）""太二酸菜鱼（吃完酸菜鱼会变'二'吗）"，其实用的都是这个策略。

我有一位学员是做个人成长类的知识付费和训练营产品的，想让我帮他取个名字。我发现他是一个进取心很强，对自己要求很严格，会驱动自己不停迭代进步的人，但是，他的性格却是那种有条不紊的慢性子。这种个性特点渗透在他平时的生活、工作方式和研发的产品里，于是，我给他取了个名字——"光速蜗牛"。光速代表成长的速度，蜗牛代表耐心的行动，一快一慢，反差明显，而且很有画面感。

我另外一位女学员姓马，是做女子塑形和瑜伽的。她希望我给她重新取一个品牌名。我看她姓马，就想到了一个英文单词，叫magic（有魔力的），正好在发音上接近"马"字，因为她主做女性人群，而且与magic的重合度比较高，所以就在magic前面加了一个单词"She"，叫SheMagic（谐音"纤美伽"）。她非常满意。我又说，这个名字，还是有可能会重名，最好把SheMagic改成SheMagix，把字母"c"故意写成"x"，很多人就会认为是不是这个单词拼写错了？但是，产生这个思考的同时，这个品牌名已经进入他们的脑海和记忆了。

### 4.熟悉套用

在给个人称呼取名的时候，我们就强调过人们对于一直以来熟悉的事物总是更有亲切感和安全感。在给品牌命名的时候，也可以采用这种方法：与其制造全新的事物和概念，不如借用人们脑海中已经熟悉的概念，来制造一种亲切和信任感。比如，"百度"，就来自诗词"众里寻他千百度"；周鸿祎创办网站"3721"的时候，套用了人们无比熟悉的乘法口诀表"三七二十一"；"58同城"的命名，在于这是个综合网站，什么都有，借鉴人们熟悉的概念——五花八门。这种命名方法的最大好处是降低了识记和传播成本。

以上四种方法，简称"关联反套"，是比较常用而又能落地的品牌名命名方法。

一个品牌名到底好不好记、方不方便传播，有两个测试方法：

（1）口头告诉别人这个品牌名的时候，他能不能马上知道这个品牌名怎么写，是做什么的。

（2）用手机和电脑的输入法打字的时候，看这个品牌名能不能快速地写出来。

### 四、公司名称

我们都知道，公司的名称相对来说曝光率其实并不高，主要用于开发票、签合同等场景。因此，在取公司名的时候，要把握以下几个原则：

1.不要和其他公司名重合；

2.不要有生僻字，以免写错；

3.最好和自己的主营业务有关联，否则有很强的违和感。

那么，应该怎么取名，才能符合以上原则呢？

其实很简单，你只要从成语里找灵感就可以了。首先，成语大多是四个字的，很少会重名；其次，成语大部分带有正面的含义，也是个好彩头；最后，只要通过谐音换字的方式，改动成语中的1~2个字，那公司名既不会重名，又富有新意，而且还有上面一直说的熟悉感。举几个例子。

| 行业 | 借鉴成语 | 公司名示例 | 寓意 |
|------|---------|-----------|------|
| 婚庆 | 心心相印 | 北京心心相印×××有限责任公司 | 两个新人的心在一起 |
| 金融理财 | 招财进宝 | 上海兆财进宝×××有限责任公司 | 兆，是一个巨大的数量单位 |
| 教育培训 | 寓教于乐 | 浙江予教予乐×××有限责任公司 | 一边给予教育，一边给予快乐 |
| 心理咨询 | 心旷神怡 | 重庆心宽神怡×××有限责任公司 | 心理咨询的目标，是让人心宽 |

以上就是通过成语来给公司取名的方法。你可以试着给自己的相关名字用以上方法重新取个名，相信你会找到更好的名字。

# 第二节　头像

头像，尤其是用在微信或其他新媒体平台的账号上的头像非常重要。

如果你的微信就是用来和家人朋友联系的，那用什么头像都没关系。一旦你的微信承担了部分工作的需求，甚至是全部的工作的需求，那头像的使用可就讲究了——因为大多数人，在成为你的微信好友之后的第一件事，就是点开你的头像，放大看看你长什么样（是不是面善，是不是像好人……），而且，很大程度上，你的头像也会影响你在他人心目中的权威感、专业感和信任度的建设，并最终体现在变现的结果上。

什么样的头像是得体又吸睛的呢？

在给出正确答案之前，我们先来看看，什么样的头像是绝对不吸睛甚至破财的。

## 一、不建议使用的头像

### 1.孩子的头像

首先，别人未必会在乎你的孩子是否可爱，你喜欢孩子，可以把他的照片放在手机相册中自己欣赏，或者当成手机屏保；其次，考虑一下使用场景，当你的领导、客户、合作方和你交流的时候，可能不时会产生"我是在和孩子交流吗"的想法，这并不得体；最后，需要考虑孩子的人身安全和肖像安全，公开的照片有被拼接到不法视频上等风险。

### 2.风景的头像

用风景照做头像的人并不少见：沙漠、山峰、蓝天白云、大草原、日出、日落、大江、大河……

有两类人是可以拿这些风景照做头像的：（1）退休的老人；（2）行业大佬。如果你不属于以上两类人群，尽量别用风景照做头像，因为它不会传递任何有效信息，而且被压缩过用来做头像的风景照，大概率也没那么美。

### 3.动漫/漫画图片

欢迎来到成年人的世界！

动漫/漫画的可爱，不太适合你。试想，当对方和一个看着就想笑的头像聊着严肃的事情时，他能信任你吗？能信任到几分？你已经不是孩子了，可爱风真的不太适合你。

当然，如果你本身就是二次元、动漫或艺术设计的从业者，用也无妨。

### 4.有涂鸦的头像

和第三条的本质相同，职场和商业场合的头像，重要的是安全可信赖，不是你有多可爱。

### 5.太露的头像

人们选择露的原因有两点：（1）没有意识到自己露，或者觉得露的尺度在安全范围内。（2）工作需要。如，做美业的、塑形健身的，则需要展示自己身材的优势和业务的结果。问题在于你对露的尺度的评价和敏感性与别人的理解是有偏差的。试想：有人刚加你的微信，顺手点开你的头像，可是还没来得及细看你的头像，就被旁边的人看到了。旁人会怎样想他，他是否会尴尬？

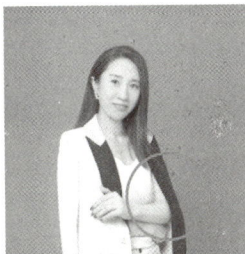

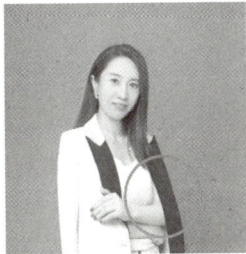

我有一位学员，在拍完形象照之后发给我看，问我的意见。如上图所示，我的意见很简单："手臂部分露得有点儿多了。"她听完之后，马上对照片进行了修改，改完之后，给人的感觉很专业。

总之，头像是给别人看的，多想想别人看自己头像时的场景。

### 6.藏着脸的头像

别人加完你微信后的第一个动作，往往不是看朋友圈，而是先点开你的头像。也许是想看看你是否面善，也许是单纯想看你的颜值，总之，就想看看你的头像，严格来说，是想看看你的脸。面部被遮挡的、面部光线不均匀的、脸的比例太小的、故意转向另一侧的大有人在。可是，你不让别人"识得庐山真面目"，别人怎么敢和你掏心掏肺谈项目？

### 7.头像中的眼神太飘

上面这几位朋友的头像都很好：要气质有气质、要意境有意境、要笑容有笑容、要颜值有颜值。但有一点美中不足，他们的眼神都和屏幕前的观众没有交流。你觉得这叫"范儿"，或许别人会觉得你是目中无人。选照片时，还是要选面向镜头的，让目光与观众有些交流。

### 8.黑白头像

黑白是艺术的象征，是高级感的代名词，但是，90%的人是无法驾驭黑白两色的照片的，没有精致的轮廓和丰富的底蕴，不敢拍黑白照片。另外，黑白照片还是会给人留下一些不好的

联想，因此不建议使用。

### 9.背景太花哨的头像

这是我三位学员的头像照片，头像都很漂亮。美中不足的是，头像的背景都过于花哨，喧宾夺主了。头像背景要干净整洁、简单明了。毕竟头像的主角是人，不是人背后的景。

### 10.道具和身份职业不相符的头像

这是我两位学员的头像。左边的同学站在越野车上，看上去像从事旅游行业的；右边的同学拿着语文教科书，给人的感觉是语文老师。

事实上，这两位同学的行业和旅游、语文教学没有任何关系。

头像中的道具应该和自己的业务、领域和身份一致，否则会让别人不清楚你是做什么行业的，甚至觉得你不专业。试想：一位篮球运动员在拍形象照的时候手里拿着足球，这合适吗？

### 11.头像中出现自己之外的人

照片里出现了别人，哪怕对方没有露出正脸，多少也会影响你的主角光环。比如，右面这张照片，若能把背对镜头的人P掉，就合格了。

### 12.在头像上放宣传话术

头像有两种作用：让人对你有印象（见面的时候能认出来），让人对你信任有好感（头像看着就像个好人）。

试想：你会喜欢你买的名牌包的Logo上印着公司的简介吗？同理，在头像上加上一则宣传语、广告语、自我介绍等，和上面的情形其实差不多，别人同样不会喜欢。

### 13.头像做镜像翻转

右面的照片，左边是翻转前的，右边是翻转后的。

一般而言，别人或许看不出你对图像做了翻转。唯一尴尬的地方就是90%以上的人左右脸是不对称的，翻转之后，就和变了个人似的。线下见面的时候，大家认不出你来就尴尬了。

## 二、得体的头像

说完上面这13种不该使用的头像，我们来探讨一下什么样的头像才是得体又吸睛的。

### 1.去专业照相馆拍一张正式的商务形象照

上图8位都是我的学员，他们的商务形象定妆照，明显得体很多，传达出专业、颜值出众、权威感强、信任感强的信息。

建议大家去拍这种商务形象定妆照。首先，成本可控，大约199元就能拍一组照片；其次，这种定妆照不仅能做微信、平台账号的头像，还可以放在海报上，做形象照。

拍商务形象定妆照，也有一个需要特别注意的地方：千万不能过度修图，否则，在线上看惯你微信头像照片的朋友，在线下见面时可能会认不出你，或者心理落差很大。

### 2.真人+场景，得体又吸睛

"真人+场景"要注意以下四点：

（1）像素清晰、赏心悦目；

（2）真人出镜，半身为佳，面部比例适中，五官清晰可辨，眼神有交流；

（3）源于生活，真实可信有温度，不是照相馆里的摆拍；

（4）自带场景（环境、背景、道具等），凸显身份和职业（业务内容）。

我的一位学员Joyce（小红书账号：摄影师小野Joyce）的头像，基本符合以上所有特点。

以上就是个人品牌头像的十三种忌讳和两种得体的头像。

美国心理学家罗伯特·查容克（Robert Zajonc）曾经做过一个试验，得出一个结论：人们会通过他人的照片来形成对他人的印象和评价，而且，这种印象和评价一旦形成，很难改变。

所以，如果你的微信、平台账号承担着部分或全部工作内容，甚至是以微信（私域）为载体打造自己的IP和个人品牌或与客户沟通交流并发生业务交易的话，你确实要重视头像的问题。

要想在微信私域生态打造个体品牌甚至变现，请先从你的微信头像开始吧！

# 第三节　标签

什么是个人IP品牌系统工程中的标签？

我们先想想，日常生活中看到的标签是什么样的？标签的作用，就是用最简练的文字概括最丰富的信息。

个人IP品牌打造的标签也是这一作用，用最简练的文字概括你的身份和价值。我们也可以把个人标签理解为个人介绍的最简练版本。

个人标签通常使用在海报宣传中的IP介绍、平台账号上的个人介绍中。比如，抖音大IP刘媛媛的个人标签就简短有力：北大法硕毕业，外经贸经济学士，超演冠军，创业七年。

我们再来看看我的新东方前同事，也是我的好友，抖音的大IP"网红校长"的个人标签：名师工厂CEO，数位知识博主背后老板，企业家短视频IP领军人物。

如何提炼简短有力又能传递身份和价值的个人标签呢？套用一个公式就够了：个人标签=身份/职位+业务方向+具体成就。我们用下面这个表格进行具体说明。

（图）无畏无惧

刘媛媛
《超级演说家》第二季冠军

获赞 1.1亿　关注 2471　粉丝 1488.9w

北大法硕毕业，外经贸经济学士，超演冠军，创业七年。

IP属地：北京

创业者的跃迁
从超级IP到企业精神领袖

| 个人标签 | 举例说明 |
|---|---|
| 身份 / 职位 | ×× 公司创始人 /×× 公司 CEO/×× 机构发起人等 |
| 业务方向 | ×× 体系开创者 /×× 商业顾问 /×× 商业教练 /×× 导师 /×× 专家等 |
| 具体成就 | 数字、知名人物 / 事件 / 平台 / 案例、代表作等 |

比如，我的标签是：新个体掘金所创始人（身份）、企业级理念打造个人品牌开创者（业务）、连续创业者、真格/迪士尼GP被投CEO。

最后，我们再来拆解两位知名IP，也是我的好朋友卢战卡老师和私域肖厂长的个人标签。

从0到全网1800万
粉丝的涨粉变现秘籍

私域资产：从0到3000万
资产的实战心得

| | | 卢战卡 | 私域肖厂长 |
|---|---|---|---|
| **个人标签** | 身份/职位 | 知识金榜创始人 | 星辰教育创始人 &CEO |
| | 业务方向 | 短视频营销专家 | 私域流量专家 |
| | 具体成就 | 全网粉丝 1800 万 | 3000 万私域资产/公司年营收 6 亿/视频号头部博主 |

通过以上表格拆解，我们发现，两位知名IP在设计自己的个人标签的时候，看似巧合，实则内有规律，都符合上面我讲的个人标签公式。

前段时间，在抖音和视频号上都非常火爆的商业导师张琦的介绍标签也符合以上原则。

现在，你可以停下来，在下面这张表格中，精心设计一下你的个人标签。

| **个人标签** | |
|---|---|
| **身份/职位** | |
| **业务方向** | |
| **具体成就** | |

# 第四节　金句

什么是个人IP品牌系统工程中的金句？我们可以把金句理解成你在微信或者其他平台的账号介绍页面上的个性签名。这种金句个性签名，基本是简短有力的一句话，它体现了你的价值观、理念、行事准则和风格，甚至是人品。特别像企业级品牌当中的口号。

金句个性签名看似简单，其实很有威力，如果足够深入人心，能够产生占领用户心智的效果——只要一听到某句话，就会联想到某个IP；或者只要想到某个IP，就自动想起他说的那句话。比如听到"在绝望中寻找希望，人生终将辉煌"，你会不会想到新东方创始人俞敏洪老师？

个人品牌赛道的知名导师"剽悍一只猫"的金句个性签名是"让自己变得更好，是解决一切问题的关键"；我的老乡、个体创业导师润宇老师，也有一句让人念念不忘的金句"心里装着多少人，就有多少人的江山"。我自己经常挂在嘴边、写在账号和文章里的金句个性签名有四个："一切的胜利，都是价值观的胜利；埋头耕耘，无问西东，但求心安；少一些急功近利的追求，多一些莫问前程的坚持；创始人IP个人品牌是未来最大的商业入口和增长引擎。"

那么，如何设计自己专属的金句个性签名呢？主要可以从两个方面入手：1.日常生活中脍炙人口、充满正能量又能体现自己价值观的金句；2.耳熟能详又富含哲理的名人金句。举例如下：

| | 示例 |
|---|---|
| **正能量金句** | 既往不恋，当下不杂，未来不迎<br>真正的强者，不是不流泪的人，而是含泪奔跑的人<br>没有毫无道理的平庸，也没有理所当然的成功<br>我们只活一次，不妨率性潇洒<br>感恩现在拥有的一切，也随时做好失去一切的准备<br>凡是过往，皆为序章；所有将来，皆可为盼<br>…… |

| | 示例 |
|---|---|
| **名人 / 古人金句** | 士不可以不弘毅，任重而道远<br>敬胜怠，义胜欲；知其雄，守其雌<br>勿以小恶弃人大美，勿以小怨忘人大恩<br>天下古今之庸人，皆以一惰字致败；天下古今之才人，皆以一傲字致败<br>凡办大事，以识为主，以才为辅<br>步步前进，日日不止，自有到期，不必计算远近而徒长吁短叹也<br>…… |

# 第五节  朋友圈

此处我们所说的朋友圈，不是现实生活中的朋友圈子，而是微信朋友圈。

有人会说："没有必要发朋友圈，看我朋友圈、给我点赞的人很少。"

我在辅导学员的过程中，也经常会遇到学员持有相同的观点。

很多学员认为，现在朋友圈看的人越来越少了。这是客观事实，看朋友圈的人确实没有以前多，首先，因为微信的注册用户基本见顶，不如几年前的增长势头；其次，随着新媒体平台，尤其是短视频平台的崛起，越来越多的用户把自己的注意力投放在短视频上；最后，前几年在微信的爆发式增长期，大量的诱导分享海报以及微商的刷屏卖货图文出现在朋友圈，让很多人失去了关注朋友圈的兴趣。

有句话叫"瘦死的骆驼比马大"，作为拥有数十亿注册用户的国民第一应用，庞大的用户基数是保障，微信朋友圈的打开率的增长会放缓，但绝对不至于出现"没人看"的情况；再者，这几年，微信官方对于限制诱导分享这件事的力度越来越大，其目的是净化朋友圈，保证用户体验。另外，微信生态的很大一部分广告收入，依旧来自朋友圈的信息流投放，在这种情况下，微信官方怎么可能会坐视朋友圈没人看而不管呢？

再说说"给我朋友圈点赞的人越来越少，甚至没有"这件事。

确实，点赞的人越来越少，但不代表别人没看到你的朋友圈。我为此专门带着学员做过测试，看你的朋友圈到底有没有人看。很简单，只要你在朋友圈发一句"能看到这条朋友圈的，请帮忙点个赞"，然后统计一下到底是不是真的"给我朋友圈点赞的人很少"就可以了。

发完这条文案之后，你会发现，你身边的朋友其实都还在，而且也还在看你的朋友圈。

既然看朋友圈的朋友依然还在，那我们继续深入探讨：为什么我们要重视朋友圈的经营？我认为，至少有四个原因。

### 1.社交名片

朋友圈是建立个人品牌和社交信任的窗口和名片。我们在添加了某人的微信之后，是不是马上会做两件事：1.点开他的头像看一下；2.进入他的朋友圈，快速浏览朋友圈内容，形成对对方的初步判断，如果对方的朋友圈内容优质，会多停留一会。

我们会这么做，别人在加完我们的微信后，也会这么做。

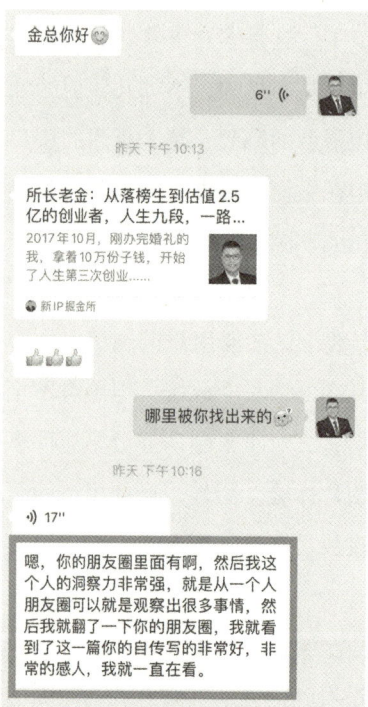

可以说，朋友圈的内容，是塑造自己真实人设、打造自己个人品牌和好友形成社交信任的窗口和名片。一个人朋友圈的内容和质量，基本能够折射他的生活品位、事业追求甚至是人品价值观。

### 2.销售卖场

可以说，微信朋友圈是除了社群、私聊和视频号直播间之外又一个产品销售主阵地。有句话说得好："朋友圈发得好，转化变现不会少。"

通过在朋友圈发布产品上市消息来造势、发布产品详情页来进行产品说明，发布用户付款截图和使用心得来增加信任状，很多成交和转化都是客户自动发生的，也就是我们常说的"被动成交"——你都没去找客户聊天和销售产品，产品就卖出去了，还卖得不错。

一个优质的朋友圈，就是一个优质的销售卖场，一家高营收的店面旺铺。

### 3.私域入口

一切流量的终点是微信私域，而终点的入口是朋友圈。

如果你的业务主阵地在微信生态上，那朋友圈的重要性，通过以上两条分析，想必你已有所了解。

但是，有人会说："我的业务和流量阵地在公域，在抖音、快手、小红书。"

微信的天然社交属性，决定了你和流量之间的关系不是普通的博主和观众，而是有很强信任感的IP和粉丝的关系，甚至是朋友关系。这种社交属性带来的信任感，能让添加你微信的粉丝，在你这里进行持续反复的消费（复购）和高单价的消费（高额商品）。这个优势，是以引流吸粉为主的公域平台不具备的。

所以，一切的流量，尤其是来自公域的流量，为了有更好的LTV（Life—Time Value，用户终身价值），最终最优的方案，都是导入到微信中，形成自己的私域流量池。

一切流量的终点都是微信，都在私域。而一旦流量进入私域，他们了解你的最形象、最生动、最能产生信任感的阵地，就是微信朋友圈。

### 4.内容创作练兵场

朋友圈最适合磨炼你的内容创作能力。如果说内容是个人IP品牌的最佳载体的话，那么朋友圈就是你训练自己内容创作能力门槛最低的阵地。

首先，在朋友圈发内容非常轻松便捷；其次，朋友圈的排版格式决定了你不需要进行特别重的内容创作，文字配图片就可以了；最后，如果你的朋友圈发得足够有趣、有用、有料，你可以马上得到正反馈——因为你的朋友会给你点赞或者评论。

我经常和我的学员说，如果你要训练自己的内容创作能力，很简单：从每天发5条优质朋友圈开始。

以上4条，相信已经足以说服你认同朋友圈的重要性了。

那么接下来，我们就展开说说，到底应该如何经营好自己的朋友圈，打造一个人设真实、变现力强的"卖场和旺铺"。解决以下几个问题，你的朋友圈经营就成功了。

### 一、每天发多少条朋友圈合适

每天发5条左右的朋友圈比较合适。首先，这个数量不用担心刷屏问题；

其次，创作压力也不会那么大。需要注意的是，要在不同时段发朋友圈，这样更有创作的节奏感。而且，不同时段，根据你朋友圈读者的状态，在内容的设计上也有讲究。如何规划5条朋友圈发布的时间节点和内容呢？可参照下表。

| 朋友圈发布的时间节点和内容 | | |
| --- | --- | --- |
| 发布节点 | 发布内容 | 理由依据 |
| 7—9 点 | 早安问候，正能量文字，励志金句 | 早晨的场景，大家都充满对一天的期待，正能量比较应景 |
| 12—14 点 | 趣味轻松、真实好玩的内容 | 午饭和午休时间短，需要有一些轻松好玩的东西 |
| 13—17 点 | 干货输出，价值塑造，产品信息 | 大脑在下午这个时间段才开始进入状态，愿意深度思考 |
| 18—20 点 | 重大信息公布，启发人思考的话题 | 一天中的这个时间段，状态最活跃；而且下班路上，有时间看 |
| 22—24 点 | 心灵鸡汤，情绪共鸣强的内容 | 夜深人静，最容易达成情绪的共鸣 |

我有位学员叫梦甜，是做亲子财商教育的，一对双胞胎，半岁开始做家务，6岁就自己挣钱了（#视频号：梦甜|嘻哈妈），她的朋友圈发得就很有品质感。

### 二、担心朋友圈刷屏惹人烦，怎么办

我们虽然说过"现在看朋友圈的人依旧不在少数"，但也没有必要担心发太多朋友圈（如果每天5条，你也认为多的话）会对你的朋友造成刷屏的影响。

为什么呢？因为看朋友圈的人大有人在，但是每时每刻都在看朋友圈的，或者正好你发朋友圈的时候他在看的人并不多。

有数据统计显示：你发送的每条朋友圈，在你的微信好友当中，刷到率大概是在20%——也就是说，假设你中午12点钟发了一条朋友圈，你的微信好友有2000人的话，20%也就是最多400人刷到过你发的内容；等你下一个时段再发的时候，刷到过上一条朋友圈的人，未必这个时段正在看朋友圈，那这个时段的20%的人，可能又是新的一波人（取决于你朋友的工作和生活习惯，每个人刷朋友圈的时段是不同的）。

所以完全没有必要顾虑。如果你每天发5条朋友圈都觉得不好意思，觉得会刷屏打扰朋友，那么我告诉你，我一般是每天发大约10条朋友圈，并没有朋友给出负面反馈，大家的反馈反而是"看你的朋友圈，又好玩又能学到新东西，真带劲！"。

所以，你需要顾虑的不是朋友圈的条数多少，对别人造成刷屏的困扰，而是你朋友圈的内容是吸引人，还是打扰人。

我每天发的朋友圈在内容上都精心设计过，话题多元，饶有趣味。我也把朋友圈中最有代表性、干货最多的50条内容，专门收集编纂成册了，你可以扫码加我的微信，回复"读者领取朋友圈50条"，我会亲自发给你。

所长老金

新个体掘金所创始人
企业级理念打造个人品牌开创者
连续创业者
真格 / 迪士尼 GP 被投 CEO

创始人 IP 的个人品牌
是未来最大的商业入口和增长引擎　▶▶▶
扫码加好友送价值 **1999** 元
《引爆 IP 个人品牌创业 13 招》课程

### 三、优质（真实/可变现）朋友圈的底层逻辑是什么

那种人设真实，能建立信任感，又有超强变现力的优质朋友圈，底层逻辑是什么呢？

很多人认为发朋友圈就是"晒"：晒今天的心情，晒今天吃了什么好吃的，晒件新衣服，晒去了一个好地方玩……

其实，我们没必要"晒"。因为你"晒"的内容，对别人并不产生价值；而且，你的日子过得好，自己偷着乐就行了，何必刺激别人？这个世界上，也许真有很多人希望你过得好，但是有一部分人并不希望你过得比他好。

优质朋友圈的底层逻辑是：你要把自己的朋友圈经营成你的个人展。

既然是个"展"，那么，你喜不喜欢就不重要了，别人爱不爱看才重要。

再强调一遍：优质朋友圈的底层逻辑，是把朋友圈经营成别人爱看的个人展。

基于这一条底层逻辑出发，我们基本就能勾画出优质朋友圈的两条原则。

#### 1. 朋友圈要发专业内容，也要发随性内容

想象一下，你去看个人展，是不是会看到作者的两大类内容：一类是他的代表作，另一类是他的随手作？代表作通常体现作者的权威和专业；随手作则能让人看到作者更真实、更可爱的一面。

代表作是干货、硬货，随手作是湿货、软货，只有二者结合，才能"一秒入魂"！

既然说优质朋友圈的底层逻辑是个人展，那你在发朋友圈的时候，也要做到代表作和随手作同时展出。

代表作就是你的第一身份、主营业务和主打产品；随手作是你的第二身份、个人雅好和闲情逸致。

#### 2.朋友圈要有利他思维

人最关心的东西，永远只有两样：（1）和自己有关联的；（2）对自己有用的。

我们去看个展的时候，评价这次个展好不好，也会用上面的两个标准：

（1）这次个展和我有没有关联（经历上、情感上）；（2）这次个展对我有没有用（解决了什么问题、困惑）。

既然优质朋友圈的底层逻辑是个展，那么我们平时在发朋友圈的时候，也要有利他思维：这条朋友圈和你的朋友有没有关系？对他有没有价值？

千万不要自嗨，更不要一直晒晒晒。

什么是朋友圈的利他思维？举几个例子。

比如，深夜，你发一条美食的朋友圈就属于自嗨，还会惹得别人（尤其是那些正在节食减肥的人）咬牙切齿地恨你。但是，如果你把朋友圈变成"找到一家特别赞的港式茶餐厅，口味很地道，价格还实惠，交通也方便，就在天街附近"，这样的美食安利就属于利他。

你心情低落的时候，在朋友圈发一些消极负能量的情绪甚至抱怨，肯定不是利他，反而挺损己的；但是如果你把朋友圈发成"心情低落并不可怕，反而是自我反思的最佳时机。中关村这边的钟书阁，第一次来就发现在这里，特别适合静静地阅读，慢慢地思考，而且很快就满血复活啦"。这条朋友圈既展示了真实的自我，提供了一个看书的好去处，还提供了正能量的情绪价值，这就属于利他的朋友圈。

在此，留一道思考题：如果你得奖，显然，自吹自擂的朋友圈内容，肯定挺招人烦的。那么应该怎么发，才算是利他思维的朋友圈呢？

### 四、发哪些内容才能打造出优质朋友圈

到底应该怎么发朋友圈？我认为，只需要"情""趣""用""人""卖"五字诀就够了。

| 优质朋友圈的五字诀 | |
| --- | --- |
| 情 | 真情流露：发表你对人、事、物的情绪和情感，甚至可以私密一些，表达越私密，情绪越共鸣 |
| 趣 | 趣味好玩：发一些生活中的趣事，或者是幽默风趣的段子，又或者在朋友圈里和朋友互动 |
| 用 | 有用有效：发一些高质量的价值输出，比如，有新知的干货内容，让人觉得有用有获得感 |

续表

| | 优质朋友圈的五字诀 |
|---|---|
| 人 | 真人真事：发你自己的故事、你的客户的故事、你和牛人之间的故事，和人有关的故事最吸引人 |
| 卖 | 售卖产品：通过预热—造势—官宣—售卖—收尾整个流程，在朋友圈做产品的发售 |

### 1.情：真情流露

我们看别人的朋友圈的时候，最厌恶的就是那种满屏的产品信息、付款截图的朋友圈，营销感和攻击性太强，让人敬而远之。

我们不缺产品，也不缺会发产品的人，更不缺充满产品的朋友圈。

我们缺的是"有血有肉真性情"的一个真实的人。

在朋友圈里展示自己真实的情绪和情感，更能引起别人的共鸣和信任，有时候，还会觉得你有点小可爱。也不用顾虑这些情绪的展现会不会泄露隐私或者过度暴露自己，我的老乡、好友、新媒体500万流量大户S叔Spenser曾经说过一句话："表达越私密，情绪越共鸣。"

### 2.趣：趣味好玩

朋友圈不要一本正经、死气沉沉，可以适当皮一下。

把搞笑的图片、段子，幽默的故事，出糗的经历，发在朋友圈上，博人一笑，也是在提供价值：情绪价值。

除此之外，还可以在朋友圈发起互动，比如：点赞就送资料、红包，让大家帮忙投票，有奖竞猜等。这些动作看似并不产生变现行为，但其实增加了和粉丝的互动和黏性，也是在为变现做准备。

### 3.用：有用有效

"情""趣"主要用于建设真实人设和信任感。除此外，我们还是要有干货——真正为朋友圈好友提供价值。比如，可以说说你对流量、内容的一些认知；说说读完某本书之后的心得感悟；说说上完某堂课、听完某场讲座后的收获；聊聊自己的育儿心得、创业经验等。

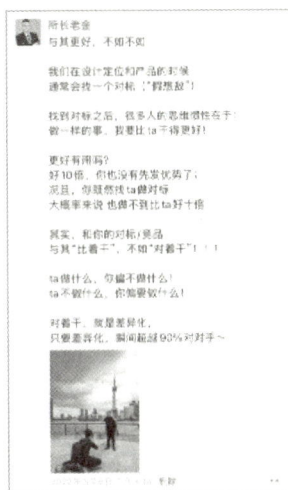

### 4.人：真人真事

人，永远都应该是朋友圈里的第一主角。讲讲和人有关的故事。这个人可以是你自己，可以是你的学员、客户，也可以是你比较推崇的牛人大佬。要讲出故事的细节，在细节里又藏着趣味点、干货、价值点。

真人真事

### 5.卖：售卖产品

朋友圈，不仅仅是展示真实的自己和价值干货的地方，更是可以用来做产品发售的卖场和门店的地方。而且，真正具有超高变现能力和商业价值的朋友圈，是需要精心设计打造的：几点钟发什么内容、如何引导点赞、如何追评、如何呈现产品价值和用户见证，都有很深的学问。

关于进行产品售卖的剧本式朋友圈，我会在第六章"发售系统"中具体呈现。

售卖产品

### 特别加餐：微信私域生态个人IP的品牌五件套

本节我们分别讲了"名字""头像""标签""金句（个性签名）""朋友圈"，这五大元素组合在一起，基本就是微信私域上个人IP的五件套。

| 微信私域生态个人 IP 的品牌五件套 | |
|---|---|
| 名字 | 先声夺人，念念不忘，有辨识度，易于传播 |
| 头像 | 真实可信，印象深刻，过目不忘，让人产生信任感 |

续表

| 微信私域生态个人 IP 的品牌五件套 ||
| --- | --- |
| **个人标签** | 最简练的个人介绍，用身份、业务、成就三点定义自己<br>（个人标签可以体现在微信朋友圈的封面上） |
| **金句<br>（个性签名）** | 用正能量的语言，传递你的态度和温度 |
| **朋友圈** | 多维度、多层次地立体生动地展示真实人设 |

我们来看看未经过精心设计的微信个人形象品牌和设计过的有什么区别。

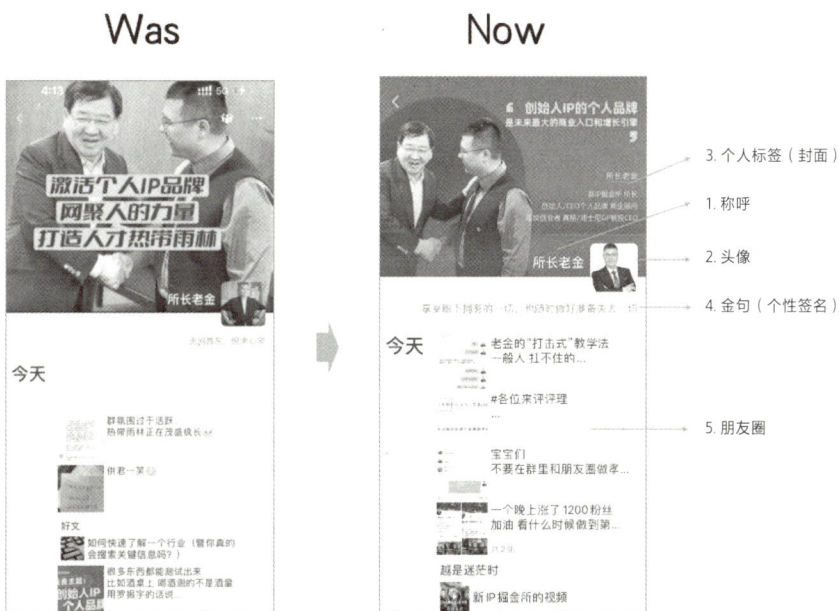

# 第六节　自我介绍

个人IP在传递自己的个人品牌的时候，最直接的方式就是做自我介绍。

然而，在不同的场景下，做自我介绍的内容、形式都有所区别，见下表。

| 场景 | 自我介绍方式 | 说明 |
|---|---|---|
| 账号页面/直播 | 标签体 | 用两三句话，快速描述自己的身份、业务和取得过的成就 |
| 微信社群 | 简历体 | 一条条罗列自己的成就、能提供的价值、期待链接的资源 |
| 短视频 | 关注体 | 一句话陈述清楚为什么要关注我 |
| 电话/线下（沟通、饭局、演讲） | 小作文体 | 模块化、结构化表述个人特色和价值，并留下产生链接的钩子 |

在账号页面和直播场景中的标签体自我介绍，已经在本章讲解；微信社群中的简历体自我介绍，在本书第五章会讲解；在短视频中插入的关注体自我介绍在本书第四章将会讲解。本节我们重点讲在电话沟通或是线下场景（饭局、演讲等）中的自我介绍。

你可能会问，我经过这么多事，见过这么多人，难道还要学自我介绍吗？

我给大家讲个故事：

2022年3月，我前往广州，参加一个线下大课。课程中间的午餐，学员们吃的是圆桌团餐。其中有一位学员比较爱张罗，他提议每个人做一分钟的自我介绍，大家认识认识，说不定有好的合作机会。

然后，大家的自我介绍就开始了。

在我看来，他们的自我介绍都不及格。

一个人主要介绍自己的业务。我们先不论他能不能把业务说清楚说明白，但是在吃饭那种放松休闲的场景里，谁会对你的业务和生意感兴趣呢（大家既不是同行，也不是产业链的上下游，很大概率是听不懂彼此业务的）。

一个人一个劲地说自己辉煌的过去。其实，说说自己厉害的地方没有问题，毕竟能把自己的价值和段位塑造起来，但是拿捏不好度，太过了，就显得凡尔赛，有时候还挺招人烦的。

······

如果你也存在上面的问题，应该怎么解决？怎样做自我介绍才既吸睛吸粉又不招人烦呢？

我们回刚才那个故事，轮到我做自我介绍的时候，我是这么说的："大家好，我是所长老金，虽然大家是第一次见我，但是，只要你上过大学，应该都认识我，因为我给大学英语四六级听力录过音（现场展示）；我目前从事创始人IP个人品牌打造业务，和其他个人品牌打造专家不同，我应该算是真正的实战派，曾经通过打造自己的创始人IP为公司拿到过真格和迪士尼的5000万元融资并把公司做到年营收1.2亿元。如果有创始人个人品牌打造方面的问题，欢迎和我交流。可以加我微信，我会送给你一本我自己写的《7年创业10条心法》的音频课。"

这个自我介绍是不是还挺不错的？

其实，看似随意自然的自我介绍，背后都是经过精心设计和打磨的。我把这段自我介绍的结构和模板拆解给大家。

| 电话／线下场景中的自我介绍 | | |
| --- | --- | --- |
| 模块设计 | 具体呈现 | 解释说明 |
| 瞬间吸引 | 大家好，我是所长老金，虽然大家是第一次见我，但是，只要你上过大学，应该都认识我，因为我给 大学英语四六级听力录过音（现场展示） | 通过展现自己特殊的经历或者特长瞬间吸引所有人的注意力和关注 |
| 与众不同 | 我目前从事创始人 IP 个人品牌打造业务，和其他个人品牌打造专家不同，我应该算是真正的实战派 | 用差异化加深他人的印象 |

这个看似随意的自我介绍，是不是暗藏玄机？

续表

| 模块设计 | 具体呈现 | 解释说明 |
|---|---|---|
| 真实可信 | 曾经通过打造自己的创始人 IP 为公司拿到过真格和迪士尼的 5000 万元融资并把公司做到年营收 1.2 亿元 | 用具体的案例和数字，证明专业度和可信度 |
| 留下钩子 | 如果有创始人个人品牌打造方面的问题，欢迎和我交流，可以加我微信，我会送给你一本我自己写的《7 年创业 10 条心法》的音频课 | 通过价值钩子，和陌生人发生强链接 |

其实，你也可以复制模仿，进而，让自我介绍变得看似随意自然，实则高效精致。这里，我也准备了一个模板供大家套用，你只要做好完形填空的工作，一个漂亮的自我介绍就呼之欲出了。

| 电话 / 线下场景中的自我介绍的模板 | | | |
|---|---|---|---|
| 模块设计 | 设计理念 | 话术模板 | 你的版本 |
| 瞬间吸引 | 我不一般 | 大家好，我叫……，我是…… | |
| 与众不同 | 有何不同 | 我主要是做……，和其他……不同的是，我…… | |
| 真实可信 | 何以证明 | 因为…… | |
| 留下钩子 | 近我有利 | 如果你有……需求，欢迎和我交流，可以加一下我的微信，我送你…… | |

# 第七节　个人故事小传

本节我们展开讲在个人IP品牌系统打造过程中，故事的重要性。在企业级的品牌营销中，很多人都听过一个词——故事营销。而且，市面上，也有很多专门讲述故事营销的书籍。

好莱坞著名的电影编剧罗伯特·麦基（也是畅销书《故事》的作者），他平时会举办一些关于"如何用编剧思维讲故事"的线下讲座。令他感到惊讶的是：来听讲座的，大部分都不是编剧、作家这些同行，而是企业家、商人、品牌公关人员。以至于，他经常产生一种幻觉——自己是一位企业培训师，而不是编剧。

可见企业级品牌营销和企业家对故事营销的重视。

其实，在打造IP的个人品牌的过程中，故事营销同样重要，而且效果非凡。这一点，我自己深有体会，而且受益匪浅。

在过去近10年的创业过程中，我写过3篇个人故事小传。

2015年，在离开新东方之前的一年，我写了一篇记录自己在新东方奋斗过程的8000字长文《结缘相伴六年路：我和新东方》，发表在新东方企业官网上。这篇文章，在我离开新东方的时候，从某种意义上讲，让我的身价涨了几倍。

2018年，在我创业后的第4个月，我写了第二篇个人故事小传，名为

《"逃跑"新东方名师化身85后CEO的另类回忆录》，主要讲我离开新东方选择创业的初心。这篇文章也收到了奇效：在竞争凶残的创业圈，公司的创始人CEO们都精于市场、管理，但是懂得品牌营销，尤其是个人故事品牌营销的非常少。所以这篇文章出现在创投圈的时候，确实令人耳目一新。以至于在我融资的时候，很多投资人在看过我的文章之后，仿佛都重新认识了我，我能明显感觉到投资人对我的态度在看文章前后的变化。而且，这篇文章在我融A轮3000万元的时候起到了非常大的作用。

2021年年底，我决定进入IP个人品牌赛道。12月底，我花了3天时间，写出了自己的第3个版本的个人故事小传，这篇万字雄文瞬间让我在IP个人品牌圈出道。很多人看完我的文章之后加我微信，还送我一个外号——徐小平选中的男人。

可以说，我的每一次人生新转折、事业的新起点，都是以写一篇个人故事小传的方式开始，这也算是对无常命运和残酷世界发出的一封封战斗檄文吧。

为什么个人故事小记在IP的个人品牌系统打造过程中很重要？其中有两个原因。

1.故事的本质，是把细节和情感放在场景当中。有了场景，自然更容易吸引人、容易被人接纳。

2.正因为故事本身容易被接纳，所以你植入在故事当中的理念和价值观也更容易被接纳。而且，是读者自己主动接受和认可，而不是被你的说教说服。

我经常和我的学员说："故事就像一支穿云箭，能带你穿越读者/客户混沌的认知，带着你的理念和价值观直达用户的灵魂。"

既然个人故事小传在个人品牌营销的过程中如此重要，那我们该如何创作自己的故事小传呢？我想从以下四个维度和你探讨。

| 个人故事小传记创作指南 | |
|---|---|
| 理念 | 1.如何让故事变得生动精彩<br>2.如何让故事顺滑流畅<br>3.如何让故事打动人心 |

续表

| 个人故事小传记创作指南 | |
|---|---|
| **步骤** | 1. 提炼你想传达的核心价值观<br>2. 挖掘你人生中的高峰和低谷事件<br>3. 将高低事件安放在价值观下，形成连贯故事线 |
| **细节** | 1. 如何起一个让人有打开欲的标题<br>2. 如何在故事开头就引起读者兴趣，产生想读下去的欲望<br>3. 如何让故事文笔流畅、可读性高？ |
| **使用场景** | 1. 社群中的初次介绍<br>2. 和牛人大佬的初次接触<br>3. 重要节点的刷屏转发 |

接下来，我们逐一展开讨论：

## 一、理念

### 1.如何让故事变得生动精彩——"编剧思维"

很多人在尝试写个人故事小传时，都会遇到一个问题：觉得自己的经历寡淡如水，没什么好写的，写出来别人也没兴趣读完。

在这里，我要强调一个点：你的故事和经历本身是否惊心动魄其实并不重要，经历和故事没有绝对的精彩和平淡之分。你或许觉得老金的故事和经历传奇有料，和那些名人大家、大企业家相比，我仍旧觉得自己平淡无奇；同理，你觉得自己的人生故事索然无趣，也许你在别人心中就是超级英雄呢。

真正重要的，是你对故事的设计，你要具备编剧思维。

什么是编剧思维？

中国著名作家、编剧、导演许荣哲先生在他的著作《故事课》中提出了一个名为"英雄之旅"的概念。在我看来，这个概念是对编剧思维最好的阐述。

**英雄之旅**

所谓编剧思维的"英雄之旅",可以总结为:"定了目标,总能遇到阻碍;玩命努力,结果不尽如人意;绝望之时,总能意外转弯;最终结局,却是圆满尽欢。"

用大白话来说就更简单了:"让你的故事千回百转充满意外,如人看山不喜平。"

我举个例子:如果我要用最简短却最生动的语言来描述我的创业融资过程,我会怎么写。

(1)第一种版本:创业融完两轮后,2000多万元花得差不多了,为了让公司活下去,并且活好,我必须继续融资,拿到A轮。于是我把公司的业务交给合伙人,自己一门心思开始融资。我把项目的商业计划(Business Plan)重新做了一遍,还找专门的设计师做了美化,最终商业计划看起来非常高大上。然后我通过各种渠道找投资人:有的是通过FA(账务顾问)介绍来的,有的是投资人自己在网上看项目找到我们的,还有的是我们上一轮投资人介绍过来的。这么多投资人,我得一个个和他们聊,没日没夜地和他们开电话会,不是在公司接受他们的拜访,就是去他们办公室讲项目。最多的时候,我一天见过5个投资人;最远曾飞到深圳去见基金老板。这一通下来,见了300多位投资人,3个月后,我的A轮3000万元投资款到账了。

(2)第二种版本:为了让公司活下去,并且活得更好,我必须启动A轮融资,目标是拿到3000万元。但是,当时的市场和资本环境都比较恶劣,接触了几个原先有意向的投资人,他们都表示没兴趣。我相信总会遇到看得懂我项目的人,于是开启了疯狂融资模式:一个月,见了300多位投资人。

市场是现实的,也是诚实的。这300多位投资人,用各种话术花式拒绝了我。

在我最绝望的时候,有一家上海的投资机构表示对我们有兴趣,约我五一之后去他们办公室见见基金老板。我心想:死马当活马医吧,见完面,最差也就是不投,但万一和对方看对眼了呢?我决定南下黄浦滩!见完面后两周,对方发来消息:他们最近正好要加码我们这个赛道,对比了几十个同类项目,觉得我们最合适,还把一家马上要打款的公司给回绝了,决定最终还是投我们,投资额是450万美元。

第二个版本是不是读起来更加生动精彩？

第二个版本看似随意，其实，它完全符合编剧思维的"英雄之旅"。

| 《我的创业融资故事》 | |
|---|---|
| 目标 | 为了让公司活下去并且活得更好，我必须启动 A 轮融资，目标是拿到 3000 万元 |
| 阻碍 | 但是，当时的市场和资本环境都比较恶劣，接触了几个原先有意向的投资人，他们都表示没兴趣 |
| 努力 | 我相信总会遇到看得懂我项目的人，于是开启了疯狂融资模式：一个月，见了 300 多位投资人 |
| 结果 | 市场是现实的，也是诚实的：这 300 多个投资人，用各种话术花式拒绝了我 |
| 意外 | 在我最绝望的时候，有一家上海的投资机构表示对我们有兴趣，约我五一之后去他们办公室见见基金老板 |
| 转弯 | 我心想：死马当活马医吧，见完面，最差也就是不投，但万一和对方看对眼了呢？我决定南下黄浦滩 |
| 结局 | 见完面后两周，对方发来消息：他们最近正好要加码我们这个赛道，对比了几十个同类项目，觉得我们最合适，还把一家马上要打款的公司给回绝了，决定最终还是投我们，投资额是 450 万美元 |

### 2.如何让故事更加顺滑流畅——"多米诺因果链"

很多人写自己的故事的时候，都不是生不生动、精不精彩的问题，而是磕磕巴巴，别说阅读体验畅快了，连一口气读完都费劲。

那么，如何让故事变得顺滑流畅呢？两句话——遵循因果链，制造多米诺。

想必大家都玩过多米诺骨牌：推倒第一张骨牌之后，后面的一张推一张，连贯传递，最后整副骨牌全倒了。心理学上有"多米诺骨牌效应"，简单来说：事情的推进要有连贯

性，要有前后因果关系——A事件的发生导致了B事件，B事件的发生导致了C事件，C事件……

有这样一则故事：很久以前，有位贵族小姐姐，每天都过着看似富足实则单调乏味的生活。直到有一天，她和她的父母、未婚夫一起登上一艘邮轮出海度假，从此命运发生了翻转。小姐姐上了邮轮后，有一天闲着无聊，到甲板上透透气，在那里遇见了一个出身寒微的小伙子。虽然两人身份差距太大，但是小姐姐依然觉得小伙子有趣又帅气，还挺聊得来。一来二去，他们互生情愫。

纸终究是包不住火的，他们的事被小姐姐的未婚夫知道了。她的未婚夫很生气，想要开枪杀了小伙子，就在这时，邮轮撞上了冰山，慌乱之中，小伙子躲过了小姐姐未婚夫的枪。不幸的是，他们都没有躲过邮轮已经开始下沉的悲剧事实。在生死与爱的考验时刻，小姐姐的未婚夫丢下小姐姐自己跑了，小伙子却救了小姐姐一命，把生存下去的机会给了小姐姐。小伙子死了，小姐姐很伤心，但是她也很欣慰，因为自己没有看错人，没有爱错人。

上面这个故事，一环套一环，层层咬合，一气呵成，读起来十分流畅。读完之后，想必你也发现了，它就是《泰坦尼克号》的戏核和多米诺因果链。

### 3.如何让故事更加打动人心——植入你的价值观

如果你的故事小传只是记录故事，肯定是不够打动人心的。

真正打动人心的，一定是，也只能是你的价值观。

价值观是什么？很简单：就是你明确地支持什么、反对什么。不管你支持还是反对什么，必须有自己清晰明确的立场和态度，这就是价值观。

个人故事小传之所以是个人品牌营销的重磅武器，原因就在于你可以通过你的故事和故事中植入、传递的价值观，把读者（你的客户/潜在客户）拉入到你的价值体系当中，让他们真正发自内心地认同你、欣赏你甚至愿意追随你。这样一来，你还担心销售的问题吗？

一篇好的个人故事小传，一定不是只有故事的（哪怕故事再曲折反复又惊心动魄），而一定是传递某种强烈的精神情绪和鲜明的立场、态度、价值观的。

我有位好朋友丹丹，她在公众号"丹老板"上发布过一篇名为《你一个普通二本学生，一定不好混吧》的文章，这篇文章也是她的个人故事小传。这篇文章，可以说是用故事来植入和传递价值观的典范。我们来看看细节：

为了方便你看到文章的全貌，我把这篇文章的全文也放在这里，你可以直接扫码阅读。

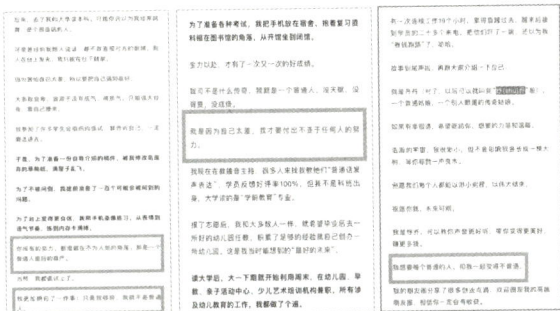

我经常和我的学员说："大部分人都认为个人故事小传是写故事用的记叙文，其实，从本质来看，个人故事小传是传递你价值主张的议论文，因为你总要先明确地提出你的价值观，然后再用你的真实故事和经历去论证、去丰满、去填补你的价值观，这不就是一个用事实论据去论证价值观的正确性的议论文吗？

故事小传记是议论文，不是记叙文，这，才是本质。

## 二、步骤

讲完理念，我们接下来具体讲讲，到底应该用什么样的步骤流程，创作属于你的个人故事小传记。总共分为三步。

### 1.明确你的价值主张（价值观）

我们不要一上来就想着要用哪些故事经历来完成这篇小传。最开始要思考的是：这篇故事，我到底想传递哪些我一直以来相信、奉行的人生哲学和价值观。价值观通常三个左右就够，不用太多，少则清，多则惑。

另外，价值观通常和人设形成勾连，即什么样的人设就会有什么样的价值观。

### 2.挖掘人生中的高峰和低谷事件

按照时间顺序，在脑海中像放电影一样一幕幕回忆你的经历。尤其是要抓重点，也就是把生命历程中的那些有代表性的、具有里程碑意义的事件搜罗出来。

当然，不是只讲辉煌的高光时刻，而是好坏都有，喜忧参半，高光的辉煌之巅要讲，绝望的黑暗之谷更要讲，这才符合有冲突、有反差、有反转的"英雄之旅"编剧思维。

好好想想，你生命中的哪些时刻，给过你最完美的巅峰体验，给过你最沉痛的致命一击，让你相信过人生之美，也让你痛失过人生信心——正好，借这个机会，咀嚼一下自己的生命历程，反思一下自己的成长之旅。

### 3.将高低事件安放在价值观下面，形成连贯故事线

不要把你搜罗出来的每个高光和低谷事件都写到故事里。有些经历要重点写；有些经历要一笔带过；有些经历不论看似多精彩，可能都需要删除……关键是要和你的价值主张相匹配。

为了使写作过程更加顺畅，建议你把最终入选的高光低谷事件形成思维导图，把哪种价值观匹配哪些故事经历都提前设置好。

我在指导我的高端私教学员李依白小姐（实体线上私域转型商业顾问）创作个人故事小传的时候，在她正式动笔创作之前，也是先完成了思维导图的设计。

做完以上三步后，就可以开始正式动笔创作了。

### 三、细节

进入正式的书写创作过程，有三个细节需要注意。

### 1.如何起一个让人有打开欲的标题

故事再好，经历再丰富，价值观再厉害，如果标题没起好，一切都白费——因为没人愿意打开你的文章。

你的个人故事、个人小传的标题让人更有打开欲，很重要。

那我们要怎么做呢？把握下面两个原则就可以了。

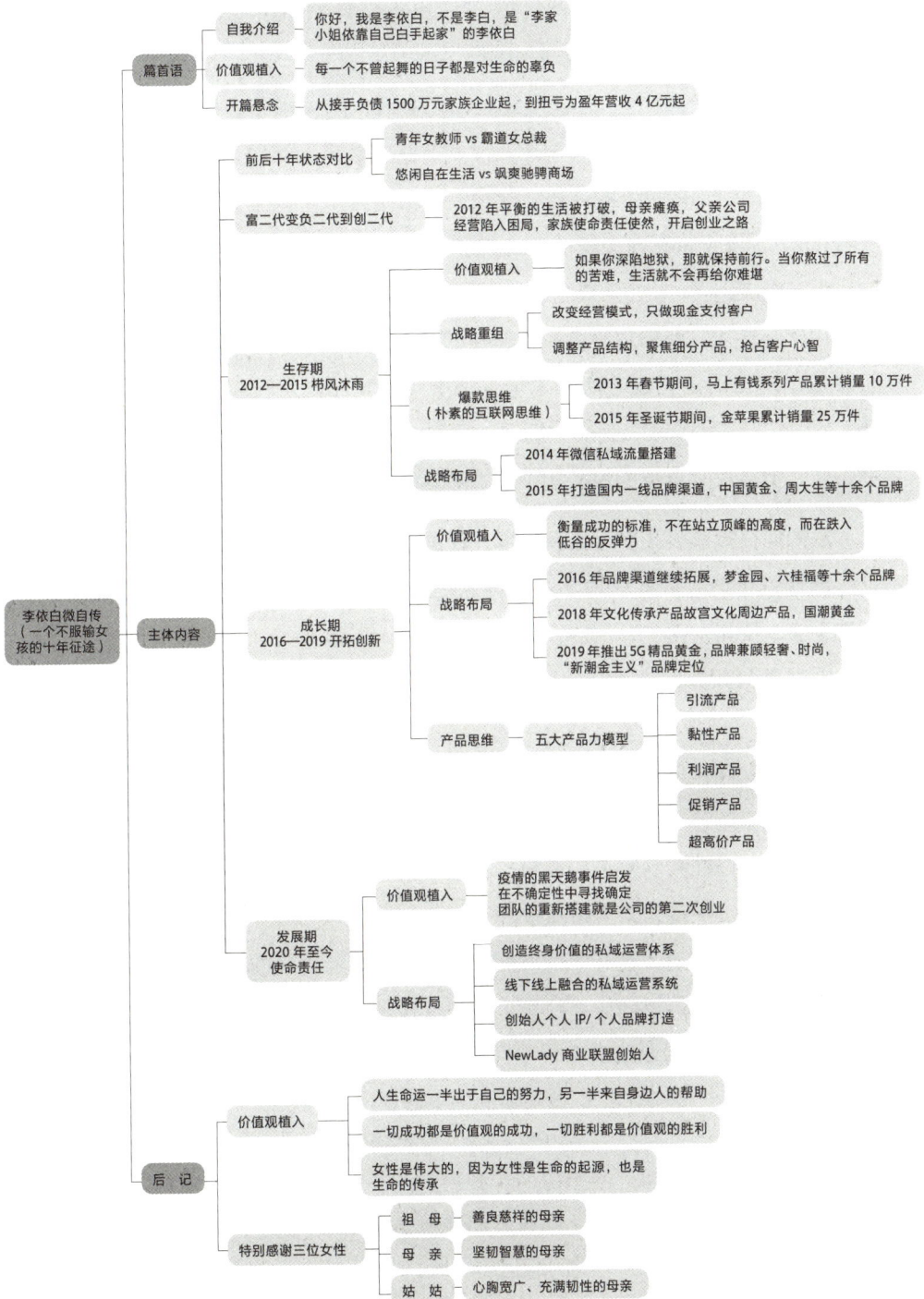

**李依白微自传（一个不服输女孩的十年征途）**

- **篇首语**
  - 自我介绍 — 你好，我是李依白，不是李白，是"李家小姐依靠自己白手起家"的李依白
  - 价值观植入 — 每一个不曾起舞的日子都是对生命的辜负
  - 开篇悬念 — 从接手负债1500万元家族企业起，到扭亏为盈年营收4亿元起

- **主体内容**
  - 前后十年状态对比
    - 青年女教师 vs 霸道女总裁
    - 悠闲自在生活 vs 飒爽驰骋商场
  - 富二代变负二代到创二代 — 2012年平衡的生活被打破，母亲瘫痪，父亲公司经营陷入困局，家族使命责任使然，开启创业之路
  - 生存期 2012—2015 栉风沐雨
    - 价值观植入 — 如果你深陷地狱，那就继续前行。当你熬过了所有的苦难，生活就不会再给你难堪
    - 战略重组
      - 改变经营模式，只做现金支付客户
      - 调整产品结构，聚焦细分产品，抢占客户心智
    - 爆款思维（朴素的互联网思维）
      - 2013年春节期间，马上有钱系列产品累计销量10万件
      - 2015年圣诞节期间，金苹果累计销量25万件
    - 战略布局
      - 2014年微信私域流量搭建
      - 2015年打造国内一线品牌渠道，中国黄金、周大生等十余个品牌
  - 成长期 2016—2019 开拓创新
    - 价值观植入 — 衡量成功的标准，不在站立顶峰的高度，而在跌入低谷的反弹力
    - 战略布局
      - 2016年品牌渠道继续拓展，梦金园、六桂福等十余个品牌
      - 2018年文化传承产品故宫文化周边产品，国潮黄金
      - 2019年推出5G精品黄金，品牌兼顾轻奢、时尚，"新潮金主义"品牌定位
    - 产品思维 — 五大产品力模型
      - 引流产品
      - 黏性产品
      - 利润产品
      - 促销产品
      - 超高价产品
  - 发展期 2020年至今 使命责任
    - 价值观植入 — 疫情的黑天鹅事件启发 在不确定性中寻找确定 团队的重新搭建就是公司的第二次创业
    - 战略布局
      - 创造终身价值的私域运营体系
      - 线下线上融合的私域运营系统
      - 创始人个人IP/个人品牌打造
      - NewLady商业联盟创始人

- **后记**
  - 价值观植入
    - 人生命运一半出于自己的努力，另一半来自身边人的帮助
    - 一切成功都是价值观的成功，一切胜利都是价值观的胜利
    - 女性是伟大的，因为女性是生命的起源，也是生命的传承
  - 特别感谢三位女性
    - 祖母 — 善良慈祥的母亲
    - 母亲 — 坚韧智慧的母亲
    - 姑姑 — 心胸宽广、充满韧性的母亲

（1）标题当中带有强烈震撼感或反差感的数字。比如，标题《李依白：从负债1500万到营收4亿+，一个不服输女孩的十年征途》中，"1500万""4亿+"就是带有反差感的数字；标题《放弃12亿业绩，闭关半年，探索新商业财富密码》中，"12亿业绩"就属于带有强烈震撼感数字；标题《柒柒：从别人眼中活不久的小丫头到7位数创业女老板，我只坚持了一件事》中，"7位数"和"一件事"也属于带有强烈震撼感的数字。

（2）标题中有一些自带流量的词语。比如，标题《石榴叔：从放牛娃到千万IP声音导师，我的故事藏着你奋斗的身影》中，"放牛娃""千万"都属于自带流量的词语；标题《所长老金：那些年，我和肖厂长解不开的"江湖恩怨"》中，"江湖恩怨"就是流量词；标题《从穷二代到富一代，我不是富人的后代，但活成了贵族的祖先》中，"穷二代""富一代""祖先"就是流量词。

### 2.如何在故事开头引起读者兴趣，让读者产生"读下去"的欲望

通过一个诱人的标题使文章被打开之后，你要做的就是让读者/粉丝把文章读下去、读完。至少，不能在文章开头就把人吓跑了。

在文章的开头，巧妙设置悬念，吊读者的胃口，很重要。下面这两个开头就很好。

回顾这10年来的记忆，从那个懵懂的青涩姑娘，到克服重重逆境成为自己的女王，我不禁感叹，这一路走来，真是每天都在努力、精进、蜕变。看我现在的样子，可以在舞台上英姿飒爽，可以在商场上淡定从容，可以在镜头前侃侃而谈，影响了一批人紧紧跟随。

然而，谁曾知道，这30年的时间：我经历了体弱多病的18个年头，经历了校园暴力导致心理留下创伤，经历了高考落榜失去人生方向，经历了求职路上种种风霜，经历了创业路上白手起家到如今的皆是希望，经历了3年生下两个儿子，摇身一变，又成了一个蓬头垢面的土婆娘……

在外人看来，我是飒爽飘逸的"霸道女总裁"，被说多了，我自己也都信以为真了；而每当夜深人静，独自舔舐伤痕累累的身体和灵魂时，我才知道，光鲜的背后，是常人无法忍受的命运的考验。

从接手负债1500多万元的家族企业起步，到扭亏为盈一年营收4亿+，这两个数字之间的跳跃，藏着一段从无知少女成长为商界女强人的故事。

这两个开头妙在一开始就制造了反差，吸引读者读下去，我们也可以采用这个方法去创作。

### 3.如何让故事文笔更流畅，可读性更高

很多人在故事写作的过程中，容易死板冷漠，仿佛跳出自己的身体，冷漠地看着另一个自己记录下经历的一切。

故事性文章不同于干货文章，不需要那么多严谨客观，需要的是情绪和画面感——以及由此产生的代入感。

怎么做到呢？也有三个小技巧。

（1）多写短句，少写长句，要做到长短结合，短多长少

我还要勤工俭学，一个小时9元钱，五星级酒店端盘子上菜，周五到周日三天晚上能赚108元，就这样，省着点用，其实也够了。

当然，在这个过程里，我依然享受着父母的挂念和关爱。

我只是想说："我真的很努力，努力到感动自己。"

每一个强大的人，都咬着牙度过一段没人帮忙、没人支持、没人嘘寒问暖的日子。

过去了，这就是你的成人礼，过不去，求饶了，这就是你的无尽深渊。

（2）少做描述，多写对话，对话就是画面感

我刚进肖厂长的公司时，肖厂长希望我能尽快熟悉公司原有产品。当然，为了开发出更好的产品，也要尽快了解轻课的用户（尤其是付费用户）画像。肖厂长教给我一招：你去和用户聊天，去听听他们真实的诉求和声音。

被俞敏洪老师评价为"有疯狗般的执行力和行动力"的我，二话不说，立刻行动。

过了几天，肖厂长问我："和用户聊得怎么样啊？"

我："嗯，不错，已经聊了几个了！"

肖厂长："啊？才聊了几个呀？"

我："是的，我找他们聊，他们有的不搭话，有的说太忙没时间细聊。"

肖厂长："要提高效率，你可以先群发，这样能快速筛选出目标访谈用户。"

我："哦，好的，我马上试试！"

（3）多写场景，自带画面感

压力之下，状态激化到了极点，于是我做了一件极端的事情——辍学。

我说干就干，背着铺盖卷儿，坐了十几个小时的火车，一个人偷偷去了天津，想象着能大干一场。

在那之前，别说出山西省，我连我们县城几乎都没出去过，第一次出省就是一个人去千里之外的一个陌生的城市，胆子也是真大。

我在天津郊外租了间100元一个月的民房。盛夏的天津常下雨，一下雨房子就漏雨，拖鞋就漂在屋子里。

那时候的手机只能打电话和发短信，还没有智能手机导航之类的功能，我是在出火车站的时候，买了一份天津地图，就凭这张地图查询各种路线，在天津四处找工作。

因为身上也没有带多少钱，所以我就在菜市场买几个馒头和几根黄瓜充饥。

通过以上三个方法，能让你故事的可读性更强。

### 4.使用场景

费尽精力写成的这篇个人故事小传万字雄文（普通人写4000—6000字足矣），到底在哪些场景下能用呢？我认为，至少有三个场景是可以让这篇故事发挥大作用的。

（1）社群中的初次介绍

如果你进入某个社群，尤其是那种付费金额高的高端社群，在做完自我介绍之后，如果发一篇自己的故事经历小传，应该特别有差异化——别人既能看到你的创作能力，又能看到你的用心，以及你的专业化程度，还能被你的价值观所吸引。

（2）和牛人大佬的初次接触

通过朋友介绍或是自己主动连接某些牛人大佬。刚加完微信之后，对方对你是完全没有认知的。如果简单寒暄之后，发上自己的故事小传，对方看完后，轻则重新认识了你，重则对你钦佩有加，说不定后面的交流和合作就顺畅无比了。

（3）重要节点的刷屏转发

如果你在某阶段需要做"势能发售"，那么这篇文章在朋友圈里发布，将会带来非常好的个人品牌宣传效果。同时，如果你能发动身边好友、粉丝或牛人大佬一起为你转发这篇文章，那么你极有可能会在短时间内破圈甚至出圈。

光说不练假把式，学了再多理论，都不如撸起袖子去实践——自己动手写一篇，你的感受会完全不一样。

最后，为了让大家在动笔创作之前更好地找到手感，我在这里放几篇我的学员写的故事小传，也都是经我手亲自修改过的文章，文或拙作，诚意有加，呈放于此，以飨读者。

# 第八节　使命、愿景、价值观

你也许会觉得使命、愿景、价值观好像是大公司，尤其是那种巨头型的超级大厂提的东西。确实如此。比如，我们现在就来看看这些超级大厂的使命、愿景、价值观。

| 超级大厂的使命、愿景、价值观 | | | |
|---|---|---|---|
| | 阿里巴巴 | 百度 | 京东 |
| 使命 | 让天下没有难做的生意 | 用科技让复杂的世界更简单 | 让生活变得简单快乐 |
| 愿景 | 活 102 年：我们不追求大，不追求强，我们追求成为一家活 102 年的好公司；到 2036 年，服务 20 亿消费者，创造 1 亿就业机会，帮助 1000 万家中小企业盈利 | 成为最懂用户，并能帮助人们成长的全球顶级高科技公司 | 成为全球最值得信赖的企业 |
| 价值观 | 客户第一，员工第二，股东第三<br>因为信任，所以简单<br>唯一不变的是变化<br>今天最好的表现是明天最低的要求<br>此时此刻，非我莫属<br>认真生活，快乐工作 | 简单可依赖 | 客户为先：消费者、供应商、卖家；感恩、服务、成就<br>诚信：正直坦诚、勇于担当、信守诺言<br>团队：以人为本、大局为重、互信合作<br>创新：持续学习、不断改进、包容失败<br>激情：只做第一、享受工作、永不放弃 |

大公司、大企业都非常重视使命、愿景、价值观。

2019年，我参加"好未来"举办的"未来之星创业营"（一个成熟创始人孵化的训练营）。在课上，我第一次听到一个规模几万人的企业集团是怎么制定、执行和考核使命、愿景、价值观的，并大为震撼。

回到自己的公司，我以最快的速度组织公司的40多位核心高管、业务骨干参加了一次使命、愿景、价值观大讨论——这次版本的使命、愿景、价值观是大家共同讨论、罗列最后投票产生的，是从源头上就被大家认可的，而不是由我这个老板关起门来定好，直接拍给他们的。

这次大讨论结束之后，我发现大家的心更齐了，工作效率提升更多，而且团队氛围也变得更加团结和融洽。

什么是使命、愿景、价值观？

使命：你要为他人、为社会提供什么样的价值，想达成什么样的目标，本质是利他的思维；

愿景：为了达到上面的目标，你必须成为什么样的人（机构），本质是利己思维；

价值观：你明确地支持什么、反对什么，它是一种行事的风格，评价的标准。

举个简单的例子：假设你是位男士，喜欢一位女士，交往一段时间后，想娶她，于是就向她求婚。怎样求呢？你要拿出你的主张来，比如，你对她说："我要让你成为这个世界上最幸福的女人（利他的使命），为此，我要成为最爱老婆的那个男人（关己的愿景），而且，你嫁给我之后，我保证言行合一，顾家孝顺，爱护子女，老婆至上！（行事的原则）"

为什么要制定使命、愿景、价值观呢？个人品牌IP创业，也需要它吗？

使命，是你崇高的理想，它可以让你和团队，在遇到困难，尤其是严重挫折的时候，回望初心，知道自己要去哪里，坚定意志，百折不挠。可以说，使命就是一个团队、一项事业的魂。

愿景，是你希望自己成为的样子。它可以让你和团队，在面临迷茫或是诱惑的时候，坚守初心，奋斗如初。

价值观，是你的行为准则，是是非对错的评判标准。它可以在团队发生严重分歧、对错难辨的时候，作为统一的判断标准，使大家形成统一的认知和节奏。

无论是大公司、小公司，还是个体IP个人品牌创业，只要你有产品、有用户、有团队，就应该制定使命、愿景、价值观，尽管它在没事的时候，看起来没什么用，但是一旦遇到大是大非，它能直接决定一个团队和项目的生死。

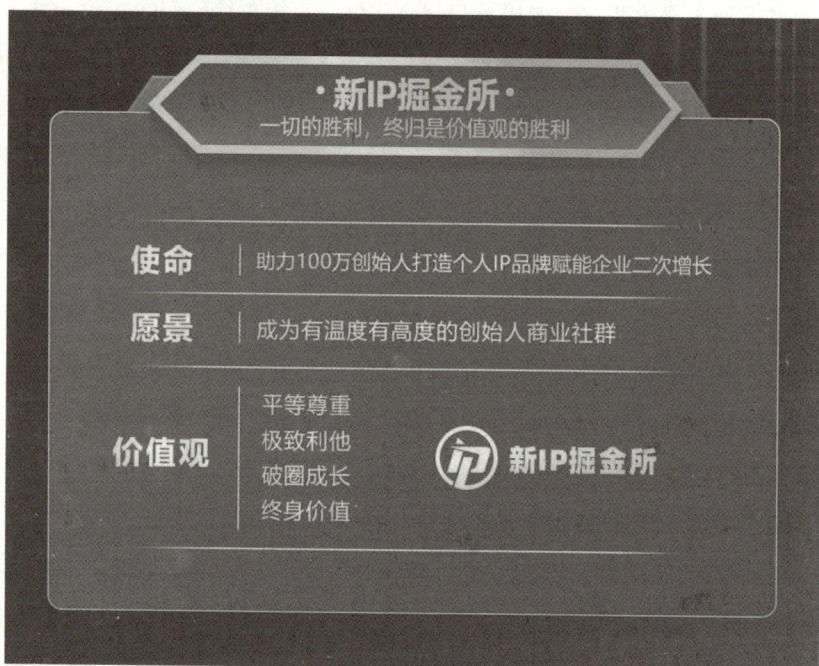

我自己在2021年12月进入个人IP品牌创业赛道的第一天，还没来得及取名字、做内容、搞流量，就在第一时间想清楚想明白使命、愿景、价值观。初心既定，万山莫阻！

现在，我非常郑重地建议你：如果你已经开启，或正要开启自己的个人品牌IP创业之旅，一定要先停下来想清楚想明白这个项目，包括你自己的使命、愿景、价值观到底是什么。如果你想清楚了，可以填写在下面这张表格里。

| 你和你的项目的使命、愿景、价值观 | | |
|---|---|---|
| | 定义 | 内容 |
| 使命 | 利他：你能帮助别人实现什么？ | |
| 愿景 | 关己：为了实现使命，你必须成为什么？ | |
| 价值观 | 你的行事准则和是非判断标准是什么？ | |

本章讲述的个人IP品牌系统的八圈模型，让大家对个人IP的品牌打造有了新的、系统的认知。关于个人IP品牌打造的内容，我还写了一篇《打造IP超高价值个人品牌的十大黄金思维》，大家可以在本书的附录中看到。

# 03

## 产品系统

# 03

# 产品系统

无论超级个体抑或是创始人 IP，经常陷入一个误区：还没想好变现产品和商业模式，就着急去找流量。我从过往的创业经历中得到一条非常重要的认知——做一个项目，一定要"以终为始"。先想好你的"终局"，你到底要去哪里，到底要做多大，然后再来想你需要什么资源（比如流量）。

如果没有想好变现产品和商业模式，你大概率不清楚哪类人是自己的精准客户。而且，你为了吸引流量而生产创作的内容，大概率也是没有力量的，因为你不知道在针对什么人群输出内容，也不知道用什么样的方式技巧来输出内容，获客效率势必低下。

这就是我们在讲完定位和品牌之后，要讲产品系统的原因。

在讲解产品系统具体的方法论和操作细节之前，我们先来看看打造一款产品（产品体系和矩阵）的步骤。为了更加高效，我做了下面这个表格。

| 产品体系打造的步骤 | |
|---|---|
| 1. 了解行业大貌 | 对行业进行摸底，形成整体认知和判断，并明确自己的兴趣、能力和资源是否匹配此行业 |
| 2. 判断市场需求 | 判断自己的产品是否能解决用户的痛点、满足市场的刚需，也即明确变现潜力和能力 |
| 3. 找准精准客户 | 明确精准的客户画像，尤其是高价值区客户的画像 |
| 4. 明确产品类型 | 先穷尽市面上的产品类型，再结合自身情况，选取某几类产品类型 |
| 5. 构建产品矩阵 | 满足不同类型客户的不同需求，需要设计不同价位和形态的产品，并最终形成产品体系和产品矩阵 |
| 6. 设计产品包装 | 产品包装设计的本质，是用最高的效率传递产品的价值 |

接下来，我们展开讨论这六个步骤。

# 第一节　了解行业大貌

怎样快速、精准地搜索信息，并快速精准地了解一个行业呢？

知乎上有一篇关于这个主题的文章，文笔不错，但是我觉得不实用。里面充斥的都是一些文绉绉的方法，比如看行研报告、看政策官文、看赛道周期、看CR4（行业集中度）等。这些内容看起来高大上，挺能唬人的，但是应用起来和大多数人隔得太远。

我平时用的接地气、能实操的方法，就四个字：人、网、书、事。

## 一、人：去和这个行业中的牛人聊

这个方法很简单，就是去和这个行业中的从业者，尤其是拿到结果的人聊。和真人聊，反馈最客观，体感最真实。

在我选择是否要做个人品牌IP打造这件事之前，我至少和40位业内人士交流过，有的是通过电话聊，有的是通过微信聊，有的则是直接约到咖啡馆聊。这些人里面，有的是每小时2万元咨询费的行业大佬，有的是行业资深从业者，也有的是这个行业的付费购买者。

在和他们聊之前，我会很认真地准备问题，以确保不浪费每一次的交流和讨教的机会。

那么，要去哪里找这些业内人士？

1.通过付费链接，进入高端社群；

2.线下上课，接触真实的人群；

3.向看似综合能力不如你，但在该细分行业上是你的领先者的人请教。

总之，在判断是否要进这个行业之前，多找人聊聊，你能获得更多一手信息。

## 二、网：在网上找各种资讯和课程

一般我想了解某个行业全面信息的时候，会开启疯狂的sourcing（战略采购）模式——只要网上能找到和这个行业的关键词相关的信息，我都无死角收藏保存，然后快速消化。我都在哪些网络平台上搜索呢？

视频形态：在抖音、视频号等搜索相关的主题或者是IP；

音频形态：去喜马拉雅平台搜索，尤其是那些标价付费的课程，因为定价高、购买量大的课程，一定是被市场验证过的真实需求；

公众号、知乎：在这两个平台直接搜索关键词，会跳出来很多有用的信息；

学习平台：在"得到"App、"樊登读书"App等知识付费平台，搜索由这个专家领域生产的相关内容。

这四大渠道是我最常用的。在这些渠道中，我常用的很厉害的一招是：看用户的留言评论，在这里，你可以看到真实的用户需求，听到真实的用户心声。

### 三、书：买这个行业相关的书籍，包括畅销书和长销书

相比于网上碎片化的知识和信息，正式出版的书籍显然更系统和全面。

这个方法，我在新东方的时候就用过了：每次备一门新课之前，我通常会把市面上和这门课相关的书全部买回来，然后疯狂看完，在最短时间内形成对这门课的认知和熟悉。这个方法在新东方内部被称为"穷举法"。

我准备做个人品牌和IP打造之后不久，就把和品牌、营销、知识付费等相关的书籍全买了回来。有时候，哪怕只是简单地翻翻，也能种下种子，日后慢慢形成自己的原创性思维体系。

### 四、事：事上磨人，直接放手去干

顾名思义，就是找到下手干的机会，一定要立即去尝试，不要管最后的结果如何，先做了再说。

比如，你可以快速组建一个自己的社群，在群里边聊边探知用户的真实痛点和需求；也可以加入某些行业社群，看看里面的人群质量、产品形态，真实地感受一下；还可以最快速度推出某个产品形态，放在用户面前，看看他们的反应，看他们会不会买，觉得价格贵不贵，会不会推荐给身边的朋友等。总

之，先射击、再瞄准，先做起来再说！

以上的"人、网、书、事"，是提高行业了解度的信息搜集的心法，看似简单，但非常难落地。当然，如果你想看那种更"正式"的方法，我在附录里为你准备了一篇名为《行业选择——如何发现一门好生意》的文章，你可以挪步去那里阅读。

# 第二节　判断市场需求

从宏观层面了解和判断一个行业，并觉知可行之后，就要进入产品设计的下一步：判断市场需求。

道理很简单：你做产品的目的是卖出去；卖出去的原因，是产品能解决别人的问题；解决别人问题的前提是，对方本身就有相关需求。

无需求，不卖产品。

有个非常经典的例子：如果让你把梳子卖给和尚，你能卖出去吗？

你的第一反应，或许是卖不出去。为什么？因为和尚没有头发，他们对梳子没有需求。

在这里，你判断产品能不能卖出去，是根据客户（和尚）有没有需求来进行的，而不是产品本身（梳子）的好坏。

当然，也有脑筋活络的人，认为自己能把产品卖出去。怎么卖呢？

和尚没有头发，用不着梳子，但是和尚可以把梳子买来后，赠送给来拜佛的香客啊。梳子上印上寺庙的名字，还能做个纪念；梳子上印上佛经，还能广传佛法。

在这种情况下，梳子就能卖出去了，也是因为和尚有了需求（赠香客礼物的需求）。

需求，是产品的源头。你要么迎合需求，要么制造需求，否则，产品只能堆放在库房里。

那么，用户的需求从哪里来呢？

梁宁老师在"得到"App的《产品思维30讲》中，提到了非常有意思的三个概念：痛点、爽点和痒点。

# 痛点     爽点     痒点
痛点是恐惧。　　　　　爽点是需求被即时满足。　　　满足人的虚拟自我。

用户的需求来自"痛点、爽点和痒点"。

痛点，代表一种恐惧感。说白了，就是用户的心里有个"怕"字。越害怕、越恐惧就越痛，越痛，需求就越强，就产生了刚需。比如，中小学生的家长为什么在给孩子报培训辅导班的时候不计成本？就是因为内心有个"怕"字，怕孩子考试成绩差，怕孩子考不上好大学，怕孩子将来找不到好工作……

爽点，代表的是一种即时满足感。说白了，就是在特定的场景下产生的某些需求，一旦被满足，内心就获得极大的满足感。注意，这里要强调的是"特定的场景"，说明它未必是长时间的持续的需求。梁宁老师举了一个关于爽点的例子：当年俞军在百度招聘产品经理，给前来面试的人出了一道题，百度需要做什么样的音乐产品？很多人用洋洋洒洒的产品策划书来回答这个问题，但是最终面试成功的那位产品经理就说了六个字："搜得到，能下载。"你看，当你想听音乐的时候，能马上搜索到，而且还能下载保存下来，这就是爽点。

痒点，代表的是一种虚幻理想中的自我。这种需求不痛，没有恐惧，甚至是在物质需求得到巨大满足之后而生发出来的一种精神需求，属于比较高级的追求。举个例子：很多女性在看了抖音或者小红书上的博主或穿搭达人的"种草"之后，果断下单购买。其实，现实生活中，她们也许并没有那么强的购买某件衣服的需求，但为什么会下单呢？因为，她们希望通过穿上博主推荐的衣服后，产生"我和博主有相同生活品位和质量"的感觉。

我们在特别饿的时候，总想马上找一个地方吃顿饭，找到餐厅并马上吃到饭，这个过程就是满足爽点；但是，某次，你的朋友或爱人说，最近很辛苦，我们犒劳一下自己，去国贸81层的顶级餐厅吃饭吧，在那里还可以看到北京

CBD全貌。于是，你们边吃饭，边拍照，美美地发朋友圈，让自己和朋友圈的朋友都产生一种幻觉："我（他）的人生好精彩，我（他）的生活很有品位。"这就是在满足痒点。吃着吃着，你突然发现，辣菜点太多了，很容易上火，这时，服务员走上前来，说："先生，怕上火，喝王老吉。"你想也不想，直接扫码买单，为什么？因为你怕上火，你有恐惧，这时的王老吉就是在满足由你的恐惧支配的痛点。

痛点产生的刚需最强，客户的付费意愿和付费可承受金额更高；痒点和爽点的刚需性没有痛点那么强，但是只要产品设计得好，也能产生非常好的商业变现。

痛点、爽点和痒点，都可以作为产品设计的依据，因为它们都能产生需求。最怕的就是你的产品既不满足痛点，也不能满足爽点和痒点。

我们来看看下面三款产品。

这三款产品都和"声音"有关。

第一款产品，"声音与表达集训营——60天进阶你的声音"，至少从产品主页的描述中，我们没有看到它到底解决了痛点、爽点抑或痒点。

第二款产品，"石榴叔的科学发声课"，这款产品的价值描述是"让你说话不累，更好听的科学发声法"，这里面"说话不累"和"更好听"，至少满足了人们对某种更好状态的"幻想"，这款产品满足了人们的痒点，还是比较好卖的。

第三款产品，"声音变现3天特训营"，通过产品名称中的"变现"两个字，我们能断定，这门课的产品最终效果出口是：帮你变现，帮你赚到钱。显然，想赚钱，背后的本质是恐惧，是怕穷。既然有恐惧，我们就可以定位这款产品满足了人们的痛点（尤其是针对急于赚钱的人而言），相对来说，可能更好卖。

通常，针对成年人的产品或服务，越能帮客户变现、赚到钱，越能满足痛点和需求。这也是为什么我们经常说，设计产品，就要设计"离钱近"的。

如何判断自己的产品是否满足用户刚需，能解决他们的痛点、痒点或爽点呢？

1.你可以问自己，如果这款产品是别人设计的，放到你面前的时候，你会不会买？愿意花多少钱买？一定要真实地听一听内心的声音。

2.你可以找身边的朋友或是潜在用户，问问他们，你设计的产品他们愿不愿意买？愿意花多少钱买？

3.填写"十利十弊表"。写出购买你的产品的十大利好和不购买你的产品的十大弊端。

| 十利十弊表 | | |
|---|---|---|
| 购买产品的十大利好 | 1.<br>2.<br>3.<br>4.<br>5. | 6.<br>7.<br>8.<br>9.<br>10. |
| 不购买产品的十大弊端 | 1.<br>2.<br>3.<br>4.<br>5. | 6.<br>7.<br>8.<br>9.<br>10. |

4.四项打分法。能够看出你的产品是否满足市场刚需，能否商业变现。

| 四项打分法<br>（每项0—5分） | |
|---|---|
| 1.紧急性 | 2.必要性 |
| | |
| 3.高频性 | 4.持续性 |
| | |

为什么手机的周边产品充电宝卖得这么好？

我们用"四项打分法"表来验证一下。

紧急性：手机一旦没电了，很多做到一半的事（比如付款、电话等）经不起耽搁，必须马上解决。这时，找到一个充电宝就成了一件非常紧急的事。

必要性：担心手机没电，外界联系不到自己，很多事情也没法做（比如你要用手机和客户打电话等），显然，很有必要让手机快速充上电，这是一件十分必要的事。

高频性：智能手机比较耗电，普遍续航时间不长，手机电量通常用不了一天就没电了。

持续性：只要用手机，就会持续出现"手机没电需要充电"的需求。

充电宝虽然是一个比较极端的例子，但是能很好地证明"四项打分法"的合理性。

# 第三节　找准精准客户

找准精准客户，在整个产品营销的过程中起到举足轻重的作用。

我经常让我的学员描述客户人群的特征。

很多学员完全答不上来，或者回答得模棱两可。

如果对自己的精准客户人群没有概念，至少会带来两个问题：第一，不知道去哪里找流量，或者找到的流量完全没有变现的可能；第二，你对自己的产品设计完全没有概念。

一定要先明确"我们要找什么样的客户"和"满足他们什么样的痛点和需求"之后，才有我们的产品。而不是我们设计出了一款产品后，再漫天撒网地去找客户。顺序一定不要搞错。

设计产品时，要基于用户的真实特征和需求，而不是依据你的特长、热爱和资源，或者至少要在这两者中间完美融合。

如何找到精准客户呢？

在互联网产品设计，尤其是移动互联网蓬勃发展的App时代，都很重视对用户画像的描述。什么是"用户画像"呢？就是通过描述核心客群的特征（各个维度）后，最后形成整体的客群特征，能代表产品的主要受众和目标群体。

应该如何高效落地地勾勒产品面向的客户的画像呢？我认为，核心要考虑三个维度：客户的认知水平、支付能力、痛点和需求。

## 一、客户的认知水平

基本由其年龄和学历决定，代表了客户能否听懂你的话，认可你的理念和价值体系。

## 二、客户的支付能力

由更多的因素构成，比如：客户性别（在支付能力上，小额产品，女性大于男性；大额产品上，男性大于女性）、婚姻状况（已婚人士通常大于未婚）、所在城市（一、二线和三、四线城市有明显的支付能力差异）、行业（朝阳行业vs夕阳行业）、职业（不同职业收入差异其大）、收入水平（收入水平基本是支付能力的前提）等。

在客户支付能力这一点上，要尤其关注两点。

1.在产品设计的过程中，我们要尽量把目标客户群体定位在"高价值区"（高净值人群）。这是非常简单易懂的商业逻辑：我们总是更容易在有钱人身上赚到钱。而且，他们付费痛快，麻烦更少，素质更高，沟通更畅。

2.在客户人群所在的城市这个点上，我们也不应该把城市简单地划分为一、二线城市和一、二线以下城市。因为，每个城市，无论它所处的层级是一、二线还是以下，在这个城市的内部也是有层级的：北京这个超一线城市，你认为它的一、二环，三、四环，五环和五环外的人群，在认知、消费力上，是一类人群吗？显然不是。所以，我们在界定客户所在的城市的时候，在几线城市这个维度上，还要加"几线人群"的维度。比如，通过个人品牌打造自己的IP实现轻创业的超级个体人群，也许大部分集中在二、三、四线城市的一、二线人群中（一、二线城市的一、二线人群太忙，三、四线人群技能又不够）。

## 三、客户的痛点和需求

在上面的章节我们讲过，变现能力最强的产品，一定是解决客户恐惧和痛点的刚需产品。所以，我们要非常明确目标客群的痛点和刚需是什么。

基于以上几点，我们归结出一张用户画像描述表。

| 用户画像描述表 | |
|---|---|
| **模块** | **细分** |
| **认知水平** | 1. 年龄:<br>2. 学历: |
| **支付能力** | 3. 性别:<br>4. 婚姻:<br>5. 城市:<br>6. 行业:<br>7. 职业:<br>8. 收入: |
| **痛点和需求** | 9. 恐惧: |

以我为例,为什么我的客户群体是有打造个人品牌需求的创始人IP?原因是我在个人品牌方面,在新东方工作的那几年已经相当熟悉了;在创业上,我自己拿过5000万元融资,做过1.2亿元年营收,带过几百人的团队,也算是一个创业实战派,比较懂创始人这一人群。

那么,我是如何设计精准客户用户画像的呢?可以看下面的表。

| 创始人 IP 个人品牌业务的用户画像描述 | |
|---|---|
| **模块** | **细分** |
| **认知水平** | 1. 年龄:30—45 岁<br>2. 学历:大专 / 本科及以上 |
| **支付能力** | 3. 性别:不限<br>4. 婚姻:已婚为主<br>5. 城市:二、三、四线城市一、二线人群<br>6. 行业:实体线上转型 / 知识 IP/ 超级技能个体 / 电商等<br>7. 职业:创始人 / 知识付费从业者 / 超级个体 / 电商从业者 / 团队长等<br>8. 收入:100 万—2000 万元 / 年 |
| **痛点和需求** | 9. 恐惧:怕没流量,怕业绩不稳定、不增长,怕客户流失、没有复购等 |

现在,你也可以提起笔来,为自己的业务和产品所面向的精准客户,做一个画像描述。

# 第四节　明确产品类型

从个体到打造IP个人品牌，无论是超级个体，还是企业公司的创始人站到前台来做IP，最终变现的产品类型，基本有以下几类。

| 产品类型 | 具体形态 | 适用人群 |
| --- | --- | --- |
| 知识变现 | 课程、训练营、圈子等 | 超级个体 / 创始人 IP |
| 流量变现 | 流量曝光的广告位 | 超级个体 / 创始人 IP |
| 内容变现 | 为平台 / 他人创作内容 | 超级个体 |
| 商机变现 | 品牌特许经营、授权加盟等 | 创始人 IP |
| 电商变现 | 直播带货（自营 / 代理）等 | 创始人 IP/ 超级个体 |

以上产品类型中，知识变现的落地性最强，定价能力和变现能力都比较强。

流量变现，需要结合大量级的粉丝量以及平台官方的相关工具/规则（如抖音的星图和千川），对于知识IP尤其是创始人IP来说，落地难度会相对大一些。

内容变现，也即为平台提供优质内容，进而获得平台的现金激励。这个路径，对于想获得更大营收规模的IP来说，想象力空间不够大。

商机变现，也就是向自己的粉丝和用户出让品牌或核心技术的使用权，以此获得特许经营和授权使用的相关费用，变现能力还不错，但是产品的战略纵深会稍微弱一些。

电商变现，即带货主播，可以是带自己的货，也可以以达人的身份代理和售卖其他厂牌的货。这个变现路径也是比较常规的，但是从生活方式上看，不适合用于知识/商业/创始人IP。

基于以上分析，我们在本节讲解的产品设计，将会重点围绕知识变现来展开。

　　超级个体和创始人IP的知识变现产品设计，该如何做呢？

　　首先，我们来看一个知识付费领域的顶流——"得到"App，希望借由对这个知识服务平台的产品的研究，窥探知识变现产品设计的大貌。

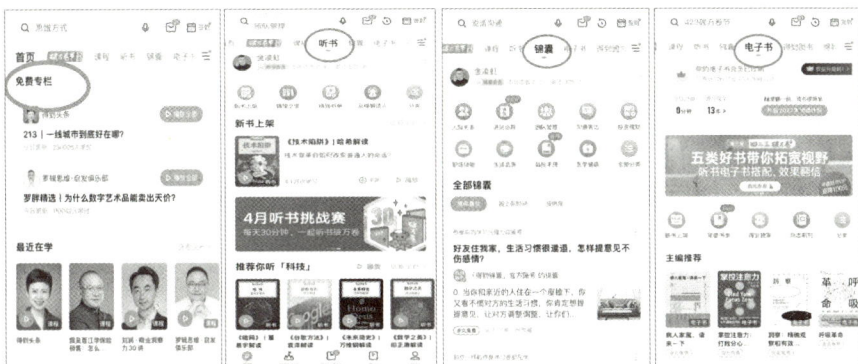

| 音频（资讯）产品 | 音频（拆书）产品 | 知识/内容产品 | 电子书产品 |

| 电商实物（周边）产品 | 付费专栏（音视频）产品 | 训练营（音视频+社群）产品 | 线下课产品 |

　　从"得到"App的产品中（部分），我们可以看到，有音视频产品、纯知识内容产品、电子书产品、实物类电商产品、付费专栏音视频产品、训练营产品和线下课产品。产品类型和形态不同，交付的内容不同，针对的客群不同，定价也不同。

　　知识变现类的产品类型，通常分为以下几种。

　　1.测评：通常通过技术开发，形成线上化的测评产品，并生成测评报告；

当然，如果技术条件有限，也可以进行纸面化测评。（我曾和清华大学五道口金融学院的一位博导朋友，合作开发了一款《新个体创业力测评》系统，从定位、品牌、流量、运营和心态五个维度测评创业力。可以加我微信，备注"领取测评"获得此系统，相信对你会很有帮助）。

2.电商类实物：通常是和IP的主营业务相关的周边产品，如定制笔记本、签名文化衫等。

3.电子书：通常由IP本人原创撰写的内容，生成电子书。

4.图书出版物：比如你正在看的这本书。

5.音频录播课：通常是先写好逐字稿（把你要讲的每句话都写出来），然后由IP亲自录制。如果要保证更高的质量，还可以进行后期的声音美化和背景音乐配置。

6.视频录播课：通常由IP本人出镜录制，并进行相应的视频后期处理。

7.直播课：通常在小鹅通等课程交付平台，对付费客户进行直播交付。

8.社群分享：在微信社群内进行分享，内容形式上包含语音条、文字和图片等。

9.短期训练营：通常由课程（录播）＋社群分享的形式组成，时间在3—21天。

10.中长期训练营：通常由课程（录播或直播）＋社群分享的形式组成，时间在1个月—1年。

11.电话咨询：通过电话沟通，解决客户的相关问题，交付解决方案。

12.线下大课：通常是2—3天的线下场景的交付模式，人数在40—200人。

13.线下闭门诊断会：相比于线下大课，人数规模更少，约10—30人，定价更高，交付形式并非IP授课，而是互动性更高的诊断答疑模式。

14.合伙人模式：拥有产品的更多使用权益，同时具备代理/分销推广产品的权益，并使客户从推广中获得利益回报。

15.私董会：通常是一种主打人脉资源的社交圈子产品，定价较高。

16.商业陪跑顾问：通常是深度的1对1指导模式，并更多地对直接的变现效果负责。

这些产品类型，我们分别从定价范围、交付周期、生产成本、IP本人的交付所需精力、人力运营投入和效果等维度分析它们具有什么样的特征。

| 知识变现产品类型 | | | | | | |
|---|---|---|---|---|---|---|
| 产品类型 | 定价范围 | 交付周期 | 生产成本 | IP交付精力 | 人力运营 | 效果 |
| 测评 | 0—9.9元 | 短 | 中/高 | 高 | 低 | 中 |
| 电商类实物 | 0—199元 | 短 | 中/高 | 低 | 低 | 弱 |
| 电子书 | 0—9.9元 | 短 | 中/高 | 中 | 低 | 中 |
| 图书出版物 | 0—99元 | 短 | 高 | 高 | 低 | 中 |
| 音频录播课 | 0—99元 | 短 | 低/中 | 中 | 低 | 中 |
| 视频录播课 | 0—599元 | 短 | 中/高 | 中 | 低 | 中 |
| 直播课 | 0—1999元 | 中 | 高 | 好 | 中 | 强 |
| 社群分享 | 0—99元 | 短 | 中 | 中 | 中 | 中 |
| 短期训练营 | 0—199元 | 短 | 中 | 中 | 中 | 中 |
| 中长期训练营 | 0—2999元 | 中/长 | 高 | 高 | 高 | 强 |
| 电话咨询 | 0—5000元 | 短 | 中 | 高 | 低 | 强 |
| 线下大课 | 0—16800元 | 短 | 高 | 高 | 中 | 强 |
| 线下闭门诊断会 | 0—20000元 | 短/中 | 中 | 高 | 中 | 强 |
| 合伙人模式 | 0—30000元 | 中/长 | 高 | 高 | 中 | 强 |
| 私董会 | 0—50000元 | 长 | 高 | 高 | 高 | 强 |
| 商业陪跑顾问 | 0—250000元 | 长 | 高 | 高 | 中 | 强 |

# 第五节　构建产品矩阵

为什么不是设计一款产品，而是要设计一个产品矩阵（体系）呢？

因为，我们的客户人群画像基本相似，但是因为每个人的具体问题、所处阶段和支付能力不同，我们必须设计不同形态和价位的产品，来满足他们各异的需求。

把第四节中不同类型的产品，设计不同的形态和定价，放在产品体系的不同位置上，就形成了产品矩阵。

在产品矩阵中，我们要设计四种类型的产品。

1.流量产品：流量的基数和新增速度比较快的情况下，尽量用低单价（0—99元）、轻交付（如电子书、录播课等）的产品满足这部分客户。本质是通过让客户付费的方式（哪怕只是低单价的付费），形成精准客户的第一次筛选，判断哪些人未来会成为你的更高价值的客户。

2.入口产品：在客户完成初次的付费（低价亦可）之后，可以用价格更高一些、交付和服务更重一些的产品（如直播课、社群等）满足他们的需求。同时，这个阶段的产品，需要让客户对IP本人的能力和资源有更深刻的认知，让用户在更深的程度上完成对IP的验货。同时，这个阶段的产品，IP本人或团队，也需要和用户发生初次关系，形成一定程度的互动，以此产生更多的信任感。

3.主销（利润）产品：这个层次的产品，定价通常超过1000元（1999—10000元），因此，在产品的交付和服务上，也会做得更重。同时，客户质量也明显提升。

4.段位产品：这个层次的产品，顾名思义，会体现你的"江湖段位"。定价会非常高（50000—250000元），这类产品不是走量的，而是自带筛选功能：会让你筛选出最优质的客户。同时，这类产品也有非常好的"锚定效应"：会使前面三类产品看起来也没那么贵。通过下面这张图，可以让大家对产品矩阵有更深的理解。

## 产品矩阵
### Product Matrix

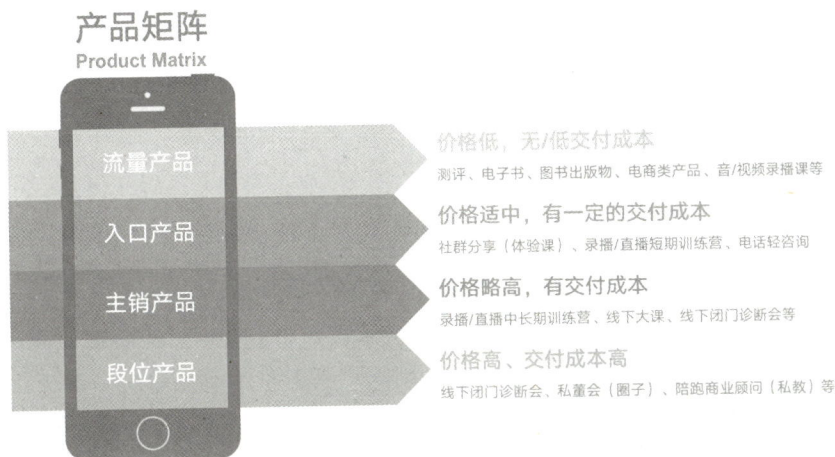

| 流量产品 | 价格低，无/低交付成本 |
| | 测评、电子书、图书出版物、电商类产品、音/视频录播课等 |
| 入口产品 | 价格适中，有一定的交付成本 |
| | 社群分享（体验课）、录播/直播短期训练营、电话轻咨询 |
| 主销产品 | 价格略高，有交付成本 |
| | 录播/直播中长期训练营、线下大课、线下闭门诊断会等 |
| 段位产品 | 价格高、交付成本高 |
| | 线下闭门诊断会、私董会（圈子）、陪跑商业顾问（私教）等 |

接下来，我们来具体看一些真实的产品矩阵。

## 肖厂长IP的商业模式

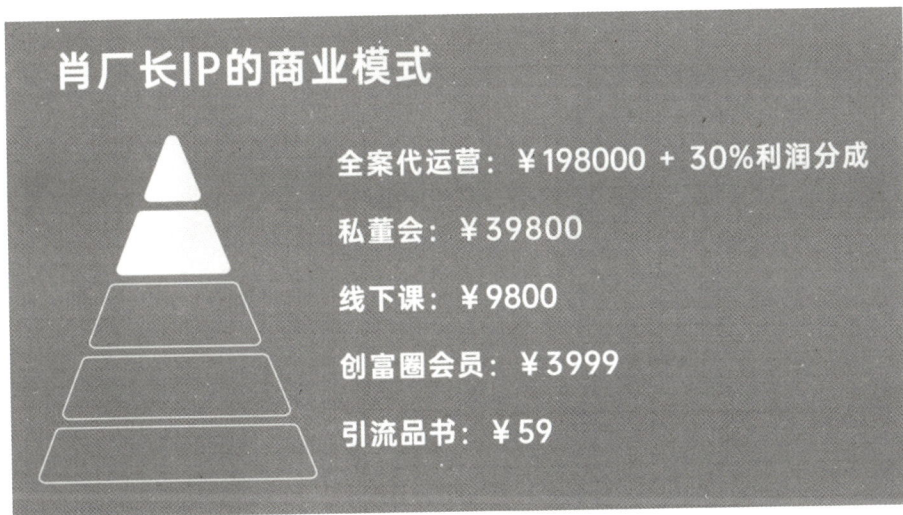

全案代运营：¥198000 + 30%利润分成

私董会：¥39800

线下课：¥9800

创富圈会员：¥3999

引流品书：¥59

（1）私域肖厂长IP的产品矩阵。

流量产品：定价59元的书，包括《肖逸群的创业手记》和《私域资产》；

入口产品：定价3999元的创富圈会员（首发价999元，包含录播课程和社群圈子及服务）；

主销产品：执行价9800元的线下大课和39800元的私董会圈子产品；

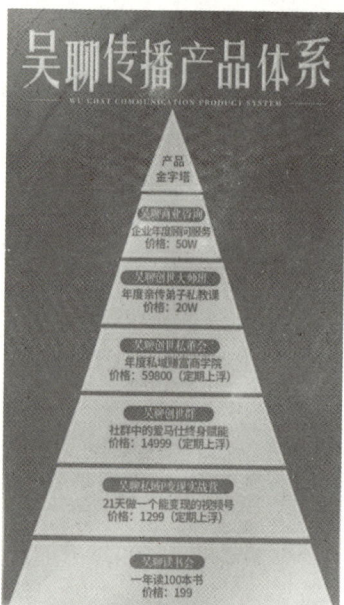

段位产品：定价198000元，外加30%CPS（信息物理系统）分润的全案代运营产品。

（2）小吴哥IP的"吴聊传播"产品矩阵。

流量产品：定价199元的"读书会"，一年读100本书，主要是录播产品轻交付；

入口产品：定价1299元的"私域IP变现实战营"，产品交付周期为21天；

主销产品：定价14999元的高端社群产品，终身赋能，定位"社群中的爱马仕"；

段位产品：定价59800元的私董会产品、200000元的私教产品和500000元的企业年度顾问产品。

（3）所长老金IP的产品矩阵。

流量产品：执行价99元的"IP品牌觉醒认知课"，包含录播视频、音频和电子书，轻交付，重内容；

入口产品：执行价999元的"21天落地营"社群训练营产品和执行价2000元的电话咨询产品；

主销产品：执行价4999元的年度社群产品"掘金同盟会"和执行价8800元的线下大课产品；

段位产品：执行价29800元私董会和执行价129800元的陪跑商业顾问产品。

现在，你也可以试着把你的产品体系设计落实在下面的产品矩阵表当中。

| 产品矩阵 Product Matrix | | | | |
|---|---|---|---|---|
| 产品类型 | 产品品名 | 定价 | 基本形态 | 针对人群 |
| 流量产品 | | | | |
| 入口产品 | | | | |
| 主销（利润）产品 | | | | |
| 段位产品 | | | | |

# 第六节　设计产品包装

在讲产品的包装之前，我先说一段故事。

2018年，我找了一位来自上海的合伙人。

在我还在读研究生、在新东方当老师的时候，他已经热火朝天地在创业了，创业经验远远在我之上。

他创业的项目是在淘宝上卖女装，后来做到一年十几个亿的流水体量，他的创业管理认知、品牌运作经验和流量运营思维，都非常成熟。

有一次，他语重心长地和我说："老金，在互联网上卖产品，大家看不见、摸不着、闻不到产品，有时候卖的就是一张图片。"

当时听完，我就感觉挺震撼的——大道至简！

我们通常说的产品包装设计，其实就是产品图片，一图胜万言！

基本上，我们做好两张产品图片，就实现了比较理想的产品包装设计。一张图片是产品主图，它通常放在微信朋友圈或者社群、私聊中，是产品介绍的门面和入口；另一张图片是产品详情页，用于给客户完整了解产品的机会，也是客户付费下单前必定会看的内容。

## 一、产品主图

一张带有超高转化能力的产品主图，主要由以下9种元素构成。

为什么必须包含这9种元素呢？请看下表。

| 产品主图海报 9 种元素 | |
|---|---|
| **元素** | **功能** |
| 1. 品牌 Logo | 增加专业度和权威感，同时营造产品"品牌" |
| 2. 产品主标题 | 明确告诉客户，这个产品是什么，通常用"品类（个人品牌）+性质（百日进化营）"的方式出现 |
| 3. 产品副标题 | 其实是主标题的定语（做修饰），用最精练的语言概括这款产品的核心功能和价值 |
| 4.IP 形象 | IP 形象就是商务照，增加可信度。注意形象要大方美观，同时，在 P 图的时候，要精致，不能粗糙 |
| 5 IP 名字 / 标签 | 在本书第二章的"称呼和个人标签"有讲解；行不更名坐不改姓，此部分属于必需项 |
| 6. 产品特色 / 购买理由 | 将产品的主要功能和特色，提炼、提炼再提炼，形成客户难以拒绝的亮点，增加产品转化率 |
| 7. 价格和时间 | 这两个要素也是客户最关心的：价格涉及支付能力，时间涉及参课完课的可能性 |
| 8 促销福利 | 增加购买理由和转化率有力的钩子 |
| 9. 购买二维码 | 产品购买二维码是整张产品海报最后的出口，也是转化的入口 |

在你设计产品主图海报的时候，可以一一对应以上9个元素自检。

最后，我们再来做一次练习，看看右面这张主图海报，你能否找出它缺了什么？

## 二、产品详情页

在电商产品中，尤其重视对产品详情页的设计。我当时的合伙人向我展示了一件秘密武器——用户视觉热力图，研究用户在看产品介绍图文的时候，视觉注意力主要会停留在哪些区域，并因此在哪些区域放上核心的、能提高产品转化率的信息。

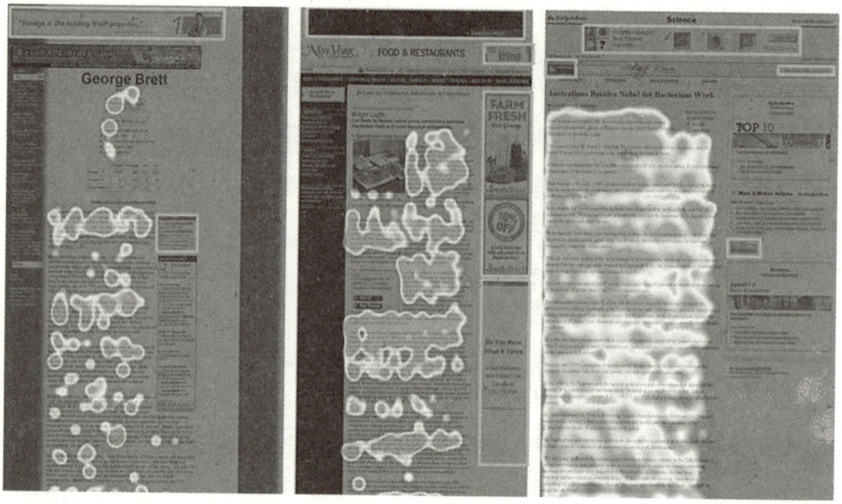

知识/商业IP的知识变现赛道，虽然竞争不至于像电商行业那么激烈，不需要我们去研究“视觉热力图”，但是，产品详情页上最基本的元素还是要保证的，至少，要先完成，再完美。

通常来说，产品详情页由16种元素组成。

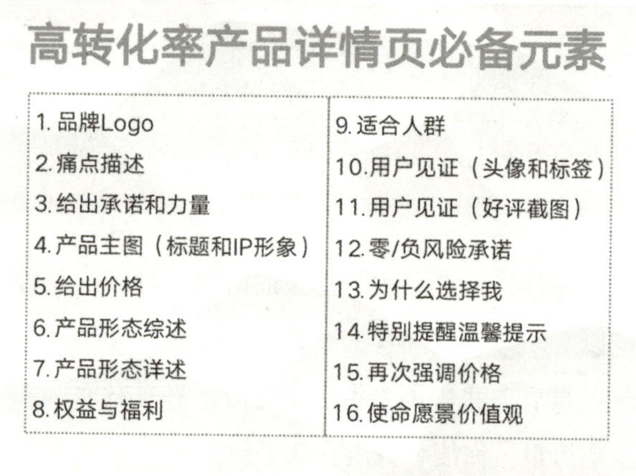
高转化率产品详情页必备元素
1. 品牌Logo
2. 痛点描述
3. 给出承诺和力量
4. 产品主图（标题和IP形象）
5. 给出价格
6. 产品形态综述
7. 产品形态详述
8. 权益与福利
9. 适合人群
10. 用户见证（头像和标签）
11. 用户见证（好评截图）
12. 零/负风险承诺
13. 为什么选择我
14. 特别提醒温馨提示
15. 再次强调价格
16. 使命愿景价值观

听到“16”这个数字，千万不要害怕。16种元素，是最完整、最工整的产品详情页海报，但是在真正落地的时候，可以根据每个人的特别情况进行调整，有效删减。那么，这16种元素分别是什么呢？可以看下图。

接下来，我就以我自己的第一款产品“创始人IP个人品牌百日进化营”为蓝本，展开说明这16种元素。

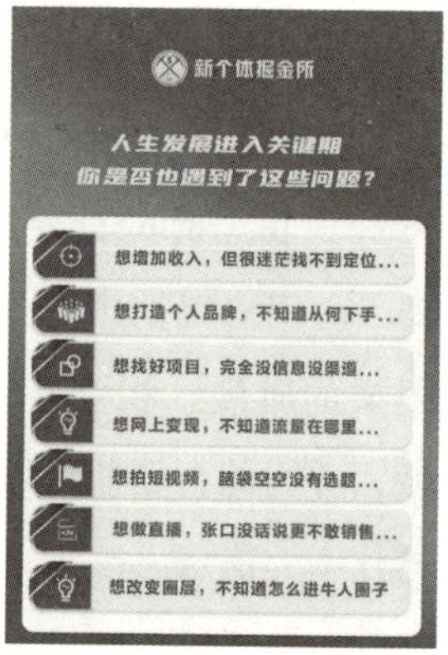
新个体掘金所
人生发展进入关键期
你是否也遇到了这些问题？
想增加收入，但很迷茫找不到定位...
想打造个人品牌，不知道从何下手...
想找好项目，完全没信息没渠道...
想网上变现，不知道流量在哪里...
想拍短视频，脑袋空空没有选题...
想做直播，张口没话说更不敢销售...
想改变圈层，不知道怎么进牛人圈子

### 1.品牌Logo

产品详情页的第一种元素，是品牌Logo，体现一种正式感和可信任感。

### 2.痛点描述

先描述这款产品的目标客户在生活工作中遇到的痛点，这么做的好处是在第一时间抓住客户的共鸣和同感，让客户产生一种"好像说的就是我"的感觉，这也能非常好地拉近和客户的距离，因为客户总是更倾向于选择"懂自己"的品牌和产品。

### 3.给出承诺和力量

面对客户痛点，不是直接给出解决方案和产品（产品主标题），而是给出这款产品承诺达到的效果，给客户一个期待的终点，这是非常有力量的一种承诺，也同时增加了信任和后期的转化率。

### 4.产品主图

做完承诺之后，顺势推出产品主图，包含产品名称和IP形象及标签。这是产品和客户的第一次正式亮相，充满权威感和仪式感。

### 5.给出价格

该元素可以与主图同步，同时推出价格，毕竟这是客户最关心的元素之一。

### 6.产品形态综述

进入正式的产品详情说明环节。通常来讲，知识变现产品的内容、服务、权益比较多，如果直接进入细节，会让客户越看越混

乱。因此，我们采用"框架先行、先总后分、以上统下"的方法，先做一个产品形态概述，把产品中涉及的所有细节提炼成大的模块，便于客户快速抓住重点。

### 7.产品形态详述

在综述的基础上展开产品的细节；如果是课程类产品，还要将课程的大纲放上，让客户提前了解和判断。

### 8.权益与福利

与产品详述相比，权益和福利更偏向增值品和成交促点。在这个部分，可以设计诸如"额外赠送课程、赠送一对一辅导机会（限次限时）、赠送电子书或测评工具、赠送行业信息情报、赠送社群链接机会等"内容。

### 9.适合人群

这是产品详情页中非常重要的一部分，你总要让客户知道，自己适不适合这款产品，在不在你的服务范围之内。因此，"适合人群"这个板块是必不可少的。而且，在设计的时候，最好同时强调人群的身份以及遇到的卡点和痛点。

### 10.用户见证（头像和标签）

所谓"卖家说千言，不如买家一好评"，用户见证非常重要，也是营销学中讲的信任状的最重要的部分。

### 11.用户见证（好评截图）

好评截图也是用户见证的一个重要组成部分，一定不要忽略它。

### 12.零/负风险承诺

大部分客户都有风险厌恶，他们不会把购买产品后能获得什么样的收益放在最前面思考，更多的会提前思考：万一这个产品没有买对，自己会失去什么？会有什么样的风险？

基于这一点，我们要在产品详情页的设计中体现零风险承诺，即你做的购买决策不会有任何风险。比如，你可以在购买后多久选择无理由退货。所谓的"负风险"承诺，字面理解，就是你的风险是负数——你只会赚到，怎么样都是赚的。比如，哪怕你要退费，我还赠送你一个什么礼物；或者和客户对赌，你只要完成什么样的目标，就能赚到；哪怕没有完成，我们也会保障你的基本权益甚至是收益。

但是，无论是零风险还是负风险，对于IP个人、团队和产品，都有非常高的要求。在条件不成熟、能力不完善之前，建议慎用。当然，你也可以用这两种承诺来倒逼自己的成长，提高能力、提高服务和交付质量，最终获得更好的用户体验和产品使用效果，而自己则收获更多的成功案例和良性口碑。

### 13.为什么选择我

这个部分的本质，依旧是增加信任状。其实整个互联网产品售卖，都是基于信任发生的，因此，再怎么增加信任状都不为过。

你可以在这个部分，把自己、产品、公司或团队的辉煌过去、成功案例、强势资源等都呈现出来，最终达到让客户觉得"你很厉害，而且和我有关"的目的。

### 14.特别提醒/温馨提示

这个部分，可以把一些购买产品的建议、前置要求、温馨提示放上。它们可以体现你的人品、价值观、温度和态度，尤其能打动一些优质高端的客户。

### 15.再次强调价格

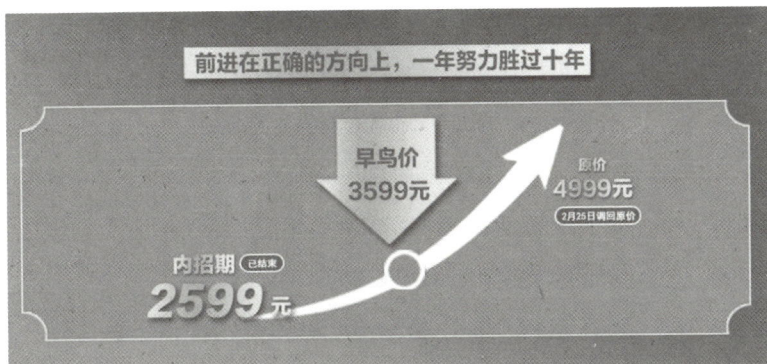

在详情页行将结束的时候，要再次强调价格。本质上，这是对客户进行一次提醒：你看，这么好的产品，价格真不贵，而且，马上要涨价了，别犹豫了，赶紧入手吧！

### 16.使命、愿景、价值观

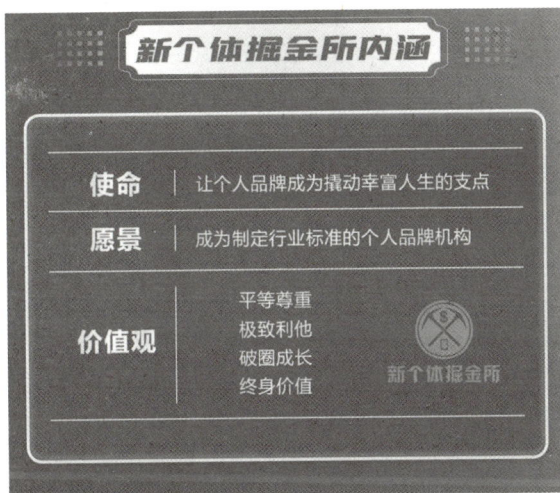

在详情页的最后，为什么要放使命、愿景、价值观呢？其实，这也是提升品牌高度和信任状的一种方式，目的是让客户明白，自己的产品和团队是有灵魂、有调性的，是严谨的、专业的。

以上16大元素，是最完整版的产品详情页元素。我们在设计产品详情页的时候，可以完全采纳或者从这16大元素中进行选择、重组。

总体来说，这16大元素的存在、出现的顺序，特别像一个人用演讲的方式在推广。

| 产品详情页的 16 大元素 | |
|---|---|
| 元素 | 模拟演讲推销场景 |
| 1. 品牌 Logo | hi，走过的路过的，大家好！我是来自……的…… |
| 2. 痛点描述 | 日常生活中，你是不是也遇到了这样的问题…… |
| 3. 给出承诺和力量 | 放心，交给我们，我们能让你…… |
| 4. 产品主图 | 因为我们为大家准备……产品 |
| 5. 给出价格 | 产品真的不贵，而且今天还有特别优惠 |
| 6. 产品形态综述 | 你一定特别想知道，这款产品是怎么样的，我给你总结一下……  |
| 7. 产品形态详述 | 具体来说呢，这个产品…… |
| 8. 权益与福利 | 而且，今天我们还为大家准备特别的好礼…… |
| 9. 适合人群 | 你肯定会想，自己到底适不适合这款产品。听我说，如果你是…… |
| 10. 用户见证（头像标签） | 你看，……都买了这款产品了 |
| 11. 用户见证（好评截图） | 这里有他们的评价，你看，……说：…… |
| 12. 零/负风险承诺 | 他们都买了，你还有什么顾虑呢？而且，我还向你保证：…… |
| 13. 为什么选择我 | 总结一句话，你买了我们的产品，买不到吃亏，买不到受骗，因为我们是…… |
| 14. 特别提醒/温馨提示 | 这里要再强调一句：如果你…… |
| 15. 再次强调价格 | 好了，我就讲这么多了。注意，今天的价格很优惠，是…… |
| 16. 使命愿景价值观 | 好，谢谢大家，我是……，我来自……，我们是一个……团队/公司，期待你的选购哦 |

# 04

内容系统

# 04

# 内容系统

　　研发产品，就是为了能够满足客户的需求，同时实现经济上的回报。然而，要做销售、做转化，没有流量，卖给谁呢？

　　流量，是一切生意的本质，这句话一点都没错。

　　那么，完成了定位、品牌和产品设计之后，我们是不是应该先做流量，而不是着急发售呢？

　　也不对，其实，我们应该先做内容。

　　因为内容是最好的 IP 个人品牌载体，也是最稳健、最持久的流量之源。

　　成为 1% 的内容创作者，是 IP 打造个人品牌的必修课。

　　我有位朋友在"技术驱动"的超级大厂百度工作。平时聚会，有技术背景的他，居然和我说互联网的尽头是内容。我当时创业的项目突飞猛进，一日千里，采用的是流量采买模式，即花钱买流量，只要 ROI（投入产出比）高于一定的数据，就可以拼命投放，投的流量费用越高，获取的流量就越多，在保证转化率的前提下，营收增长就越快。可以说，那时候，投放预算就是我们最大的杠杆，只要投钱，就能增长，想增长多快就能增长多快。在这种背景下，我根本听不进去朋友的话，也想不到、或者说没时间去想"如何用内容去构建护城河和持续的增长潜力"。

然而，市场很快变天了。没错，在互联网环境里，三个月就是一年。不到半年的时间，流量采买成本飙升，因为入场的玩家越来越多，产品同质化导致转化率一路走低；巨头玩家手握数十亿级融资额，拼命投放，甚至是有意抬高流量成本，以此驱赶同赛道内其他玩家，最后完成清场，一家独大，再重新获得流量成本定价权。终于，有一天，我们再也投放不起了，因为投一单，获一客，我们就亏一单，投得越多，亏得越多。

没有了流量投放这剂猛药的刺激，我们的增长陷入瓶颈，一开始是横盘不涨，到最后开始业绩下滑，再到最后不得不停止投放。然而，这个时候，我们才开始品尝没有构建内容护城河的苦果。但此时再想通过投放之外的方式比如内容来获客已经来不及了。

真的，互联网的尽头不是技术，是内容。

在打造 IP 个人品牌的过程中，内容不仅是稳健的流量之源，更是最好的品牌载体。

我们信任和选择某个公司的品牌，本质上是因为消费完其内容之后，产生了认同，进而产生了认购。对品牌的认识、认可、认购和认定的过程，几乎全部来自对品牌所提供的内容的认可。比如，为什么迪士尼这么受欢迎？因为它提供的内容（动画、电影、游乐场等）足够好；为什么新东方在教育培训行业有这么大的品牌号召力？也是因为它提供的内容（讲座、课堂教学、出版物等）足够好；我们认可和认购个人 IP 的品牌和产品，也是因为它提供的内容足够打动人。

我和私域肖厂长曾在 2017 年共事，我担任他的教研合伙人。后来，我辞职创业，因为公司业务繁忙、工作节奏太快，有一段时间，我们不常联系。

2020 年，一直在幕后操盘的肖厂长，站到前台，成了公司的创始人 IP，开始做直播——这让我非常震撼。这个平时精于谋划统盘，沉默寡言、不善言辞的年营收 6 亿多元的创始人 CEO，居然站到前台做 IP、做直播，甚至开始带货了！他这种转变和转型，让我不解甚至惊讶。

但是，在之后的半年多时间里，我一直关注他的微信朋友圈、公众号文章、短视频和直播，他的内容能力非常强大，分享的内容也真诚走心、干货满满。终于有一天，我破防了，花了几万元加入他的"恒星私董会"，重新回到他的"怀抱"。没错，我被他，这个前老板"成交"了。

这就是内容的力量，这就是内容带来的品牌力量，这也是内容带来的成交转化力量。

虽然内容十分重要，但是普通人甚至是已经决定要做个人 IP 打造个人品牌的人，都经常忽略内容的重要性。

在以内容创作和宣发为核心形式的互联网上，99% 的人都是内容消费者，只有 1% 的人才是内容创作者。

难道不是吗？

日常生活中，我们看别人的朋友圈、读别人的公众号文章、看别人的短视频、看别人的直播，都是在互联网上消费内容，但是自己每天高质量地发朋友圈甚至写写文章、拍拍短视频、做做直播，几乎就很少了，或许自己并非没有创作的能力，而是完全没有这个意识。

然而，如果你一直都是内容消费者，那么大概率，你也一直都是商品消费者——花钱消费的是你，真正在赚钱的永远是内容创作者。

那么，我们如何成为 1% 的"内容创作者"呢？

本章，我们将内容系统分成以下四点展开。

1. 如何选择适配自己的内容平台；

2. 如何构建自己的内容仓库；

3. 内容创作的加速器——短视频如何生产；

4. 内容创作的爆破器——视频直播如何进行。

# 第一节　如何选择适配自己的内容平台

内容创作和个人品牌打造有一个公式：内容创作力=个人品牌力=内容×平台×传播。

在这个公式中，内容是一切的前提；平台是内容生根发芽的土壤，每个人的内容适合的土壤不一样，所以平台的选择特别重要；传播，即内容要具备传播属性，以保证破圈和出圈。

在这里，我们有必要讨论一下平台选择的重要性。

可以说，不同的人、不同的IP、不同调性风格、生产出来的不同内容，放在不同的平台上，最后的品牌和传播效果，是完全不一样的。

我的新东方前同事夏鹏老师（友邻优课创始人、世界英语演讲比赛冠军），曾经在B站（Bilibili）上分享自己的英语教学心得，内容非常"干"，足见其深厚的英语和教学功底；2021年8月前后，他转战抖音平台，分享的内容不再是（或者不仅仅是）英语教学，而更多是关于职场、个人成长等话题，他用了

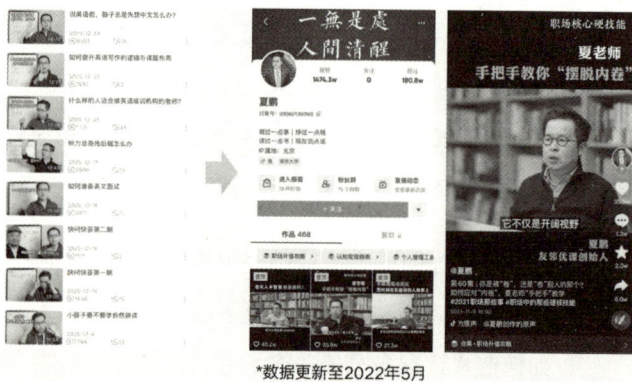

*数据更新至2022年5月

不到一年的时间，在已经趋于内卷的抖音平台上，迅速涨粉近200万。而B站上的粉丝量和作品播放次数则相对弱一些。

内容选题换了，作品宣发的平台也换了，尽管人还是那个人，但是获得的粉丝增长量级和个人品牌影响力是完全不可同日而语的。

由此亦可见平台的重要性。

在内容创作的过程中，我们应该怎么选择适配自己的平台呢？

很多人一想到内容创作平台，马上就想到了抖音。

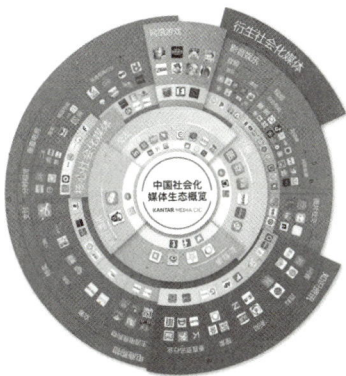

毋庸置疑，抖音是内容创作平台，更是顶流的短视频内容平台。抖音是平台，但是平台不等于（只有）抖音。

可以进行内容创作（进而打造个人品牌并获取流量）的平台有多少？有哪些呢？请看左边这张图。

所以，可供选择的内容平台其实非常多，关键要看适不适合自己。

平台的选择没有好坏对错，只有是否合适。

选择适配自己的内容创作平台，主要有以下三种方法。

### 一、定位匹配法

即根据你的人设、内容和变现业务方向的定位，来匹配内容创作分发平台。

假设你是从事金融财经/理财规划业务的，除了在常规的抖音快手视频号等平台创作分发内容外，也可以重点关注一款名为"雪球"的App，因

为这个平台上聚集了大量的财经专业人士，以及有财经理财需求的用户（你的潜在客户）。

假设你是从事泛知识领域的，比如职场、心理学、个人成长、语言学习等，那么"知乎""B站"或许是比较适合你的平台。因为这些平台不仅有可以借鉴的大量的内容素材，也存在大量你的粉丝和潜在客户。

假设你的定位是形象穿搭时尚博主，主要从事帮人提升形象的业务，那么"小红书"App对你而言或许是个不错的选择。

## 二、用户匹配法

用户匹配法是从他人出发，从自身的业务所面向的目标客户和细分人群出发来寻找适合自己的平台。

穿搭/形象/美妆 → 小红书

比如，如果你的业务主要是面向学生人群，尤其是K12或大学生人群，那么QQ是个不错的选择。

k12人群/大学生 →

如果你面向的客户群体是宝妈人群，那或许诸如"亲宝宝"App、"育学园"App之类的平台是非常好的选择。

宝妈人群 → 亲宝宝 陪伴宝宝一起成长 育学园 我们一起长大

如果你面向的是职场人群，那或许诸如"脉脉"App、"在行"App之类的平台，可以让你找到大量的精准流量。

职场人群 → 脉 在行

## 三、优势匹配法

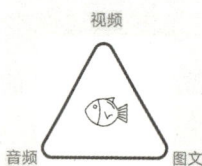
视频
音频 图文

优势匹配法，顾名思义，就是评估自己在创作方面的优势，进而选择入驻的平台。通常来说，目前的内容创作平台，从内容形式上来看，有三大类。

如果你颜值高、表现力强、表达能力强、声音好听爱分享、镜头感强，说明你的内容创作优势在视频上，那么可以重点选择视频类平台入驻，比如右图中的平台。

如果你声音好听、喜欢播音，甚至有成为声音主播的梦想，则可以在音频平台上进行内容创作进而高效获客。常见的音

视频号 小咖秀 xiaokaxiu.com 微视 抖音 闪咖 超酷炫短视频社区 火山小视频 快手 美拍

频平台如右下图所示。

如果你更擅长文字创作、文笔好、文字表达流畅，那么显然，你属于图文类内容创作者，则可以主要选择以微信公众号为主的内容创作平台。除微信公众号之外，还有以下图文类创作平台：

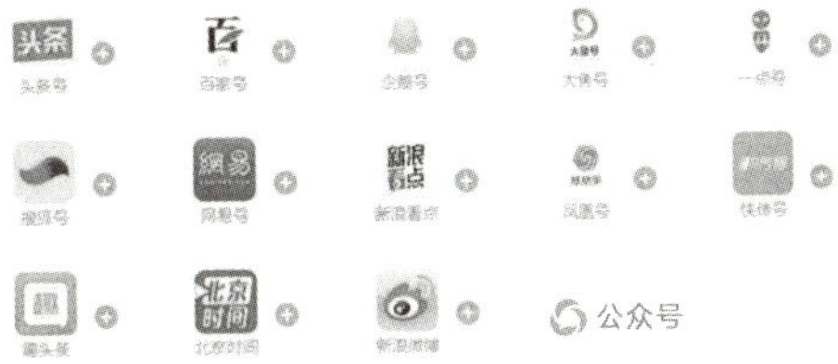

以上是最常用的三种为自己匹配合适的内容创作平台的方法。

在IP最初启动内容创作的阶段，我们不建议多平台分发，而是建议单点突破，聚焦最高适配平台。

为什么呢？

首先，IP最核心的资源就是自己的时间和精力。多平台分发，对于内容创作的时间精力投入要求会更高，容易让人疲惫。

其次，虽然都是内容创作和分发平台，而且，哪怕是内容的形式一致（比如说都是视频或图文），不同平台因各自调性、注册用户画像的差异，同样的内容，在不同的平台上，数据结果有时会相去甚远。举个例子：同样是一段关于"创业如何组建团队"的短视频，放在抖音、快手、视频号和B站上之后，数据结果可能千差万别。多平台同步分发后，如果数据差距较大，甚至数据表现不良，很容易对IP造成信心上的打击，从长远看并非好事。

先集中精力，做好做透一个适合自己的平台，有了稳定的基础和模型之后，再进行多平台定制化创作和分发，或许是一个更好的选择。

# 第二节　如何搭建自己的内容仓库

IP在进行内容创作的过程中，经常会遇到不知道写什么、拍什么、说什么的问题。或者，刚起步的时候，灵感爆棚，内容澎湃，创作了一段时间之后，内容存货耗尽，突然不知道该创作什么内容了。

如何才能构建自己能产生源源不断灵感的内容仓库呢？我们可以仍旧使用在第二章中提及的人、事、网、书概念，从这四个方向，构建自己的内容库。

## 一.用"人"构建内容库

创作的内容，无论是文章、短视频还是音频，主要围绕人进行。只要涉及人，就会有故事情节，往往比较吸引人。我们可以创作关于自己的故事（比如公众号上的个人故事小传、短视频我的十年等）；可以创作关于身边的朋友、同学、领导、家人的故事，比较真实生动；也可以创作我们的学员、客户的故事，比较容易建立专业度和信任感。

我们还可以创作名人相关的内容（名人自带热点，热点就是话题，话题就是流量）。比如，公众号"何加盐"上就有大量的名人故事内容，也是非常好的素材库。

## 二.用"事"构建内容库

可以通过对自己发生和经历过的事情的内容创作，形成一种稳定的内容创作素材库。事，可以是好事，也可以是坏事；可以是过去的事，也可以是现在的事，还可以是未来的事。当然，最好的方式是创作和热点相关的事。因为热点本身就是注意力，带有大众注意力的事件是自带流量的。

比如，我有位学员是从事家庭关系、婚姻情感类业务的。做了几个月短视频，播放量和涨粉一直都上不去，就来找我了。我和她说，她的底子其实很好，但是内容创作的时候太实在了。要做一些包装，要加入一些传播属性。

正好那段时间，有个热点事件发生：某女星离婚后，又以迅雷不及掩耳之势和另一明星结婚了。我告诉她，你可以把自己要谈的家庭关系和婚姻情感话题，套在这位女星的热点新闻这个外壳的下面，自带流量，不是更好吗？她听话照做，马上执行，结果当天就出了一个几十万播放量的爆款作品。

### 三.用"网"构建内容库

顾名思义，就是在网络上汲取内容创作素材。

上一节中，我们提到的内容创作平台，不仅仅是我们创作和分发内容的平台，更应该是我们获取源源不断的创作灵感和素材的平台。

我们可以在图文、音频和视频平台上进行海量搜索，寻找和你的人设、业务较为吻合的选题和内容，然后进行模仿和二次创作，拿来主义，化为己用。

当然，我们并不是鼓励你去抄袭他人的作品。他人的爆款作品之所以成为爆款，肯定有其成功之处。如果直接对标这些作品，可以减少我们的试错成本。而且，通过对比分析，我们也能更清楚地知道自己的作品不爆的原因。失败不是成功之母，成功才是成功之母。我们只有以他人成功的内容为基础，才能更好地获取自己想要的结果。

### 四.用书构建内容库

因为各种内容平台和内容形式的爆发式发展，大家的注意力普遍已经被优质短视频、爆款爽文等瓜分，用在看书阅读上的时间极为有限。

然而，有一些书，尤其是畅销书、长销书的质量，确实是过硬的。

在内容创作的过程中，在保证版权安全的前提下，其实我们可以从这些优质书当中获取大量的创作素材，组建自己的内容库——也正因为现在看书的人少了，所以你从优质书中提取的用于创作的内容，反而更加新颖，不容易撞车，更不容易被平台判定为"搬运"。

# 第三节 内容创作的加速器
## ——短视频如何生产

如果说互联网的尽头是内容，那么，内容的尽头是短视频（至少是在AR/VR和"元宇宙"等概念彻底落地前）。

通过短视频来打造IP的个人品牌，来获取规模化的流量增长，是内容创作中最需要花精力的一种形式。

如何打造爆款短视频？我们将从以下四个方面展开讨论。

### 一、短视频内容创作平台的选择

目前在线上互联网环境中，大大小小的短视频平台不下几十个，但是日常生活最常见的，也是流量聚集程度最高的，主要为：抖音、快手、B站、小红书和视频号（知乎、微博等也有对应的短视频入口，此处不做具体展开）。

抖音　快手　B站　小红书　视频号

这5大短视频平台，在进行选择的时候，主要需要明确两方面的问题。

#### 1.明确公域和私域的概念

公域，顾名思义，流量属于公共，不属于你个人。因此，在流量的触达和使用上，会比较受限于平台的规则，自由度比较低，因触达粉丝而触发封号的风险比较大。

私域，流量有更多私人的属性。相对而言，可以更加自由地触达和调用流量。平台对于触达的方式和内容的包容度也比较高。只要不做特别骚扰用户的动作，不发布影响社会风尚的内容，基本很少会被平台封号。

除了流量调用和粉丝触达上公域和私域有显著差别外，在变现转化上，也有明显区别。

公域流量池属于新粉逻辑，每次来看短视频和直播的不是同一拨人，更多是新粉，IP和粉丝的距离相对较远，信任关系相对比较弱一些，因此比较适合售卖低单价（99—365元之间）的产品；私域流量池更多属于"熟人社交"逻辑，IP和粉丝之间有较强的社交互动和信任感，因此相对适合售卖高客单价的产品（在某种意义上，上不封顶）。

明确了公域和私域的概念和差异之后，有助于我们进行平台的选择。

以上5大平台中，抖音、快手、B站和小红书，更多偏向公域属性；微信视频号则偏向私域属性。

有个形象的比喻是：公域为海，私域为池，引海入池，终身资产。这个形象比喻的灵感，来自一个旅游胜地。

公域为海，私域为池，引海入池，终身资产

2006年，也就是16年前，当时我还是大学三年级的学生，已经开始在福建厦门做英语夏令营的主讲老师。厦门是个非常漂亮的城市，那里的一街一巷，比如中山路、厦门大学、南普陀、环岛路、厦大白城海滩等，都留下了我许多青春的回忆。印象最深刻的，还是鼓浪屿。

在鼓浪屿上，有处花园叫"菽庄花园"。此园的清奇之处，也是一绝，在于藏海——把海水直接引入园中，成了园林中的池水。引海入池，妙哉！

具体而言，什么是"引海入池"呢？就是说，我们可以把公域平台当作流量获取的主要入口（流量体量大、爆粉概率高）；然后将公域平台上获取的流量导入私域平台，产生社交关系，并最终发生高单价的成交转化。

### 2.明确各个平台的调性和风格

明确了五大平台的公域和私域的概念之后，我们需要进一步了解这五个平台的调性和风格。

平台的技术基础不一样、目标客群不一样，甚至公司的创始人的基因和个性不一样，都会影响到平台的调性和风格。平台的调性和风格确实是有差异甚至明显差异的，否则的话，有一个平台就够了。

做过短视频内容创作的朋友，应该也有这样的体验：同样的一条短视频，发到抖音、快手或视频号之后，数据会有明显差异；在抖音、快手爆火的短视频，在视频号上也许根本跑不动量；同理，在视频号上爆火的短视频，放到抖音、快手上也许根本没有流量。

那么，这5个平台在调性和风格上有什么差异呢？这5个平台又分别适合什么样的人或团队来使用呢？我们可以看下表。

| 平台 | 调性风格 | 适合人群 / 团队 |
|---|---|---|
| 抖音 | 短视频内容讲究新、奇、特，拍摄和剪辑的技巧性强<br>平台上牛人 /MCN 团队扎堆 | 适合做规模化的流量增长，原先已有成型产品<br>适合已有团队的项目，在抖音上进行规模放大 |
| 快手 | 短视频风格讲究真实、亲切<br>拍摄和剪辑技巧相对平民化<br>创作门槛相对更低 | 适合人设真实的新人作为短视频的试水平台<br>适合做规模化的流量获取，并已有成型产品<br>适合已有团队的项目，但快手用户的支付能力稍弱 |
| B 站 | 短视频的内容更讲究真实、学术、知识<br>拍摄和剪辑亦追求朴实，有时甚至越粗糙越真实<br>更适合做 5—20 分钟的中视频，平台上学霸扎堆 | 适合知识和技能储备丰厚的知识 IP 人群<br>平台的商业化氛围相对弱，用户的付费意识也有待进一步提升<br>更适合做流量增长和引流到私域 |
| 小红书 | 短视频的内容更讲究高级感、精致和真实<br>拍摄和剪辑讲究轻松、明快和节奏感<br>更适合做生活品质类的内容，如美食、穿搭、摄影等 | 流量厚度较优，适合在平台上做涨粉，也适合引流到私域<br>平台上的用户较为优质，付费能力和意识较好<br>适合已有产品和团队的项目放大规模 |
| 微信视频号 | 因为有社交属性，点赞会被朋友看到，因此短视频的内容更倾向于"伟、光、正"（伟大、光荣、正确）<br>微信的底层逻辑是转发，故那些有强烈情感共鸣的短视频，数据表现会更好 | 流量储备好，优质内容非常容易爆粉上量<br>适合用于打造社交名片和信任指数<br>短视频吸引来的粉丝容易转化成私域流量并实现高额变现 |

总体而言，5大平台又可以归结为两个：抖音和视频号。抖音是公域流量

的代表，视频号是私域流量的代表。

抖音和视频号如何选？

表现力强的、有成熟产品和团队需要扩大规模的、有专家人设的、私域粉丝量暂不扎实的 ➡ 🎵

不爱演的、产品和定位刚起步不久的、私域粉丝有一定基础的（4000+以上）➡ 视频号

如果你的表现力强、表演张力够、已经有成熟的产品和团队、需要放大规模，同时，本身的私域流量池储备也并不深厚，那么，不用犹豫，可以选择进入抖音平台；如果你并不爱演，想做真实的自己，产品和团队也处在起盘早期阶段，正好本身的私域流量池也有较为扎实的储备（比如个人微信号粉丝超过4000人次），这种情况下，微信视频号或许是你更好的选择。

## 二、爆款短视频的底层逻辑

讨论爆款短视频的底层逻辑之前，我们先明确一下讨论的范围：聚焦讨论公域和私域的短视频代表平台，即抖音和视频号。

我们分别从节奏、前三秒、反转冲突、音乐BGM、画面和选题几个角度，来分别讨论抖音和视频号的爆款短视频底层逻辑，请看下表。

| 爆款短视频底层逻辑 | | |
|---|---|---|
| | 抖音 | 视频号 |
| 节奏 | 较快，能在众多优质短视频中抓住人的注意力 | 中等或较慢，社交属性，使人更有耐心看完 |
| 前三秒 | 非常重要，必须特别抓人；在文案话术上需要很强的技巧性 | 要求相对不高，更注重真实自然 |

续表

| 爆款短视频底层逻辑 | | |
|---|---|---|
| **反转冲突** | 要求剧情和内容的反转冲突明显 | 较为平和，不需要明显的反转冲突 |
| **音乐 BGM** | 使用抖音平台上自带的爆火音乐更好 | 无特别要求 |
| **画面** | 两极分化非常明显：<br>或采用高端设备拍摄和精致剪辑，或采用简单设备拍摄和朴素剪辑 | 无特别要求。突出场景感的 Vlog 会有更好的数据表现 |
| **选题** | 讲究新、奇、特。<br>新鲜的、奇怪的、特别的话题最抓人；不怕光怪陆离，就怕平平无奇 | 讲究"伟、光、正"<br>伟人、光荣、正确的话题更易于引起点赞和转发；因为这些话题具备人设证明和社交货币属性 |

两个平台的调性、风格的天然差异，导致在短视频的选题、文案脚本创作和拍摄剪辑要求上，都有明显差异。

举个例子：同样的一个选题，在两个平台上，选题的呈现也即文案脚本上，会有什么明显的差异。

选题：为什么新东方出来的人，创业成功率普遍比较高？

| 抖音文案风格 | |
|---|---|
| **文案** | **拆解** |
| 这个问题你问对人了，我就是新东方出来创业的。我和你说说新东方人出来创业成功率特别高的三个原因，尤其第三个原因，听完之后，你的创业成功率也能提高 100 倍 | 开头就抓住注意力：你问对人了。并且巧设钩子"第三个原因，能提高你的创业成功率 100 倍"。文案的开头的技巧性很强 |
| 第一，他们的口才实在太好了！这是训练出来的，在新东方讲课，那是有明确规定的: 3 分钟一小笑、5 分钟一大笑、10 分钟有鼓掌、15 分钟把学生感动到泪流满面。这种口才，说难听点就是会忽悠人，调动资源的能力强 | 用极其具有画面感的 3 分钟、5 分钟的举例来论证事实，而且有剖析内幕的感觉，满足观众的偷窥欲；另外，还埋了一个会忽悠人的具有争议的表述，也是一个能引发评论的槽点设计 |
| 第二，酒量都很大，新东方创始人俞敏洪老师，酒量惊人，他当然喜欢培养那种酒量大的人，这也是可以理解的，创业过程中你不可能不喝酒吧 | 捆绑名人，把这个话题和自带流量的俞敏洪老师捆绑上，让话题的热度更高 |

续表

| 抖音文案风格 | |
|---|---|
| **文案** | **拆解** |
| 第三，新东方人都是筛选出来的，哪怕你只是一位英语老师，进新东方之前，各种条件就被挑过了，本来就很优秀，干什么都容易成功；再比如说出来创业之前就是高管的新东方人，那更是万里挑一了，他们在上岗做高管前，都要经过俞敏洪老师的考验：吃一次饭、出一次差、打一次牌、睡一晚上。这么筛选出来的人能不优秀？他创业成功率能不高 | 提出了很有新意的一个说法：如何选人——吃一次饭、出一次差、打一次牌、睡一晚上，会给观众新鲜有趣的感觉，并最终引发评论和转发 |

| 微信视频号文案风格 | |
|---|---|
| **文案** | **拆解** |
| 最近有好多人问我这个问题啊，看来大家对新东方还真是挺关注的。我就说说我的看法 | 非常真实朴素的开头，不做作、不包装、不玩噱头 |
| 第一，他们的演讲能力都很强，毕竟一年要讲近万小时的课，口才都练出来了。这口才在创业的时候，无论融资还是激励团队，都是能派上大用场的 | 讲的都是干货，既真实又实用。但是相比于抖音文案就显得一本正经，说了一些大家都知道的正确的废话 |
| 第二，新东方人都是被筛选出来的，他们进新东方之前，本身就很优秀的，而且无论学历上、经历上、绝活儿上，哪怕是颜值上，总有超过身边 90% 的人的地方，真的很优秀，这些人不去新东方、不去创业，做任何事情成功率也都很高 | 同上，没有太多新、奇、特的亮点和噱头 |
| 第三，新东方有这种鼓励追求梦想、鼓励创业的氛围和土壤。你要知道新东方创始人俞敏洪老师就是从北大出来自谋出路、自主创业的，他在新东方内部也弘扬这种为梦想而来的创业精神，所以新东方人身上多少都带着点要自己干的气质。如果你也有野心又有能力，相信你的创业成功率肯定也更高，没问题的 | 突出了情绪价值，在文案末尾，对创业者进行了鼓励。这部分表述，会激发创业者的共鸣和认同，最终引发点赞和转发 |

### 三、短视频如何做选题策划

在内容创作领域，无论是图文类内容，还是短视频内容，创作者都要明白一个道理：选题比内容和形式重要。一个好的选题自带流量，或者自带打动人的情绪点和共鸣点。

那么，短视频内容创作，应该如何策划爆款选题呢？只需要做到以下几个原则即可：

#### 1.和大众认知反着来

如果在选题的角度和信息的新鲜度上，都和大众已知道的内容重叠，没有任何新鲜感和新知感，这样的短视频内容别说吸引停留时长，连让人点开的欲望都没有。

通常来说，选题要做那种反认知、反常识或者是重情绪、强共鸣的内容。

比如，我和编导策划了一个关于"白手起家"的选题。编导在镜头前问我："2022年，普通人还有哪些白手起家的机会？"如果从赚钱的机会角度去回答这个问题，很难爆火，因为你的答案大概率逃不开别人（尤其是本身就关注这个话题的人）的已知范围。

我当时就把这个选题换了一个角度回答："这个世界上根本就不存在白手起家，都是骗人的。白手起家是那些成功人士在赚到钱之后，为了提高自己成功的含金量，而编造出来的故事。"这个回答本身就比较突破常人的认知和思维惯性，同时，又在情绪和共鸣上拉拢了一些人。这个视频用了不到半小时，就在抖音上获得了40万左右的浏览量。

#### 2."抄袭"有时候比原创好使

原创，是内容创作者的宿命，也是终局。尤其是在刚进入短视频内容领域的早期，原创是一件挺有风险的事。

首先，原创特别容易陷入自嗨的状态：你自己认为特别优质的选题和内容，也许在用户看来毫无价值。我们不得不承认一个事实：在判断什么样的短视频是优质内容这个事上，创作者和用户是存在巨大的认知偏差的。这也是为什么我们经常遇到这样的情况：我们认为一条完全不值得发的劣质视频，最后却爆火。

其次，原创的试错成本太高：我们从选题到写脚本，从拍摄剪辑到上传运营，一个流程下来，快则几个小时，慢则好几天。结果视频上线后，数据惨淡，既浪费了大量的人力、物力、财力，又特别挫败内容创作者的自信心和状态。

一种成功率更高、容错率更大、试错成本更低的方式，其实是"抄袭"。

"抄袭"并不是原封不动地搬运其他创作者的内容，而是让自己的创作短视频出发之前，心里大概已经有底：这个作品数据不会差，甚至可能会爆火。

我们可以根据已经火起来的视频的数据，作为是否借鉴的依据。尤其是要看短视频的点赞量和转发量，这两个数据足够高的话，说明短视频的内容有击中人们情绪共鸣点的部分；如果短视频的评论量特别大，说明短视频中有精心设计槽点，引发了用户的参与和评论。

### 3.可以创新，但是要尽量控制在微创新范围内

找到优质和爆款的对标短视频后，无论是出于规避平台的"被判搬运"的考虑，还是有意地练习自己的创作能力的考虑，还是需要对对标短视频做一些二次创作的微创新。如何进行微创新？

首先，选定对标的爆款短视频之后，我们可以用工具（比如轻抖App）提取原视频的文案，并在此文案基础上进行二次创作，比如，删掉某些你认为多余的内容，调整原文案的语句顺序，将某些词语的表述进行同义替换或者将文案中的案例和故事换成自己的真实经历。

其次，在服装、化妆、道具、拍摄场景上进行微创新。你的服装穿着是不是可以做出一些更亮眼的设计；你的外貌形象化妆是不是可以做一些差异化的包装；你的道具和拍摄场景上，是不是可以做一些优化升级等。

### 四、短视频拍摄和剪辑

有了以上认知和理论的基础建设之后，就进入短视频的实操创作过程，即拍摄与剪辑。在短视频的拍摄形式上，我们总结了以下9种拍摄方式。

在拍摄设备上，主要分成视、听、光、字四类主要设备：

### 1.视——手机和相机

通常而言，如果我们处于低成本快速验证阶段，可以直接用手机进行拍摄；如果进入模式稳定阶段，可以用单反相机进行拍摄。

### 2.听——视频录制过程的收音设备

外接的收音设备，可以让人声在录制的时候更清晰，用户的收听体验更好。比较推荐的是罗德和大疆的收音设备（报价在1500—3000元）。

### 3.光——灯光设备

无论是在室内还是室外拍摄，借助环境自然光，会有很多不可控因素（如过度曝光或光线太暗），这时候，就需要借助外部灯光来对人物形象进行美化。

### 4.字——提词器

在视频录制的过程中，为了有效防止忘词和磕巴的现象，可以借助提词器设备。提词器又分为外接设备和手机屏幕提词器App两类。

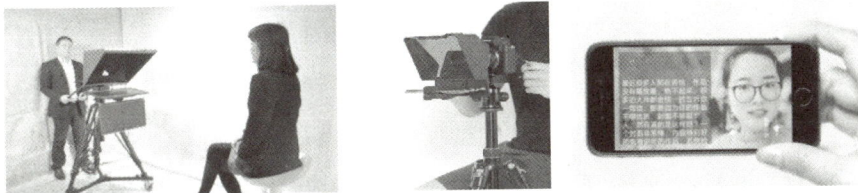

在视频作品拍摄完之后，就进入到后期剪辑的过程。市面上免费的剪辑软件App比较多，这里重点推荐"剪映"App。

剪映App是抖音自带的官方默认剪辑软件，因此，在抖音App中，自带了这个剪辑软件的免费教学课程。你可以通过视频学习，掌握这款剪辑软件的使用方法，并剪辑出专业的短视频内容。

剪映 App

# 第四节　内容创作的爆破器
## ——视频直播如何进行

直播，虽然是一个实时表达的过程，但从本质上来说，也是一种动态创作的过程。既然是创作，那也属于内容，也属于内容创作模块必不可少的一个部分。

相对于2016年前后的"花椒""虎牙""映客"等直播工具更偏向娱乐和打赏，当下较为主流的抖音和视频号直播商业化程度更高，更接近电商。

然而，抖音直播和视频号直播在本质上略有不同。

抖音平台更偏向于流量逻辑，粉丝和IP的距离相对远一些，来到直播间的基本也是每次不重样的新客，因此抖音的直播带货更倾向于低单价产品（99—365元）。

视频号依托微信生态，同样也具备了社交逻辑，粉丝和IP的距离相对比较近，来到直播间的基本是好友，信任感比较强，因此视频号的直播带货则可以做到更高的单价（1000元以上，不封顶）。

从表面上来看，抖音的带货单价比较低，理论上直播难度会低一些。实则不然，面对来到直播间的对IP信任度极低甚至为零的新客，对IP主播的留人和销售的能力要求其实更高。

IP做直播，尤其是刚入短视频和直播的新内容创作者，其实微信视频号相对更友好。为什么呢？

1.从技术层面看，微信视频号的直播间在功能和操作上都比抖音直播间更加简单，容易上手。

2.微信视频号上看直播的粉丝，对IP有较强的信任度，因此在留人和销售上对IP主播更友好一些，要求更低一点。

微信视频号开始向直播和电商（也即商业化）大踏步迈进，这个过程中，对平台上新进的直播IP在流量上会有明显的政策扶持，这也是非常利好的外部因素。

如果更建议你在微信视频号上做直播，那么，视频号直播的底层逻辑到底是什么？

## 微信视频号直播的底层逻辑

课场　　秀场　　卖场

我看到过有很多人在视频号做直播，不是没有干货，而是因为自身的技能、经验和阅历过于丰富，直接把直播间当作课堂。其实，我在2021年12月初做直播的那段时间也是这么做的——直播之前，疯狂备课，最低标准都是要写出完整详细的直播大纲，有几次甚至尝试写逐字稿了。

把微信视频号直播当作课场，并不是明智的选择。我们可以设想一下，我们自己打开视频号看直播的时候，是什么样的心境和场景？是想利用碎片化时间休闲娱乐放松，还是想拿着手机看竖屏直播认认真真地学习呢？答案基本上是前者。

既然视频号直播不是用来学习的，而更多是满足人们休闲娱乐放松的诉求的，那把直播间当作秀场，用来唱歌、表演、讲段子如何？

当作秀场过犹不及。如果非要当作秀场的话，其实抖音直播间更适合，因为一些本身没有社交属性的新客，买不了太高单价的产品，甚至不想花钱买产品，那么，能给直播的娱乐内容打赏、刷礼物也是极好的。

其实，微信视频号的底层逻辑不应该是课场，也不应该是秀场，而应该是卖场。理由很简单：微信和视频号的底层逻辑都是社交和熟人属性，都是非常强的信任关系和非常近的粉丝距离，信任是商业，尤其是互联网商业的底层要素，有了信任，不怕商品卖不出去，也不怕卖不出高单价。

那么，应该如何在微信视频号上开展直播内容创作呢？本节主要从以下十个维度展开探讨。

| 微信视频号直播十大维度 | |
| --- | --- |
| **模块** | **内容** |
| 设备准备 | 视频号直播需要用到的设备 |
| 流程策划 | 直播前、中、后三个阶段，分别需要做的事项 |
| 内容准备 | "干湿结合"的直播内容如何准备 |
| 流量保障 | 如何保障直播过程中的场观 UV（流量）以及如何导流到私域 |
| 直播话术 | 直播过程中用于和粉丝互动的运营话术 |
| 直播连麦 | 如何通过连麦增加粉丝量和个人品牌影响力 |
| 直播表达 | 如何让直播过程中的表达更流畅和深入人心 |
| 直播售卖 | 这一点将在本书第六章"发售系统"重点阐述 |
| 避坑指南 | 直播过程中有哪些不能踩的坑 |
| 直播复盘 | 通过复盘一场直播，优化每一场直播 |

接下来，我们逐项展开讨论。

## 一、设备准备

做一场直播，至少需要准备以下设备。

| 设备准备 | | |
| --- | --- | --- |
| **设备** | **用途** | **预算** |
| 补光灯 | 让直播环境更明亮，也让主播颜值更高 | 99—199 元 |
| 手机支架 | 避免手持手机直播，让直播更稳定 | 99—199 元 |
| 声音监听 | 监听主播本人或连麦嘉宾的说话声音，能更省力 | 199—599 元 |
| 镜像手牌 | 用手牌引导直播间粉丝做相关动作 | 99—199 元 |
| 背景幕布 | 让直播环境更得体美观（尤其是在实体墙背景不佳时需要用） | 99—199 元 |

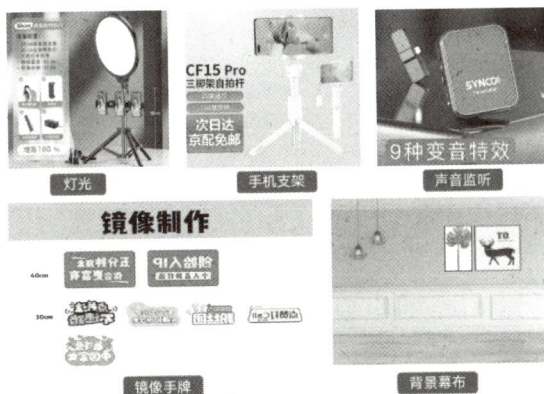

灯光　　　手机支架　　　声音监听

镜像制作

镜像手牌　　　背景幕布

## 二、流程策划

整个直播的流程可以分成直播前、中、后三个阶段准备，具体见下表。

| 直播流程策划 | | | | | | |
|---|---|---|---|---|---|---|
| | 直播前 | | 直播中 | | 直播后 | |
| 话题准备 | 根据粉丝需求和自身能力、经验提前准备直播的话题 | 内容传递 | 直播过程中，高效传递内容，通常以20分钟为内容周期 | 及时复盘 | 对直播的数据、运营动作和话术进行全面复盘 | |
| 海报设计 | 设计直播海报，海报中体现直播主题、时间和二维码 | 高效互动 | 引导粉丝点赞评论、积极转发以及加入粉丝团 | 奖品发放 | 对直播间中奖的粉丝进行奖品发放，不漏项 | |
| 流量安排 | 保证直播的流量，确保在不同渠道上触达通知到粉丝 | 粉丝留存 | 引导粉丝关注IP的个人微信，或者进入直播粉丝福利群 | 内容传播 | 将直播过程中同步录制的内容剪辑成短视频二次传播 | |
| 设备检查 | 检查手机（电量）灯光、支架、监听、手牌和幕布等直播设备 | 销售转化 | 在直播间推荐和解说产品，明确客户痛点，阐明产品亮点并引导下单 | 准备新场 | 准备下一场直播，并借鉴上一场直播的优点、优化迭代缺点 | |

### 三、内容准备

直播的本质依旧是内容创作，既然是内容创作，势必需要提前做好充分准备。如何做直播的内容准备呢？

#### 1.确定选题

尽管直播不应该是死板的课场，但是也必须有干货，让用户有来到直播间并停留的理由。

那么，如何做直播的内容选题呢？有以下四类选题。

（1）热点主题

结合当下发生的时事热点，做热点跟进，快速开直播，能有效聚集人气。

（2）小白话题

自身业务和赛道内最基础的一些小白话题，让粉丝对IP有初次的认识和信任。

（3）专业话题

相当于本业务和赛道中的进阶版话题，给粉丝去困惑、破认知、建新知，用来深度打造IP的专业性和权威性，同时解决客户的一些痛点。

（4）实操话题

能够在直播过程中，以方法论的形式，直接交付给粉丝的内容，用来解决粉丝的具体问题，并能最终实现付费转化。

将上面四类选题循环开播，即直播话题和内容框架保持整体稳定，细节的案例和故事每次做调整。不变的是框架，动态调整的是细节内容。

#### 2.准备提纲

我在新东方当老师的时候，新东方为了保证老师（尤其是新老师）的教学质量，通常会要求老师们把每堂课的逐字稿写出来。我们在直播的内容准备过程中，倒是没有必要写逐字稿，一是因为创作成本太高；二是写了逐字稿有时候反而会限制主播IP的发挥。

但是，直播大纲是必须准备的。

（1）明确本场直播要讲的几个大点（通常三点左右）。

（2）每个大点下面的分论点，具体的事实细节和案例也要提前准备。

（3）把正常直播进行模块化拆分。比如说分成三到四个大的模块，每个模块20分钟左右，每个模块结束后，发起运营动作，比如，让粉丝点赞、转发、加粉丝团，或给粉丝福袋抽奖等。

右图是我在直播之前做的提纲。

所长老金的直播提纲
2022年5月5日

| 时间 | 运营动作 | 内容 |
| --- | --- | --- |
| 20:00-20:10 | 开场问候 | 问候粉丝，并公布本次直播主题 同时推荐下一次直播预约 |
| 20:10-20:30 | 间歇性插播 点赞转发粉丝团 | 内容就是品牌:内容是承载品牌最好的方式 • 当年明月-明朝那些事 • papi酱 2015网红 • 雪中悍刀行-烽火戏诸侯 |
| 20:30-20:35 | 粉丝转发 福袋抽奖 加个人微信等 | |
| 20:35-20:55 | 间歇性插播 点赞转发粉丝团 | 一切可感知的形态，都是内容 • 形象 外形 穿着 • 声音 语言 表达 • 文字 图片 视频 你就是你自己的首席内容官 |
| 20:55-21:00 | 粉丝转发 福袋抽奖 加个人微信等 | |
| 21:00-21:20 | 间歇性插播 点赞转发粉丝团 | 打造个人品牌 = 内容 + 平台 + 传播 • 怎么选择平台: 平台就是火箭 内容是卫星 • 最简单的平台: 朋友圈 - 为什么: 门槛低、反馈快 - 怎么做? 屏蔽老友, 或者重新做号(流量) - 怎么发? 生活、互动、播长、业务 总结: 干温结合 情趣用人卖 • 时间频率: 3-5条, 早上励志 中午鸡汤 下午干货 晚上抒情 金句: 少一些功利主义的追求 |
| 21:20-21:30 | 感谢粉丝，福袋抽奖 | 总结本场直播，感谢粉丝，并预约下一场直播 |

## 四、流量保障

如何保障直播过程中的流量场观？

相对于抖音的公域流量属性粉丝和IP的距离比较远而言，视频号的私域社交属性有明显的优势——在直播前和直播过程中，都可以触达和调动用户来到直播间。

具体怎么做？

### 1.朋友圈+直播海报

在直播前2—3天，就可以将直播海报发布在朋友圈，海报上明确直播主题、时间和二维码，引导粉丝提前预约，以便于在开播的第一时间提醒到已预约粉丝，引导他们进入直播间。

### 2.企业微信一键群发

企业微信和个人微信有诸多明显差异，最大的差异是企业微信可以一键群发上千人，而个人微信每次群发最多不能超过200人。因此，在直播开始前的2—5小时，也可以将带有直播间二维码的海报用企业微信一键群发给粉丝，高效率通知触达。

### 3.公众号直播提醒

如果将视频号直播过程中的身份显示改成公众号身份，那么，关注公众号的粉丝也会在直播开始的第一时间收到提醒，并有可能进入直播间。

### 4.直播开始前，向指定社群发直播红包

进入直播程序，点击直播按钮之前，可以给指定社群（最多不超过20个）用直播间来发红包（红包设定150人领取，50—100元左右红包额）；这样，在直播过程中，社群内会显示某直播间正在发红包，点击领取，粉丝就进入直播间了。

### 5.直播过程中，将直播间转发到自己的朋友圈

主播IP可以在直播过程中，每隔一段时间（比如20分钟）将自己的直播间转发到朋友圈，以此吸引朋友圈中看到直播间的粉丝进入直播间。

### 6.直播过程中，恳请粉丝转发

直播过程中，也可以恳请粉丝将直播间转发给朋友或转发到社群和朋友圈，由此发生裂变，吸引粉丝的朋友进入直播间。

### 7.上直播广场，吸引更大量级的粉丝

直播过程因粉丝的动作频繁（如刷礼物、点赞、评论等）而被平台识别为热门直播间，直接推上直播广场，由此会吸引更多陌生粉丝进入直播间。

在直播的流量板块，除了要做到以上七点外，还需要特别重视两点：一是引导粉丝加个人微信。在直播的过程中，肯定会有第一次刷到你的粉丝进入直播间，一定要把这些新粉丝留存下来。可以在直播间设置一个气泡链接，链接中带有主播IP的微信个人二维码，引导新粉丝扫码加个人微信，成为自己的私域好友。二是可能会遇到平台推流，突然涌进来一大波新粉丝的情况，这时直播间的场观人数可能会瞬间过万，实时在线人数也会增加，我们要做的也是转化动作，将这部分新粉丝变成为未来的老粉丝。

如果直接引导粉丝添加个人微信，转化率往往较低，毕竟对方是第一次刷

到你。更好的方法是提前准备好一篇高价值的干货公众号文章，让新粉丝看干货读文章，顺便关注公众号，这个动作进攻性更弱，转化率更高。比如，你可以用下面这段话术。

"我看好多粉丝是第一次进直播间，大家好，我是××；我为你准备了一个小礼物，这是一篇关于××的干货文章，希望能够帮助你××；点击下方链接打开文章就行了，你也可以顺便关注一下我们公众号，让你能够在干货内容出来的时候，第一时间收到提醒哦。"

### 五、直播话术

除了直播过程中的干货内容（直播前准备大纲）之外，在直播过程中，还要有定期定频的运营动作：引导粉丝关注、点赞、加粉丝团、评论、转发、参与福袋抽奖等。这些运营动作都是可以提前准备好话术的，避免在直播过程中临时创作、前言不搭后语。具体的话术，可以看下表。

| 直播间话术 | |
| --- | --- |
| **运营动作** | **对应话术** |
| 关注IP | 刚进直播间的粉丝请点击头像关注新IP掘金所视频号，我是所长老金，创始人IP个人品牌商业顾问。和其他个人品牌导师不一样，我有更丰富的品牌打造实战经验：曾经用品牌营销策略，获得真格基金和迪士尼等顶级风投5000万元融资，并把公司做到年营收1.2亿元，估值2.5亿元，对我的故事感兴趣，点关注下次直播不迷路 |
| 加入粉丝团 | 点击上方黄色图标，1角点亮粉丝灯牌，进入掘金所粉丝团，成为所长老金的自家人，拥有更多获得福袋中奖概率并有机会进入所长老金直播陪伴福利群哦 |
| 点赞 | 点击右下角大拇指图标，为所长老金点赞打call，点赞满×万，开始讲干货<br>点击右下角大拇指图标，为老金疯狂打call不要停，点赞满××万，抽10个福袋，送你…… |
| 转发 | 刚开播不久，给所长老金喊喊人，恳请你把直播间转发到朋友圈或者3个群，你的转发是对老金最实在的支持哦<br>来，再把老金的直播间分享一波到朋友圈和社群，加下方老金的微信号，把分享截图发给我的微信，就可以免费领取……（福利/奖品） |
| 福袋抽奖 | 来，直播间转发一波，老金要开始上福袋抽奖了。今天福袋是10个名额的××（奖品），我设定了10分钟后开奖；中奖的小伙伴凭转发截图私信我兑奖哦 |

| 直播间话术 | |
|---|---|
| 运营动作 | 对应话术 |
| 兑奖 | 福袋中奖的小伙伴，请添加正下方老金的个人微信，把中奖截图和朋友圈转发截图同时发给我，我亲自送给你 ××（福利 / 奖品） |
| 添加微信 | 添加正下方老金的个人微信，围观所长老金每天至少 5 条高能朋友圈，现在就加，我亲自给你通过好友申请，并送你 ××（福利 / 奖品） |

## 六、直播连麦

直播连麦是提升IP的个人品牌影响力和流量增长（本质是换流量）的高效途径。做直播连麦，有以下几个重点的注意事项。

### 1.不熟的人，事前没有沟通的不连

如果和连麦嘉宾之前并不熟悉，不建议连麦。粉丝在听连麦的过程中，都能感受到那种距离感，其实是会影响IP的品牌势能的。当然，也不是说不熟就完全不连了，毕竟，所有的朋友都是从不熟悉到熟悉的。破解方法是，和不熟的嘉宾在连麦之前先打一通电话，破冰建立信任，活络活络感情。

### 2.能量和水平不对等的不连

连麦的嘉宾尽量在能力、能量和品牌势能上对等。

如果对方不如你，连麦的过程完全没有激情，碰撞不出火花；如果对方比你强很多，连麦时对方在视野、能力甚至口才表达上对你造成完全碾压，也不合适。

最好的连麦对象是棋逢对手、势均力敌。

### 3.没有充分准备话题的不连

尽管是连麦，但依旧要在连麦之前做好充分的"话题准备"，避免尬聊和冷场。

在连麦之前，就需要和连麦对方确认好大方向的主题选题，而且要细致到连麦过程中互相提问的话题。尽管在连麦的过程中，会有"临场发挥、自由互问"的情况，但是，事先准备好连麦的话题，是一种最保守的风险控制。

### 4."只听不说的"不连

如果连麦的全程是你在采访对方，对方负责价值输出，你负责听课学习，这样的直播连麦不建议进行，因为会很影响你的品牌和势能。因为你只有听的份儿，没有主动输出和传递价值的过程。

最好的连麦方式是互相提问，互相回答，双方都有价值输出的机会，输出内容，输出价值，本身就是最好的影响力和个人品牌打造。

## 七、直播表达

虽然都是内容创作，但是相比于短视频内容创作，其实直播内容创作难度更大。因为短视频的创作有大量的准备工作和后期的优化工作，粉丝看到的是一个精心设计的滞后的作品；而直播是一个无延时的实时创作过程，无法进行后期的加工润色。

而且，从表达上来说，直播更考验IP的语言实时创作和续航能力。

如何提高直播过程中的语言表达能力，成了很多IP需要解决的问题。

以下四个建议，能帮你提高直播表达力：

### 1.表达无定法，关键在于找到自己的风格

除非在表达上有明显的硬伤，否则，直播表达并没有严格的、明确的方式，关键是要找到自己的风格——自成一派的风格，嬉笑怒骂也好，插科打诨也罢，娓娓道来也行，只要有自己的风格，就是独特的表达方式。这样反而更容易让粉丝记住你。

当然，在表达的过程中，也不能为了凸显自己的风格而不着边界、信口开河。尤其需要重视的是，不能触犯平台的表达违禁词，如有伤社会风尚、过于绝对的表述等，都是不允许的（轻则限流，重则封号）。

### 2.找到对标IP，深度模仿学习

如果"没有风格"怎么办？

也不难，那就模仿。

可以在视频号平台上多看别人的直播，并且找到自己有感觉、较为接近的

135

IP，把他/她当作对标IP来模仿，模仿他/她说话的声音、表达的习惯、措辞的风格，全方位像素级地模仿，并私下进行练习。

我平时也会"趴"直播间，看看别人是怎么直播的。一旦看到和自己的学员比较接近的IP，就把直播间发给他，让他模仿练习。用不了多长时间，学员的直播水平都有明显的提升。

### 3.四项结合模式：轻松+幽默+干货+互动

一个既能吸粉又能留人的直播间，表述风格都是四项元素的结合：轻松的直播氛围+幽默的表达方式+有价值的干货输出+高质量的粉丝互动。

第一，直播氛围要轻松，毕竟大多数人看直播不是来进行深度学习的，更多是为了碎片化利用时间。因此，直播过程没必要苦大仇深，轻松明快一些会更好。

第二，在表达方式上，我们既然不是在讲课，而是在分享，那就有必要幽默一些。毕竟，幽默是最高级的智慧。平时可以看看脱口秀节目，培养自己的幽默细胞。

第三，干货输出，尽管不是在讲课，但是也需要通过直播传达干货内容，为粉丝的直播间停留创造价值，营造获得感。

第四，高质量的互动很有必要，互动的本质是让粉丝在直播间有参与感，让粉丝觉得这个直播和自己有关系，而不是看IP在那里自嗨、一言堂。

### 4.表达更自信的底气：准备充分

一次完美的直播，不亚于一场演讲。

既然是演讲，事前准备越充分，直播过程的表现就越自信沉稳。所以，一般我会要求自己和学员在直播前的内容准备环节，所准备的内容比真正要讲的内容多出30%左右（比如，直播是两个小时，那就准备两个半小时的内容）。这样至少不会出现直播时间没用完，但是内容却讲完了的情况。

多准备一些内容，有点像"地主家里有余粮"，感觉踏实、安心，也更自信。

## 八、直播售卖

直播售卖相关的内容，我们会在第六章的"发售系统"重点展开讲解。

## 九、避坑指南

作为直播新人，还是很有必要了解一下直播过程中要避开的坑的。我为你总结了下面这张表格，把最常见的"坑"列了出来。你要做的就是避开它们。

| 直播避坑指南 | |
|---|---|
| 项目 | 避坑方式 |
| 有效时长 | 并不是开了直播，就能加大视频号账号权重；<br>建议每次直播在两个小时左右，这样既能获得平台的现金激励，又能有效提高账号的权重 |
| 直播频率 | 建议做高质量的、能涨粉和变现的直播；<br>有没有必要每天直播？如果前期粉丝基数少，直播间长期只有一二十人甚至更少，其实没有必要感动自己式地每天开播，这样很难持续，长此以往也会有挫败感，很耗费精力；<br>可以给自己明确直播时间，比如每周固定2—3天在固定的时段直播，方便粉丝形成观看习惯 |
| 直播时间段 | 每天的哪个时段直播比较合适？<br>因人而异，但是通常来讲，每个时段的流量是不一样的。<br>6：00—10：00直播：流量拥挤程度不高，但是场观和实时在线人数也会略少；<br>11：30—14：00直播：粉丝普遍在吃午饭和午休，有时间看，和其他IP的流量抢占也不激烈；<br>19：00—24：00直播：粉丝有相对完整和充分的时间观看，但是流量拥挤程度高，分流严重 |
| 遇到黑粉 | 在直播间如果遇到出言不逊的粉丝，首先，要确保自己的心态不崩，这是很正常的事情；其次，不需要和黑粉争辩理论，直接将其拉黑或禁言即可。<br>三观不合，不费口舌 |
| 二维码 | 直播间不可以出现任何二维码（除了底部的气泡链接中的二维码），包括手举牌中的二维码、背投屏幕上的二维码以及小商店中产品详情页内也不允许出现二维码。这些明确的用二维码导流的动作，最终都会引发平台对账号限流 |

## 十、直播复盘

每一次直播之后，都要做一次深度复盘。复盘不是为了追责，而是为了优化，为了下一次的直播效果更好。

直播可以从以下维度展开。

1.数据复盘：统计所有相关的运营数据，例如，场观人次、停留时长、新增关注、营业额等；

2.运营动作复盘：包括在直播前、中和结尾的运营动作是否有缺点和亮点；

3.改进方向：明确复盘后的优化动作和改进方向，让下一次直播效果更好。

以下是我自己某次直播的复盘表，仅供您参考。

### "新个体掘金所"直播复盘表

| 直播主题 | 前线战报：最新私域和个人IP打法小灶课 | | | | | | | |
|---|---|---|---|---|---|---|---|---|
| 直播时间 | 2022.2.24 晚22:00-0:30 | | | | | | | |
| 目标预约人数 | 100人 | | | | 完成预约人数 | | | |
| 数据概览 | 直播时长 | 2小时28分 | 最高在线 | 135人 | 平均观看 | 14分45秒 | 新增粉丝 | 开播345人 | 付款人数 | 7人 |
| | 观众总数 | 1016人 | 新增关注 | 28人 | 总热度 | 2734 | 喝彩次数 | 4.1万 | 销售额 | 2.5万 |

**6个亮点**

1、开播前3小时：发朋友圈、1对1海报触达邀约，提升预约人数

2、开播热场10分钟互动：点赞1万、同好欢迎、自我介绍
　做到了开播三件套：点赞、转发、加粉丝团

3、开播即挂福袋+企业微信链接：造直播间氛围，中奖引流

4、直播37分钟，挂下场直播预约链接，做好下场预约

5、和粉丝互动，金句上墙

6、直播结束有仪式感、有音乐

**做得不足**

| 开播前 | 预约人数不够，影响观数 | 优化措施 | 1、朋友圈：开播前每天分6个时段发预约海报 发一条，删除上一条，提高触达但不刷屏 2、1对1触达：开播前两小时 3、短视频曝光：看到视频的人都会看到直播预约 发布视频 要记得带上热点话题，增加曝光 |
| | 临时拉的点赞、刷屏小组 | | 1、亲密度1000的粉丝，进入【直播陪伴群】，后期还要有一个亲密度3000+的【VIP群】，要在亲密度高的粉丝里招募志愿者组成点赞小组、福袋引导小组、笔记小组 2、主播"养成系"社群运营，让群成员有参与感，协助以后直播的运营和维护，自发地去分享。轻营销，重陪伴 |
| 直播中 | 直播环节节奏、礼物引流节奏没安排好 | | 1、内容要分时段（15分钟一小节，人的注意力有限） 2、每一小节，刚好可以有5分钟的互动、转发、挂福袋 看到很多新人进来，或者每15分钟 要简单自我介绍 |
| | 直播结束太拖堂 | | 可以抛出一个大家感兴趣的话题，但一定要"下回分解"，顺便提醒大家再次预约下场直播 直播是长期主义，要播得轻松，让人听得轻松 直播间不是课堂场景，是交朋友的场景 |
| | 公众平台尽量少爆粗口，能显示真爽的性格，但以后看到你的新粉丝会越来越少，影响力也越大 | | 看一下视频号【创作者中心里的数据分析】，看一下你的粉丝用户群体，可能女性占比非常高。 想象一下屏幕前是很多女性在听，就能慢点温和点了 |

本章，我们从四个方面具体讲解了IP个人品牌打造过程中的内容系统问题。

内容，不仅是品牌的最好载体，也是流量获取的保障和最好抓手。

# 05

## 流量系统

# 05
## 流量系统

我有很多朋友以及高端的私教学员都是做线下门店生意的。他们经常和我说，实体的线下门店生意，90% 取决于门店地址（旺铺），因为这决定了线下到店的流量。

我自己从 2015 年开始接触线上运营开始，至今，一直在做互联网相关的项目。

2015 年，当时我在新东方工作，利用互联网运营思维，通过业余时间半年变现 60 多万元；2017 年，我加入私域肖厂长的"星辰教育"（当时名为"轻课"）担任教研合伙人，有一项工作是开发一个百万流量量级的"英语能力测评与课程推荐系统"，这个过程，算是第一次系统地把互联网的内容、产品、技术、流量和运营完整地走了一遍；2017 年年底，我自己创业，做的是少儿英语在线教育项目，拿了包括真格基金在内的总共 4 轮共计 5000 万元融资，年营收达 1.3亿元，整个项目完全互联网化，或者说，玩的就是流量。我们从持续了长达 8个月的苦苦挣扎的单月营收 5 万元，到单月营收 500 万元，只用了 3 个月，营收就增长了 100 倍——靠的就是在优质的渠道上做投放（流量采买）。也是那个阶段，我更深入地了解了互联网流量。

综上所述，线下实体门店经营靠的是流量，线上互联网运营靠的更是流量。

难怪大家都说"流量，是一切生意的本质"。

打造 IP 的个人品牌，无论是超级个体还是创始人 IP，都离不开流量，尤其是线上流量。

本章，我将从一个互联网创业公司 CEO 和创始人 IP 个人品牌商业顾问的双重身份和视角，带你系统地认知和实操一次流量。具体来说，分为以下几点。

1. 走近流量：关于流量的认知建设；

2. 私域运营体系搭建——流量的流转飞轮；

3. 流量获取的四件法宝——"买、造、换、裂"。

# 第一节　走近流量：关于流量的认知建设

在日常生活和工作中，我们经常听到"某某人对流量特别敏感"之类的话，说的是某些人总能抓住互联网流量增长的风口，找到低价流量的洼地，捕捉到最新的流量增长打法。

同理，日常生活中，我们也经常见到另一类人：本职业务扎实，某些技能突出，经营管理能力卓越，但是就是缺乏"网感"，对流量基本没有认知。

本节，我们从以下几个方面来重塑你对流量的认知，建立你对流量的网感。

## 一、流量的定义

流量的英文是traffic，是个特别形象的表述。

"traffic"的本义是"交通"，这个词安在流量上再贴切不过了：因为流量本身就是川流不息、流动不止。

流量最大的特点是流动。严格来说，流量不属于任何人，也不属于任何平台——今天可以关注你，明天也可以取关你去关注别人；今天可以注册这个平台（App），明天照样可以注册另一个App。

当然，如果流量最后都导流到个人微信上，成了私域资产，那流量的性质就变了，变成了粉丝。

粉丝对IP是有价值观的认同和社交关系的信任的，相比于流量，更持久，也更有商业价值。

粉丝又可以拆分成"精粉"和"泛粉"。

精粉，顾名思义，就是精准粉丝，是你的业务和产品的精准付费人群。

流量 VS 粉丝 → 精粉 买我产品 / 泛粉 传我美名

泛粉，是指"宽泛粉丝"，尚未形成明确的购买需求。

不管是"精"是"泛"，只要是粉丝，就比流量的意义要大，因为精粉能买你的产品，泛粉能传你的美名。

在线上互联网环境中，我要尽全力获取流量，更要将流量全力转变为粉丝。因为粉丝不是一个个冷冰冰的头像，头像的背后都是一个个活生生的个体——他们有血有肉、有情有义，更有你能满足的需求。

## 二、流量背后的本质是什么

成为 IP 博主的粉丝，这个动作，叫关注，英文单词叫"follow"。"follow"本身是"跟随"的意思。人为什么会跟随（关注）别人，成为别人的流量和粉丝呢？

回答上面这个问题，就找到了流量的本质。

仔细思考一下这个问题："这么多IP和博主，为什么偏偏选择关注你？"

我们把这个问题换一种问法："人群当中，你为什么会单单关注某一个人？"

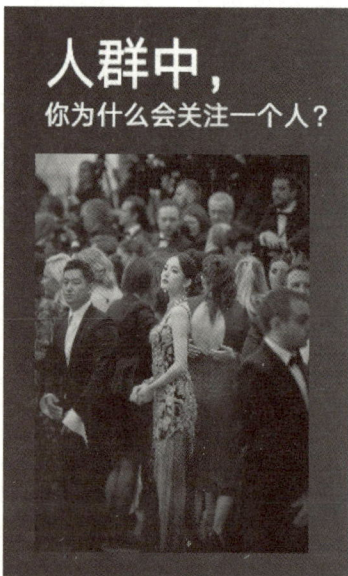

人群中，你为什么会关注一个人？

比如左边这张图，你一眼看到（或者说关注）的是谁？

显然，你的目光肯定集中在人群中那位女子身上。为什么？因为她很美。为什么她很美，你就关注她呢？因为她的美让你心情愉悦。

你有没有发现，让你心情愉悦的本质，是因为她（或者说她的美）给你提供了情绪价值。

至此，我们已经可以回答上面那个问题了："为什么别人会关注（追随）你，成为你的流量或粉丝？"

因为你给别人提供了价值。

流量获取的本质，就在于你给别人提供了什么价值。而从获客层面定义的价值，又可以分成三个维度：感官价值、功能价值和情绪价值。

感官价值：更多是一种本能层面的愉悦，能让他人感受到直接的价值。

功能价值：更多是行为层面的愉悦，能解决他人的问题，在行为和结果上有变化和提升。

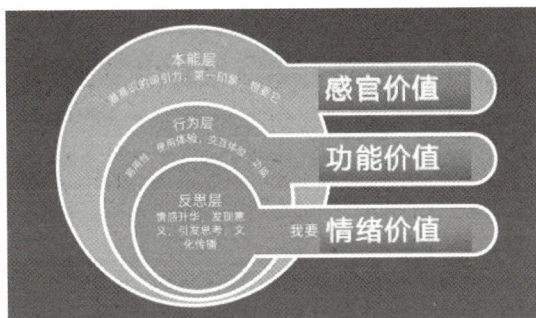

情绪价值：更多是反思层面的愉悦，尤其是在精神、灵魂上的升华和共鸣。

只有深刻领悟流量的底层逻辑和本质，才有流量获取。

### 三、流量获取的钩子

如果说流量的本质是关注，关注的本质是价值，那么，流量获取的抓手就是提供价值。这种带有价值的流量获取抓手，我们也称为"钩子"。以下是我本人常用的钩子形式。

公众号关注后自动回复　　　钩子"海报"　　　文章底部"钩子"

如何设计带有价值的钩子？

钩子，本质是价值。我们在设计钩子的时候，也可以从这三个方面出发。

| 有价值的钩子 | |
|---|---|
| 感官价值 | 赠送实物样品、试用装、绘本、图书出版物、生活小工具等 |
| 功能价值 | 赠送电子书、电子资料合集、音频／视频、课程等 |
| 情绪价值 | 赠送咨询名额、诊断机会、一对一指导／建议等 |

所以，记得在所有能和用户触达的节点上，留下有价值的钩子，因为这些钩子就是你获取流量的抓手。

### 四、如何算明白流量的账

要获取流量，都要花钱。

我们经常听到有人说"零成本获客多少多少"，这种噱头，听听就好了。流量获取的成本，至少包含四个方面。

1.直接支付给平台的流量采购费用；

2.钩子的费用；

3.运营人员的薪酬成本；

4.IP本人投入的时间和精力。

考虑到上述四大类成本，你还相信零成本获客这件事吗？

既然获客（流量获取）无论如何都是有成本的，那么，我们很有必要学会算明白流量的账。

如何才能算明白流量的账呢？

我们首先应该了解三个和流量相关的互联网专业术语：CAC，ROI和LTV。

CAC（Customer Acquisition Cost）：用户获取成本，是指投入到用户获取过程中所有的相关成本，比如上述讲的流量采购费用、钩子价值品、人员薪资和时间成本等。

CAC： Customer Acquisition Cost
用户获取成本
ROI： Return of Investment
投入产出比
LTV： Life Time Value
用户终身价值

ROI（Return of Investment）：投入产出比，是指投入到用户获取过程中的成本，能回收多少收益。比如，投入一元钱的流量成本，能回收5元钱（仅指现金流回收，不是利润），那么我们可以说，这次获客的ROI是5；通常来说，如果ROI在2或者2以上，都是值得更大规模的流量成本投入的（从盈利角度来看，还需要算更精细的账）。

LTV（Life Time Value）：用户终身价值，是指流量在你的产品体系内，从更长的时间维度看（甚至终身），能消费的次数和额度的最大值。如果你的产品单价较高、产品矩阵完善或产品纵深够长，那么前期在获客的时候，是可以接受高成本的（也可以理解为战略性亏损或ROI短期内较低）。

在我们获客之前，有必要对以上三项数据进行精细建模和测算，以保证成本优化和项目的健康性。

举个例子：比如你在抖音上用短视频获客。因为当下这种环境，直接通过短视频爆量涨粉的难度越来越大，大概率来说，需要投放"抖+"数据才能跑得起来。

如果投放100元抖音，获得5000左右的曝光，最后关注抖音账号新增了50个粉丝，排除运营人员薪资和时间精力投入成本，那么这一阶段的CAC是2元/粉；

如果通过引流路径设计，导流到微信私域生态，同时，假设给每一个添加微信的粉丝赠送10元的礼品（比如实物书，含快递费），最后成功添加微信20人，那么这一阶段的CAC为：100元/20人+10元=15元；

假设添加到微信上的这20人，有2个人（转化率10%）购买了你定价200元的产品，那么最终的ROI为：2×200元/［100元（流量投放采买成本）+20×10元（钩子成本）］=400/300≈1.33。显然，这个ROI其实并不高。

我们至少应该在以下五个方面进行ROI模型的优化。

1.降低流量投放端的成本：比如，通过提高短视频的质量，将投放效率增加，使100元的投放能带来更多的粉丝增长。比如，如果能做到增粉100，那么CAC能变成1元。

2.降低从抖音到微信的导流的钩子成本（比如从10元降低到5元），但同时不能降低"导流的转化率"，甚至要优化提高转化率。

147

3.提高到微信生态后的付费产品的转化率，比如20人中10人购买，转化率从10%提高到50%。

4.提高产品的定价，比如从200元提高到500元，甚至更高。

5.从LTV角度考虑，设计范围更多元、纵深线更长的产品组合，增加客户的消费次数和金额，使ROI从更长的时间线看，做到2甚至2以上。

由此，我们可以看出，流量成本、ROI模型和产品定价、产品矩阵设计，其实本质是连成一体的系统结构。

### 五、增长黑客的"海盗模型"

在在线教育最火爆的2017—2019年，我有幸和当时最优秀的创业者在同一个舞台上共舞。

那是一个激情燃烧的时代，增长是我们共同的目标。

也是在那段时间，市面上有关增长的书层出不穷，互联网创业者都能从兜里掏出几本类似的书。

增长，是互联网创业，哦，不，是所有生意永恒的话题。

增长，解决一切问题。

在线上生态的增长领域，有个绕不过去的概念——海盗模型（AARRR）。

"海盗模型"是《增长黑客》这本书中最为重要的理论之一。它又被称为"用户生命周期模型"，这个模型基本上概括了互联网运营的全部流程：先拉新，再促活，提高留存，然后获取收入，最后实现传播裂变。

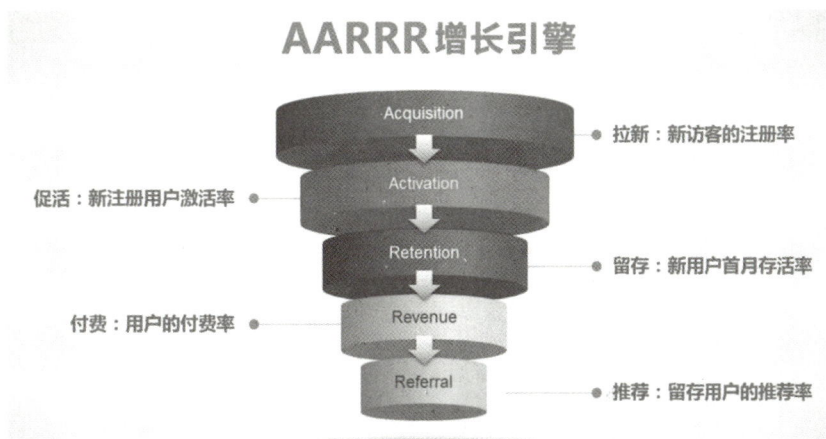

这个模型，本质上是一个流量的漏斗模型：从流量的进入，到层层筛选和流失，剩下最忠实的粉丝。

在这个过程中，如何让流量持续留存并实现商业价值（LTV）？

首先，需要用内容的持续供给，来留住用户；其次，需要有高品质的产品和用户发生交付；最后，需要有用户关系运营，让流量的商业价值进一步放大。

内容、产品和运营的品质，决定了流量的商业价值上限。

有时候，我们不得不承认，"留量"比流量更重要。

### 六、流量的量化拆解

在流量的获取过程中，大部分人会遇到流量焦虑——经常是有一段时间，甚至是很长一段时间看不到流量新增。

大部分人不是在流量获取的内容创作和钩子设计上出了问题，而是在获取流量的执行力上出了问题。

从变现能力、商业价值和终身资产角度来考量，流量的最终最佳留存阵地，一定是在个人微信号上。而个人微信号上的流量粉丝的增长，是一件唯勤奋即可达成的事。

在公域尤其是抖音平台上用短视频获客，我们需要对抗强大的平台算法规则和扎堆的牛人生产出来的优质内容，用短视频爆量几乎是一门玄学，努力程度和结果完全没有对等关系。

然而在微信私域生态，没有搞不到流量的人，只有想搞但却不行动的懒人。

如果想达成每天都被被动添加好友而自然涨粉的状态，我们应该做些什么？

在这里，很重要的一件事情是：我们要以终为始，以商业化变现的营收目标为终点，倒推出业务需要的流量目标，进而把目标执行在每天的运营动作上。

如何理解上面这句话呢？很简单，我们先看一下下面这张图。

1.我们要明确某项业务、某种产品的营收目标；

2.由营收目标除以该产品客单价，就是支撑该营收目标所需的客单量；

3.用所需的客单量除以该产品的转化率（根据行业标准或历史数据水平来制定）之后，就是实现该客单价下的该产品的营收目标所需要的基础流量值。

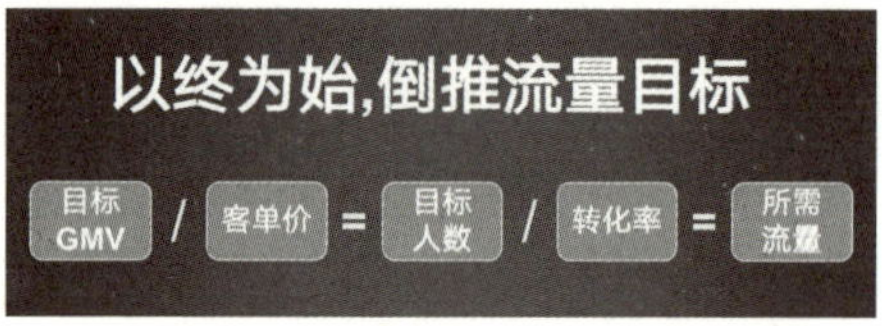

举个例子：我的私教学员Ada（CEO销售管理商业顾问）有一款执行价9800元的产品。假设她需要实现100万元的GMV目标，那么她需要多少流量的支撑呢？请看下图。

根据上述流程（公式），她至少需要2000流量（个人微信好友）的支撑，才能实现100万元营收的目标。

通过某业务项下的产品的营收目标，来推算所需的流量数之后，我们就可以把流量获取的目标拆解到每月、每周和每日的目标以及执行动作上了。

比如上述例子中，支撑百万营收，需要2000流量的支撑。假设需要在3个月内完成，那每个月的目标是700个微信好友新增；每周的目标是180个微信好友；每日的微信新增目标是近30人。

从理想状态来看（有产品、定价高、转化率能保证），3个月实现百万营收，看起来也并不是那么难——因为你只要做到每日新增微信个人好友30人就够了。从微信的好友添加规则来看，日增30个微信好友的目标也不难实现：如果是自己主动去添加别人的微信，每日的加粉（并通过）的上限是20人左右（超过后，会被提醒添加频繁甚至封号）；如果是吸引他人来主动添加你，你只是被动通过，每日的加粉上限则高达150人。

把流量获取的工作进行目标量化拆解之后，拼的就是谁更勤奋、谁的执行力更强。

### 七、流量的存储

个人微信，永远是流量的终点站。

把流量存储在个人微信上，通过朋友圈、视频号短视频和直播的内容触达，把流量转变为粉丝，这是私域高单价变现和终生资产价值实现最好的路径。

但是，如果在最坏的情况下，你的个人微信号被封了，号上的用户全部流失，等于这个号的资产全部蒸发了。

因此，我们有必要在个人微信号之外，再建起他的流量存储平台。

把流量存储在微信公众号和微信视频号上是不错的选择，但是显然，这两个容器可以存储流量，触达上却比较遥远。这时就需要一个更好的流量存储容

器，企业微信可以充当这个容器。

企业微信，在流量的触达效率（一键群发所有好友）和粉丝与IP的距离上，相较于公众号和视频号，都是更好的选择。

因此，在微信好友添加过程中，尤其是每日微信好友新增量巨大的公司或团队，一定要把微信个人好友进行双料备份——同时存储到企业微信上。

具体的操作方法见下图。

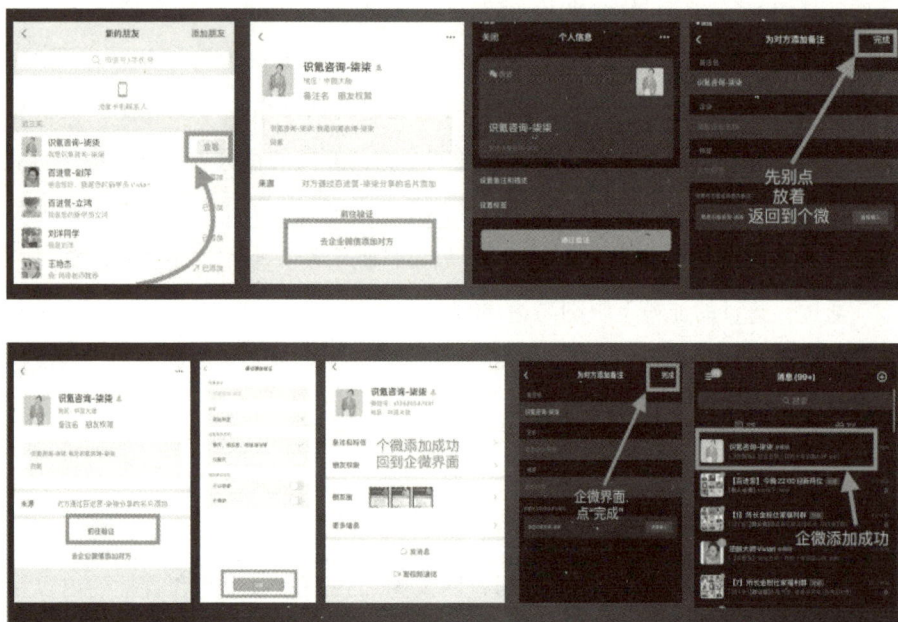

## 八、给流量打上标签

给流量打上标签，可以从两个角度来看：首先，从销售转化角度来看，给流量打上标签，例如，将流量定义为S、A、B、C级，以及描述流量的背景信息、沟通进度和状态等，能够方便我们精准识别和判断流量的转化潜力；其次，从流量的常规运营角度来看，打上标签之后，能大大提升运营效率。

现在，我们主要从流量的运营效率角度，来看看如何给流量打标签。

给流量打标签，有两种常用的方式。

第一种是在流量（粉丝）的名字上直接打标签，这样做的目的是方便在给用户群发的时候进行勾选，如下图所示。

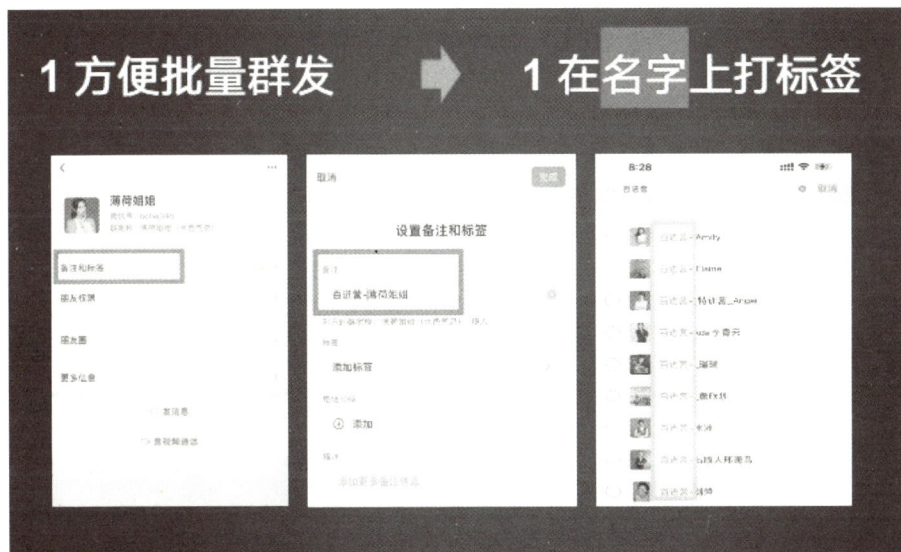

第二种是在微信默认的"标签"处打标签，这么做的目的是方便好友可见分组，如下图所示。

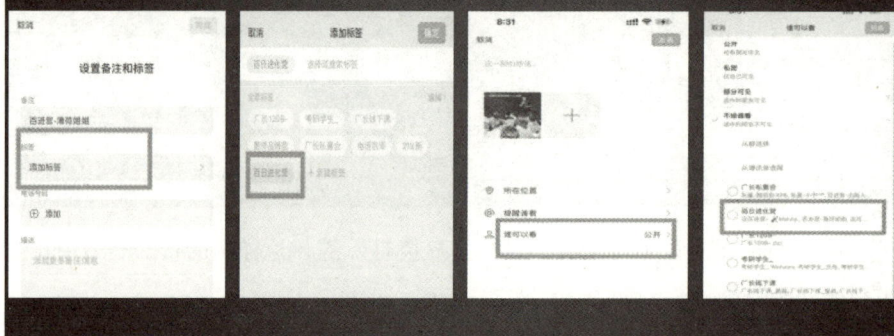

给流量打上标签后，在后续的运营过程中，将能大大提升效率。

# 第二节　私域运营体系搭建
## ——流量的流转飞轮

2019年前后，私域的概念开始兴起。

其实，我更早听到"私域"这个词，是在2018年。我第一次听到它，并做了相关研究之后，开始并不以为然——不就是微商搞朋友圈那一套东西吗？只是换了个名字而已。

我当时的一位合伙人早期是在上海做淘宝电商项目创业的。那年的"双十一"，他申请请假从北京回上海待一周。我问他原因，他说是要回去近距离感受"双十一"，一来是有情怀、情结；二来是要看看电商，尤其是在每年的双十一，有什么打法上的迭代。

我同意了他的请求。等他回来之后，我让他给公司的核心骨干团队做个分享和培训。

培训如期举行，我本以为他会随便口述讲讲，没想到他做了一个PPT。也是在那次培训上，我第一次听到公域和私域的概念，只不过，不是在微信生态，而是在"淘系"生态（淘宝平台vs商家店铺）。

当时听完后，我觉得挺扯的，觉得这些搞电商的朋友挺会来事儿，挺能造词的。除此外，只剩不以为然。

没想到，半年多之后，私域这个概念火了，以星火燎原之势火了，只不过，这次是在微信生态。

2021年，在投放流量（公域）越来越贵，甚至已经贵到无法投放（投一单亏一单）的时候，我不得不开始重视私域，并且，还单独花了几万元，从北京去广州听一堂"总裁私域战略班"的课程。

从那之后，我对私域的认知被刷新了，也被重建了。

到底什么是私域？又应该如何构建私域体系呢？

首先，我们应该明确一个概念：在整个互联网范围内，微信生态，相比于抖音、快手、小红书这些公域平台，整体已经被定义为私域。但是，在这个大的微信私域体系内，又可以拆分成为二级的公域和私域，如右图所示。

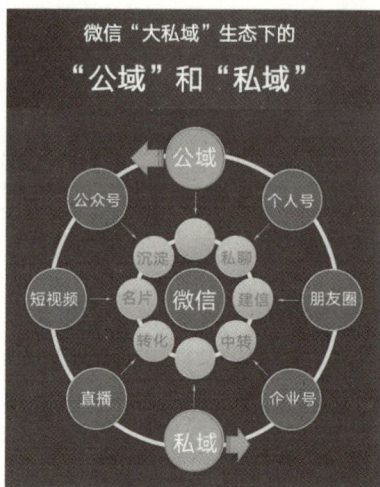

在微信生态内，和粉丝的距离更远、触达率更低、流量的调配难度更大的公众号、短视频和直播，更多具备微信生态内的公域的属性；和粉丝距离更近、触达率更高、流量的调配难度更低的个人微信号、朋友圈和微信企业号，则更多具备生态内的私域属性。

要激活私域的强大威力，并不单单只是激活个人号、朋友圈等，而是要把微信生态内的公域和私域同时激活、打通，形成流量的内部循环和流转体系。

如果说微信的本质是社交，社交的终点是信任关系的建立和强化，那么打通微信内部的公域和私域，形成流量的流转和循环，最终的目的就是让用户（流量or粉丝）一直在你的体系内"打转转"，抬头不见低头见，每天见的都是你。

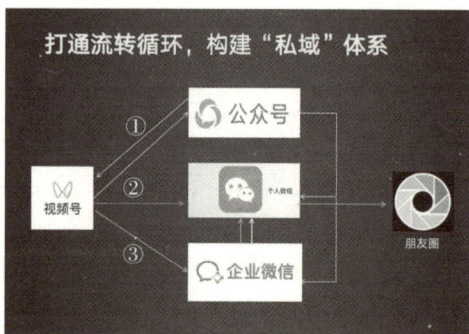

如何打通公域和私域，实现流量的循环流转，并最终构建微信生态的大私域体系呢？

我们可以先看一下上面这张图。

如上图所示，如果我们以微信公域中的视频号作为流量的源头，以微信私域中朋友圈作为流量的终点，那么，至少可以产生三条流量的流转路径。

### 一、视频号—公众号—微信企业号/个人微信号—朋友圈

这条路径的核心路线，是将视频号上的粉丝导流到公众号，然后将公众号作为流量的中转站，导流到个人微信或企业微信上。具体来说，又可以分成三条小路径：

#### 1.视频号—公众号—公众号关注后自动消息—个微/企微

在视频号的简介处及系统可默认呈现公众号名称的位置这两个地方，展示并引导粉丝关注微信公众号；粉丝在关注公众号之后，公众号的"自动打招呼"功能，可放置引导关注个人微信的文字表达或海报（上图为海报）；在海报中设置钩子和二维码，将粉丝最终导入到个人微信号（也可以是企业微信号）上。

#### 2.视频号—公众号—底部菜单栏—个微/企微

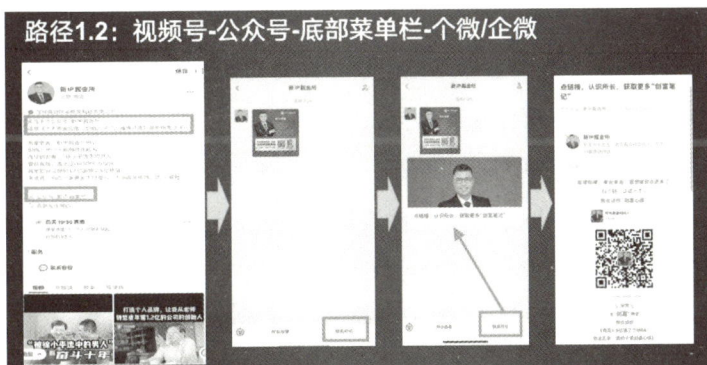

要在视频号上明确呈现并引导关注公众号；粉丝进入公众号并完成注册后，在公众号的底部菜单栏上，可以设置一个"联系某某"的按钮；粉丝点击按钮之后，会出现一个文章链接；点击链接打开文章内页，在内页中放置二维码及引导添加二维码的话术，二维码可以是个人微信号，也可以换成企业微信号。

### 3.视频号—公众号—公众号文章—个微/企微

同上，要在视频号上明确呈现并引导关注公众号；粉丝进入公众号并完成注册后，可以查看公众号的历史文章；在公众号的历史文章和新的公众号推文中，在文章底部放置二维码和引导添加二维码的话术（钩子）；二维码可以是个人微信号，也可以是企业微信号。

以上三种路径，本质上都是将视频号上的粉丝（通过短视频或直播来的）以公众号为中转，最终沉淀在微信上。

这种路径的设计有四个好处：第一，如果IP博主在进行直播的时候，平台推流，进来很大规模的流量，将这些流量引导关注公众号，添加率会比直接让粉丝添加微信更高（公众号是内容属性，更利他；微信号是社交和转化属性，进攻性更强一些）。第二，因为微信的每日被动添加上限是150人左右，大规模的用户添加个人微信号的话，容易引起账号异常甚至被封号。第三，虽然是将公众号当作流量的中转平台，但是流量也同步储存在公众号上，后续可以用公众号的文章内容触达和留住用户。第四个好处，也是最大的好处：如果视频号设置成"以公众号身份展示视频和直播"，在视频号直播的过程中，已关注了公众号的粉丝会收到直播提醒。这样的话，等于直播又能触达更多粉丝。这些在公众号上的粉丝也可以不停被直播触达，并大大增加再次进入直播间的概率（如下图所示）。

## 二、视频号—个人微信号—朋友圈

第二条路径，将视频号上的粉丝直接导流进个人微信号，进而用个人微信号的朋友圈（包括社群、群发、私聊）等功能，建立粉丝信任，完成商业变现。

如何实现这个路径下的流量流转呢？

我们当然也可以像路径1那样，在

视频号的文字简介处，直接放上个人微信号。但是，因为在简介区域不能放置二维码，只能放置带字母和数字的微信号，让粉丝复制微信号再搜索添加，这个过程会有很大的添加损耗和流失，效率并不高。

更好的视频号粉丝导流到个人微信上的路径，是在视频号直播的过程中引导在线粉丝添加个人微信。

具体怎么做呢？请看下图。

路径2：视频号──→个人微信

第一步：先在公众号上建立一篇带有个人微信二维码的文章，文章包含引导添加的话术和钩子；

第二步：将该文章的网址链接提取出来，并在微信视频号上操作，将链接转移到视频号；

第三步：在视频号直播的过程中，底部弹出此链接，并用话术引导添加个人微信。

这种流转路径的设计适用于以下场景：在视频号直播过程中，有新粉丝来到直播间，但是量级适中。

## 三、视频号—企业微信—个人微信—朋友圈

第三条路径是将视频号上的粉丝通过企业微信中转后进入个

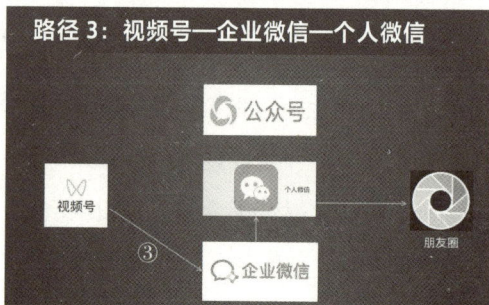

路径 3：视频号—企业微信—个人微信

人微信。

为什么要经过企业微信中转一道呢？原因在于企业微信的功能比较强大。其中一个功能就是企业微信能给刚添加好友的粉丝发送自动的模板消息，并借由模板消息将粉丝再次引导到个人微信上，也可以理解为：粉丝在企业微信和个人微信上做了两次存储和沉淀。

具体应该怎么操作呢？分成以下三步。

第一步：在微信视频号首页，关联和呈现企业微信号信息，具体又分成"添加企业微信"和"联系客服"两处，可以同时展示，也可以二选一；

第二步：在微信视频号上进行操作和系统设置，使企业微信能在视频号直播的过程中，作为气泡链接弹出来；

第三步：在企业微信的欢迎语中设置"模板消息"，"模板消息"中包含个人微信二维码的图片。

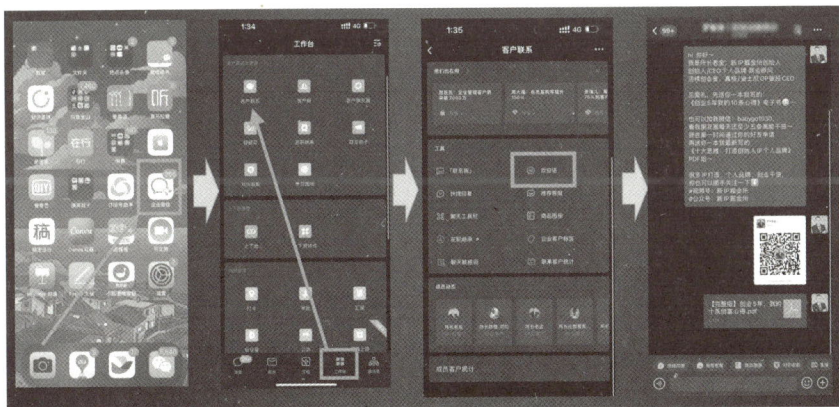

路径3的流量流转设计，适用于以下场景：在视频号直播过程中，有大量的新粉丝进入直播间，并需要将他们存储下来。如果按照路径2直接引导添加个人微信，极有可能超过150人/天的个人微信号添加上限，导致账号异常甚至被封号；这种情况下，更好的方式，是引导粉丝添加企业微信，再流转到个人微信上。

以上三个路径，基本打通了微信生态内的公域（公众号、短视频、直播）和私域（个人号、企业号和朋友圈）的流量循环和流转，构建了一个完整的体系，形成了私域系统的闭环。

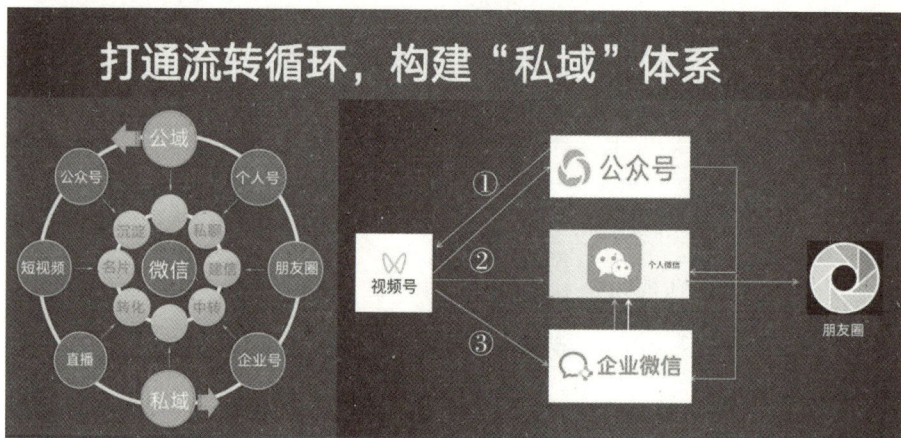

打通流转循环，构建"私域"体系

# 第三节　流量获取的四件法宝
## ——"买、造、换、裂"

对流量形成系统认知并完成私域体系的搭建之后，就正式进入流量获取环节了。

在讲解四大流量获取的方法之前，我们有必要先明确一下问题的边界。

1.最稳定、最持续、规模量最大的流量获取方式，依旧是内容获客，比如图文、短视频、音频等。

2.本节主要讲解的获客方式，在于短时间内快速获客，更注重运营手段和方法，与内容获客并不相同。

3.本节所讲的获客，标准依旧是将流量存储在个人微信号上。

明确完问题的边界之后，我们正式展开讨论流量获取的四件法宝。

## 一、买流量

买流量，顾名思义，就是花钱投放，采买流量。在互联网生态，尤其是我们本节重点讨论的私域生态内，买流量的常用渠道通常有三类：1.朋友圈信息流投放；2.公众号软文投放；3.公众号文章内页贴片投放。

这些渠道的投放，在我做在线教育创业项目的时候，属于常规工作内容。而且，我们也经历了整个完整的周期：从最开始几角钱一个粉丝，ROI 能做到8左右，到最后几百元一个粉丝，ROI 勉强做到1，投放就是亏损。可以说，用真金白银换来了丰富的经验和认知。

在互联网上投放买流量，本质是一个烧钱做扩张的过程。但是，流量最终会不可避免地越来越贵，贵到投放不起为止。

不只超级个体IP和创始人IP投放不起流量，哪怕是规模百人千人的大型团队、融资几十亿元甚至上百亿元的独角兽公司，也投放不起，或最终必将到达投放不起的状态。

我们本节所说的"买流量"，并不是让你花钱去做规模化的投放，而是一种风险可控、回报可期的获客方式——花钱买社群，在社群里获取你的流量（精粉或泛粉）。

每个社群都有群主。对于群主而言，自己的社群，是自己的私域流量；而对于进入对方社群的你来说，对方的私域流量池，其实本质上就是你的公域流量池。

花钱进入别人的鱼塘，在别人的鱼塘里找到你想要的鱼。

那么，我们应该如何通过买流量（花钱进社群）来实现流量获取并完成最初的流量积累呢？

我们需要弄明白以下三件事情。

### 1.找对"鱼塘"——选择什么样的社群

显然，应该选择那些你的目标客户可能会去的社群。选择社群有两种方法。

（1）借力：通过现有粉丝或客户，转介绍社群

你现有的粉丝和客户一定有自己的社群，而且社群里几乎都是和自己的画像相似、需求类似的朋友。通过他们为你转介绍，把你邀请到相关社群里，就等于扩大了你的"鱼塘"。

当然，除非你和粉丝/客户的关系非常好，否则对方也没有太大的引荐动力。这时，就又需要发挥钩子的作用了——只要对方邀请你加入相关社群，你就赠送他某物作为回报，这是价值对等的交换，双方各有所得。

我有位学员用类似的方法，一天之内新增了54个社群（较为精准）。具体是怎么做的呢？

首先，我让她准备了一份类似她们行业内运营地图的资料，价值感非常强。我让她在朋友圈发布一条文案，"这份价值299元的运营地图，今天只送

不卖，点个赞，点完赞就有机会领取！"用了不到2个小时，朋友圈积累了大概200多条点赞量。

其次，我让她在这条朋友圈上自己给自己评论。这么做最大的妙处在于，点过赞的朋友都可以看到评论的信息，等于在朋友圈里给点赞的朋友发了一条一对一信息。评论的内容是这样的："点过赞的亲，请拍拍我的脑袋（连续点击微信头像两次），提醒一下我联系你，避免给你漏掉。"

再次，点赞的朋友绝大部分"拍了拍"她，这个过程等于点赞的朋友主动发起了一次交流。

最后，我让她在微信私聊中和对方提出请求："这份资料会送给你哦，但是能否帮个忙，把我邀请到您的相关社群里一起学习，有机会也能给群友做个分享。当然，如果你确实不方便，也不强求，随缘。"发完这段请求，有40多位朋友爽快地把她邀请到自己的社群中，其中有几位朋友甚至一次性邀请她进入了三四个群。

这样，我的学员在一天之内就进了50多个社群，成功放大了自己的粉丝"鱼塘"。

（2）自找：自己主动搜索目标客户可能会出现的社群

除了通过已有粉丝和客户的转介绍进群方式外，自己也要具备源源不断开拓新的社群资源的能力，毕竟自力更生，自强万强。

自己搜索社群。一类是免费社群，一类是付费社群。

免费社群最大的优势是免费，不存在进群成本，劣势是精准度较低、群内成员的付费能力不可预测。通常，我们可以在你关注的某些博主的公众号内，寻找相关的粉丝交流群。

需要付费才能进的社群，劣势是需要付费，有进群成本；优势是群里也都是付过费的人，付费是最好的筛选，因此付费群内的人的支付能力相对要高一些。

而且，付费社群内的粉丝的精准度和支付能力，也和你所进的社群的付费门槛正相关，试想：一个付费9.9元就能进的社群和付费9999元才能进的社群，能是同一类人群吗？

通常来说，付费社群，分成以下几个级别。

| 付费社群类型 | | | | |
|---|---|---|---|---|
| 定价 | 社群类型 | 精准程度 | 支付能力 | 渠道 |
| 9.9—99 元 | 以周 / 月为单位的体验群 / 交流群 | 低 | 低 | 知识付费平台 / 公众号等 |
| 99—999 元 | 主题交流社群 / 以月为单位的训练营 | 低 | 低 | 知识付费平台 / 公众号 /IP 本人 |
| 999—5999 元 | 主题交流社群 / 以月、季、年为单位的训练营 | 中 / 高 | 中 / 高 | 知识付费平台 / 公众号 /IP 本人 |
| 2000—18000 元 | 线下课（包含线上社群） | 高 | 高 | 知识付费平台 / 公众号 /IP 本人 |
| 9800—59800 元 | 高端社群（如私董会等） | 高 | 高 | 公众号 /IP 本人 |

诸如体验营、短期训练营等社群，你可以在"得到"App、"樊登读书会"App、"荔枝微课"App、"开课吧"App 等知识付费平台上找到；主题交流群、线下课和私董会社群，则可以在各行业 IP 的微信朋友圈和直播间找到。

通过借力和自找两种方法找到优质社群后，就进入获客加粉阶段了。

### 2.主动出击的社群加人策略

第一种方法，是在社群内主动出击，主动添加他人为好友。

如果是高单价社群，且你在群内的曝光和输出价值比较到位的话，加粉通过率是能保障的。

但如果是那种短期内大量进入的低单价社群，以及你在群里基本也没有曝光、自我介绍和高价值输出的话，加粉通过率会低一些。那就只能走量，从大数据量里面找精准粉丝。

在主动添加的过程中，保证加粉通过率的核心要素，是好友添加的申请话术。

申请好友添加的话术主要分成以下三类。

（1）直接型

即用系统默认的添加话术，这种方法的好处是能让被添加人第一时间明确是从哪个共同社群过来的人。毕竟，大家在共同的社群里，这个社群就是最好的信任背书。

（2）价值型

顾名思义，在添加对方的时候，要凸显价值。

这个价值可以是你的个人价值，比如你的身份、能力、资源等；也可以是你能为对方提供的价值（钩子），比如给对方赠送礼物等。

（3）装粉型

顾名思义，就是在添加对方的时候，塑造对方的价值，把自己塑造成对方的粉丝，让对方有被重视的感觉。

你可以从赞美对方的头像、朋友圈内容、社群内的分享内容、向对方请教、了解对方的产品等方向切入。

以上三种，是常见的加好友申请话术。在这三种思维的指导下，话术的具体表述是非常灵活的，要根据社群的内容、人群和调性进行灵活的调整，以保证最终的加粉通过率。

### 3.吸引别人主动添加的策略

除了主动出击添加好友这个方法之外，更理想的状态其实是吸引群内粉丝主动添加自己。这样做有两个好处：一是被动添加，在技术层面来说，上限更高，一天能加150人左右（主动添加别人，

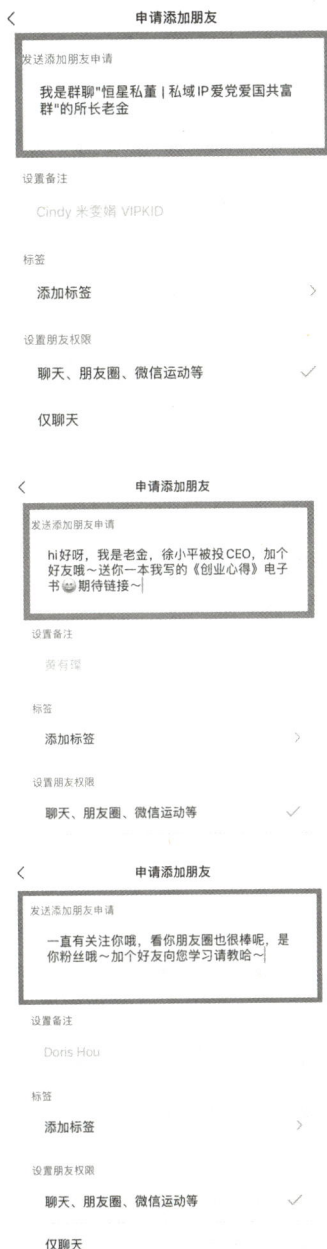

一天能加20个左右）；二是别人主动来添加你，对你的认可和信任度肯定更高，也方便后期做转化。

在相关社群内通过高价值输出，吸引他人主动添加，本质就是一个个人IP和个人品牌打造的过程。具体来说，我们要做好以下三件事。

（1）自我介绍亮出品牌

一些社群，建群时都会有自我介绍环节。

在自我介绍这个环节，如果设计精良，完全是可以产生闪亮登场效果的。

然而很多人都忽视了这个环节的重要性，在做自我介绍时，不懂得如何包装自己的简介、塑造自己的品牌。

我在加入任何一个新社群的时候，会非常重视自我介绍的环节。而且，我精心设计了一个自我介绍的工具——自我介绍海报体（将凸显自身价值的成就事件和优质资源用海报的方式呈现出来）。

当然，如果你觉得设计一张自我介绍海报体有难度，也有更简单的方法：设计一个文字版的自我介绍，如右图所示。

这种类型的自我介绍，排版清晰，重点突出，既方便他人的阅读，也有利于传递自己的价值和个人品牌。

这种文字版的社群内的自我介绍，包含了三个重要元素：①以时间远近为

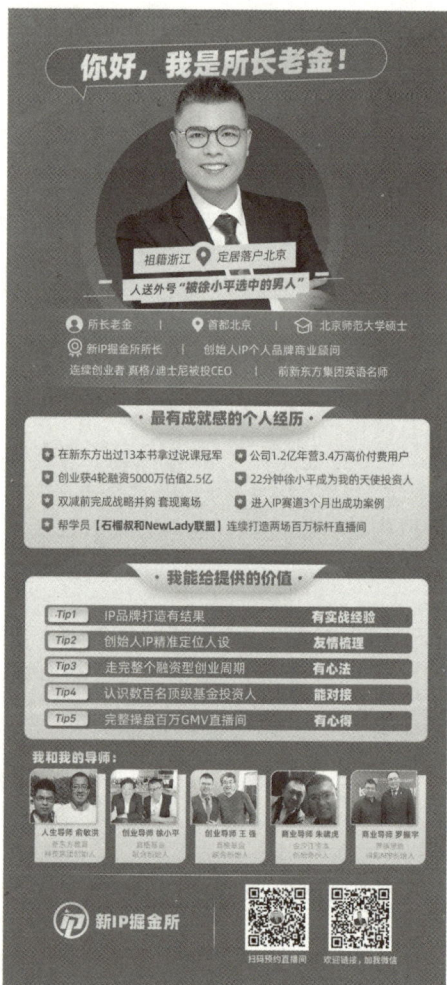

顺序介绍自己的成就事件，用成就事件凸显自己的个人价值；②明确表述自己能为群内好友提供的价值；③留下一个吸引对方主动添加的价值钩子。

我们把这种类型的群内自我介绍称为简历体自我介绍。建议你按照下面的模板设计一个社群内专属的个人介绍版本。

（2）巧妙搭话捧哏出彩

除了在社群的自我介绍环节可以进行高质量的曝光之外，在群里保证一定频率的高质量冒泡，也是塑造个人价值和IP品牌的常用方式。

那么，什么是高质量的冒泡呢？

你不一定是主角，哪怕是配角，类似相声里的捧哏，有时候也能很精彩，甚至更精彩。比如，在其他人发言，尤其是发言时遇到冷场，没有人及时响应的时候（也有可能是大家都没有看到群里的消息），你可以跳出来接话：认同对方的观点，赞美对方的行为，或者可以就他人的话题展开补充，发表自己的观点，同时可以做高价值的输出。

学会在社群里巧妙搭话、赞美和补充，也是塑造自己高价值人设，吸引他人主动连接的好方法。

（3）主动分享，价值征服

通过优质的、精心设计的自我介绍以及群内高价值冒泡，已经能较好地打造自己的个人品牌并吸引他人主动连接了。

但是，如果能在相关社群里做一次专题分享，那对于人设的高价值塑造会有更大的作用。

---

大家好，我是所长老金，新IP掘金所创始人，祖籍浙江，落户定居北京，人送外号"被徐小平选中的男人" 😄 很高兴认识大家～

【我的经历】

1、2009-2017年：执教

新东方教育科技集团 名师/管理者
新东方说课大赛冠军、出版13本书

2、2017-2021年：创业

在线教育创业公司 创始人/CEO
一年做了 3.4 万付费用户 1.2 亿营收
真格/迪士尼投了 5000 万，2.5 亿估值

3、2021-至今 IP 创业

新IP掘金所 创始人
创始人IP 个人品牌商业顾问
企业级品牌理念打造个人品牌 开创者
15 小时连麦 18 位顶流IP直播马拉松

【我能提供的价值】

1 走过完整的融资创业闭环
对创业的坑和创业的方法实战经历

2 认识 270 个一线投资基金的
创始人、投资 VP 可以对接投资资源

3 微信私域有 120w 粉丝矩阵
主要在公众号和微信个人号上

欢迎链接，加我微信，送你一本我写的《我花 1.5 亿上了个 MBA：创业 5 年我的十条创业心得》电子书哦
～

---

大家好，我是***，
祖籍***，工作地在***，
很高兴认识大家～ 😊

【一 我的经历】

① xx年-xx年：xxx
　成就：数据证明

② xx年-xx年：xxx
　成就：数据证明

【二 我能提供的价值】

① 方法、资源、工具

② 人脉、经验、流量

欢迎链接，加我微信，送你xxx哦～

我在前几年创业做在线教育的时候，就验证过这个方法。

记得那是2018年年初，我们公司成立还不到半年，当时还没有找到成规模的获客渠道。公司的流量基本上是以我前新东方名师的创始人IP出去做线下分享而来的。

当时，我们必须开拓更多的流量渠道，尤其是线上流量渠道——毕竟我们是互联网教育公司，而不是线下的校区。

一个偶然的机会，我联系上了新东方前辈张晓楠老师，她曾经是英语名师，俞敏洪老师的助理，后来进了央视当主持人。

因为她的经历丰富、个人魅力突出，所以她也有很多自己的粉丝，并且为粉丝创建了交流社群。

因为都有新东方工作的共同经历，尽管我们"辈分"差了几年，没有一起共事过，但彼此的信任感和亲切感还是很强的。经过沟通之后，她邀请我在她近500人的优质社群里做一场英语学习的分享。

社群分享如期举行。这场分享后，群内80%的人成了我的粉丝，而且后续过半的人都购买了我们的付费课程产品。

这就是社群分享的威力和魅力。

我们在混群的过程中，也可以采用类似的主动分享、价值输出的方法。前提是在某个专业领域，你确实是业务扎实、有好东西分享的，而且能够提炼成群内好友听完分享就能用起来的方法论；其次，要跟群主搞好关系，至少要在分享之前获得对方的同意，以及让对方提前知晓分享的内容。

我们不仅要有智商、情商，还要有"群商"，如果恰好你混成了一个"群红"，那大家纷至沓来主动加你，就是水到渠成的事情。而上面说的三件事，就是通过付费社群获得优质精准流量的方法，它的本质是要提高自己"混群"的能力，是一种成本可控、投入产出比较高、常人都可落地执行的买流量的方法。

## 二、造流量

造流量，顾名思义，就是把流量凭空造出来。

怎么造？最好的方式就是用内容造。

本书第四章已经讲过内容生产的底层逻辑和方法。本节更多从私域生态下如何用内容造流量做补充。

在微信私域生态，有两个巨大的能吸取源源不断的流量的容器——公众号（图文）和视频号（短视频）。

尽管两个容器的内容呈现形式完全不一样，但是它们的底层逻辑却非常接近。

微信的本质是社交，社交的本质是共情。正如我们喜欢某个人、和某个人交往，一定是对方的性格、理念等和自己有相似甚至完全一致的地方，彼此产生了共情；同理，我们之所以不喜欢某个人，甚至绝交，也是因为在思维、认知上出现了差异，甚至是对抗，而产生了一种抵触的情绪。

深交的本质是共情，而共情的底层是情绪。

所以我们发现一个特别有趣的现象：无论公众号还是视频号，那些特别吸粉的内容，都是点赞和转发特别高的内容——点赞，代表认同；转发，代表共鸣。认同和共鸣，不都是一种共情吗？

因此，很多行业内的高手专家，也做出类似的描述："视频号，就是视频影像版的公众号；公众号，就是图片文字版的视频号。"这两种形式的内容，本质上，打的都是情绪+共鸣=共情牌。

所以，微信私域生态，尤其是生态内的公众号和视频号上，用内容造流量的心法，可以用以下三句话总结。

不做小众做大众：相比于垂直领域的干货话题，宽泛领域的大众话题触达的人群边界更广。

不做事实做情绪：事实是什么不重要，事实留给新闻媒介做就可以了，大众更有感触的是情绪——你的内容有没有表达出他的情绪。

不做真相做共鸣：真相不重要，重要的是真相背后的共鸣——你有没有表达出粉丝的想法和思考。

现在，你可以仔细回忆一下：你在公众号上看到的那些阅读量10万+的爆款文章、视频号上那些点赞破万的爆款短视频，是不是都在传递某种情绪？甚至，都带着点儿鸡汤属性？

所以，我们在创作公众号文章和短视频的时候，尤其是在大规模求增长获客（而不是精准）的阶段，自己想说什么、自己懂什么、自己知道什么、擅长什么，都不重要，粉丝想看什么、想表达什么（观点和情绪）才重要。

你看上面的爆款内容，是不是代表了某个群体的强烈的共鸣和情绪？

### 三、换流量

换流量，顾名思义，就是和其他人流量互导，交换流量。

如本章上面所说的：别人的私域流量池，就是你的公域流量池。

在图文阅读的公众号时代，公众号博主之间进行互推（你的公众号上转载我的文章，我的公众号上转载你的文章）就是最常见的换流量的方式。

在短视频和直播时代，IP之间进行连麦，让各自直播间的粉丝到对方直播间串串门、加

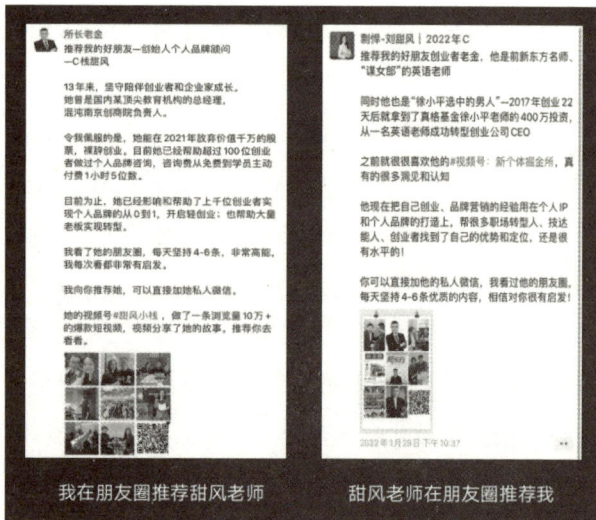

我在朋友圈推荐甜风老师　　甜风老师在朋友圈推荐我

关注，也是一种常见的换流量的方式；

除了公众号和视频号直播间之外，还有一种操作难度更低、落地性更强的方法——朋友圈互推。

以下是我和甜风老师在朋友圈互推的场景。

朋友圈互推的本质，在于在各自的微信粉丝面前，推荐一位高价值的IP，并最终实现流量的互导。

具体怎么做呢？

1.找一位在粉丝量、影响力、能力和资历上和你旗鼓相当的朋友，作为互推的对象；

2.自己撰写一篇自荐小作文，凸显自己的价值、拿到过的成果以及和粉丝有什么关系；

3.准备8张生活、工作中体现自己价值和能力的照片，以及一个个人微信二维码，拼成一张图；

4.准备一段评论区的评论内容，要求带有高价值钩子；

5.将以上材料给到对方，然后双方约定一个时间，一起发朋友圈（也可以错开）。

以上步骤，可以用下图展示。

## 四、裂流量

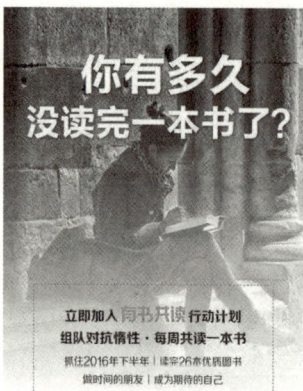

顾名思义，就是将流量进行裂变——从存量中找增量，实现老带新。

在微信生态增长最迅猛的2015—2018年，大多数的流量大户在那个阶段的增长，基本都是靠裂变带来的：

比如，公众号"有书"，在2015年前后，通过一张"你有多久没读完一本书了"的海报以及一整套运营体系，裂变出千万级的用户体量。

又比如，我的前合伙人私域肖厂长的星辰教育公司，曾经开发了一款千万用户体量的"对赌背单词，坚持就返现"产品——极光单词，这个产品也是通过朋友圈打卡的方式实现用户裂变式增长。

2022年3月，我在给我的学员"网红声音教练石榴叔"做发售的时候，也在微信社群使用了裂变式的流量增长模式：已进群的朋友，可以邀请自己的好友进群，进群满多少个人就赠送某奖品，邀请进群的人越多，获得的奖品激励就越丰厚。

以上裂流量的案例，基本都集中在拉新阶段。

其实，已经付过费的老客户，也是或者说更是裂变的好资源。

我在打造"NewLady商业联盟"这个成团IP之前，本身并不认识这八位女神学员。最早这八位当中的一位名叫柒柒的女神，是我"创始人IP个人品牌百日进化营"的付费学员。她在进群学了一段时间之后，觉得体验和效果都很不错，就自发地

分享给身边的闺蜜好友，不带任何经济利益回报地转介绍身边的朋友也来插班报名这个班，一下子介绍了七位学员进来。然后就有了后面"八仙女"成团的故事。

付费用户为什么会帮你转介绍？无非三个原因。

1.产品好，这是满足了能为对方解决问题的功能价值；

2.服务好，这是满足了对方需要被重视的情绪价值；

3.有激励，比如转介绍发生之后，给予对方物质或精神层面的奖励，满足了功能、情绪和感官三种价值。

可以说，老带新的裂变的发生，需要两股力量：一股是由好产品、好服务带来的推力，一股是虚实结合的激励带来的拉力。两股力量共同作用，才能将转介绍裂变做到极致的效果。

以上，就是"买、造、换、裂"四种常见的流量获取方式。

# 06

发售系统

# 06

# 发售系统

这个世界上最难的事情，就是把产品卖到别人手里，把现金收进自己口袋。

这是最难的事情，但同时也是最有成就感、最有价值的事情。

我也有不少学员，存在销售卡点——不好意思张嘴卖。

通常，我会告诉他们："一切成交（发售）的本质都是爱：用你的产品解决客户的问题，为他们创造价值，这是爱客户；通过销售赚到钱，让自己和家人过上更有品质的生活，这是爱自己、爱家人；通过变现，让团队的小伙伴也赚到钱，这是爱员工；为社会创造就业岗位，贡献GDP，这是爱社会、爱世界。"

可以说，一个缺乏销售勇气的人，就是一个缺乏大爱的人。

而且，这个世界上最优秀、最杰出的人都是一流的销售高手：公司创始人要让团队充满凝聚力和战斗力，是因为他把梦想、激情和制度销售给了员工；流传千古的圣人，也是因为把他的心法教义销售给了信徒，才获得了拥趸和爱戴。

所以说，你一定要学会销售、敢于成交，这是你迈出人生奇迹一跃的必修课。

应该怎么做销售、做发售呢？

首先，我们要明白一件事：公域（以抖音为代表）和私域（以微信视频号为代表）在发售方式上是不一样的。

以在直播间做发售转化为例，抖音是流量逻辑，每次进直播间的不一定是同一拨人，或许都是新人；因为每次来的人都不一样，这就注定了你要经常直播，甚至天天直播，才能将流量的价值发挥到极致；也因为每次来的都是新流量，信任程度较低，因此高单价产品显然没有低单价的转化率高，所以通常在抖音上，卖99—365元的产品比较主流；微信视频号是社交逻辑，进直播间的基本上以你的私域流量为主，因为他们天天都能看到你的朋友圈、视频号短视频、公众号软文内容，所以信任指数高，因而售卖高单价产品也不难；还是因为存在较强的好友信任关系，所以提前锁单（交预定金）也很容易实现，我们可以把这些交过预定金的忠粉聚集到某一次的直播发售当中，集中成交（付全款、尾款），形成一次成交额巨大的发售（如破百万），形成较好的品牌事件。因此，私域生态的发售可以通过品牌造势、节点成交的方式进行，而不是每天的持续直播、持续出单。

你看，平台的逻辑不同，发售的方式也完全不同。

本章，我们将重点讲解方式更多元、客单价更高的私域生态下的发售系统。

总体而言，私域生态下的发售可以被拆解为四个模块：直播间发售、社群发售、朋友圈发售、私聊发售。

这四个模块可以相互独立，也可以完全融合。起步阶段，建议单点突破。接下来，我们就以上四个模块单独展开讨论。

# 第一节　直播间发售

正如我们在本书第四章中所讲的，微信视频号直播间不应该是课场，而是卖场。为什么呢？

因为视频号的直播，相比于朋友圈、公众号和短视频，有更强的互动性、真实感以及随之而来的信任感。这种真实可信任是成交转化的保障。

在直播间里做成交转化的发售动作，很多人要么是不敢卖，要么是一上来就卖，这两者都不可取。

关于不敢卖，本章开头我们已提及；关于一上来就卖，这是个误区。因为用户在没有对你建立信任和对产品有了解之前，是不可能轻易下单的。

应该怎么做呢？

应该"捂一捂"。首先，从更长的时间线来看，我们不一定第一场直播就"卖"，而是可以安排连续多场直播，前面的3/5可以用来做人设建立、信任塑造和干货输出，后面几场再揭开真面目，开始发售（不如在半个月的发售期内，做10场直播，前面的5—6场，坚决不卖，只做人设、输出价值；后面的4—5场，开始正式售卖）。从单场直播来看，我们也可以把直播的前3/5的时间用来做干货价值输出，后面2/5的时间用来做销售转化。总之，人设未立，不卖产品；价值未知，不提价格。其次，在直播间做销售转化的过程中，每个人的风格不一样，但是尽量做到自信、坚决，这是传递专业性

"销售"流程

你有病，还不轻
我有药，我证明
要想好，来一套
别犹豫，为你好！

和权威感的前提。甚至，有的时候，可以在直播间里直接喊人，比如："某某，我看你每天都来我的直播间，你特别适合这个产品，别犹豫了，今天就下单，以后我们一起合作。"

做好销售的价值铺垫（捂热）和信心保证之后，就进入正式的销售流程了，总结起来，就是几句话。

以上的销售流程，我们可以归纳为下面的表格。以我的优秀学员Ada（CEO销售管理商业顾问）在直播间售卖的"超级销售思维训练营"产品为例。

| 直播销售流程 | | |
|---|---|---|
| 归纳方法 | 销售逻辑 | 具体话术 |
| 你有病，还不轻 | 戳客户痛点 | 开始客户觉得什么都不错，一报价就觉得"要考虑""要商量""没时间"，就要走了？而你不知道这是为什么<br>讲产品信心爆棚，一到报价就觉得低人一等<br>客户总是会跟你讨价还价，很吃力<br>做了很多年销售却赚不到钱<br>做了2—3年销售赚了钱，但是现在已经没有激情<br>觉得客户比你套路还多<br>遇到气场比你强的客户，或者你认为成功的客户完全被带节奏<br>天天从早忙到晚却提升不了业绩<br>从来没有经过系统化的销售培训，也不知道跟谁学、怎么提升<br>学过很多的销售知识，看了很多的书，也听了很多课程，却落地难 |
| 我有药，我证明 | 说产品亮点以及成功案例 | 我的销售课程是底层逻辑课程，很多销售问题是很表面的，客户的问题你解决了100个，有101个，而每个问题其实都是有逻辑的，我能帮你看到本质的问题并解决问题<br>我10年专注培养销售团队，带出了百位销售冠军，培养了一支支破纪录、创奇迹的销售铁军团队，而且从来没有离开过一线<br>我带出的销售冠军，有些是有经验的，有些是没有经验的小白。无论哪类人都可以培养出来<br>好的老师不是自己讲得爽，而是能用你听得懂的话讲清楚<br>实战经验丰富，所带团队和伙伴还没有在业绩上失过手<br>在顾问式销售培训2.0的基础上又升级了，成了教练式销售体系 |

续表

| 直播销售流程 | | |
|---|---|---|
| 归纳方法 | 销售逻辑 | **具体话术** |
| 要想好，来一套 | 下单的冲动点 | 全国培训近 1000 场，好评率 98%，转介绍率 98%。线下培训 4980 元的课程，现在在线上做口碑产品 1999 元课程<br>线上一个月就爆满 100 多位学员，其中很多都是线下学员再次报名<br>满 50 位后继续涨价 200 元，直到恢复原价 4980 元 |
| 别犹豫，为你好 | 打消购买疑虑 | 1. 为什么我要买你的，而不是别人的<br>（1）专注销售领域 10 多年，带出了行业标杆和创造的纪录至今无人打破<br>（2）培训了近 1000 场，能够理解并用客户听得懂的话讲清楚逻辑<br>（3）从未脱离一线，一直接触学员并在一线接触客户谈单<br>2. 今天听完感觉收获并不大<br>（1）销售是个系统性的培训，每个人的卡点也都不一样，所以一场的内容并不能说明什么<br>（2）很多人读了很多书却依然过不好这一生，看书要看框架，要有结合，要练习。培训也是这样，要有体系，要有教练，要学与习结合<br>3. 我今天先不买，明天买吧<br>（1）今天买和明天买确实没有多大差别，但是有没有看到你的行为模式里面也是这样呢？犹豫纠结有没有因为这个错过一些机会<br>（2）投资自己的大脑是最没有成本的投资，这个都要考虑吗？而且我们的下一场就会恢复原价，没有必要决策成本这么高<br>（3）人每一次的改变都是难的，所以买不买只是一个动作，但是你的行为模式我需要推动你去改变<br>（4）你在顾虑什么呢？其实并没有什么要顾虑的对吗？那就相信自己的感受，让自己在投资学习成长这件事上爽快一次<br>4. 我还有很多课 / 产品没学 / 用完呢<br>（1）都要学习的课程，本来也没有冲突，但是要有轻重缓急，听到这里这个课程是最快可以帮助你变现、拿到结果的<br>（2）谁不是呢？提升本来就是综合的，不同维度的提升都要，成年人不做选择题，只要有回报的，咱们都要<br>（3）一看你就很有学习意识，报了这个课程能更好地帮助你把那些知识变现<br>5. 我能跟得上吗<br>（1）你是对自己没信心，还是对"我"没信心？两个问题不同的解决思路：对自己没有信心是因为过去没有老师，没有体系，没有方法自然没有做到，但这不是你的问题，所以来学习啊；对"我"没信心，再次介绍自己的经历和案例<br>（2）课程本身是学与习结合，不存在跟不跟得上，只有你想不想跟 |

续表

| 直播销售流程 | | |
|---|---|---|
| 归纳方法 | 销售逻辑 | 具体话术 |
| 别犹豫，为你好 | 打消购买疑虑 | 6. 学/用完有效果吗<br>（1）我是实战老师，看了那么多案例，你觉得会是例外？那也太幸运了<br>（2）没有效果会有那么多学员从线到线上的跟随吗？今天看到的所有助理都是我的学员义务支持，那一定是帮到她才会这样的，对吗<br>（3）你的思维方式最要改变，不是有没有效果，而是我们要为了效果怎么去学习，这是你最要改变的地方，快决定吧<br>7. 太贵了，买不起啊<br>（1）就是因为买不起才要学习，499 元都出不起，这个销售业绩怎么做的啊<br>（2）先有鸡还是先有蛋？投资自己才能提升赚钱的能力，不要因为没有就一直永远没有<br>（3）从我的判断来看，你不是买不起，而是还没下定决心给自己一个提升的机会<br>8. 我怕我坚持不了啊<br>（1）大可不必担心，我是要求最严格的教练了，所以我会督促你的<br>（2）所以才要体验我的课程，帮助你突破坚持的习惯，这才是课程的关键，不是知识本身而是优秀的习惯，销售是优秀习惯的累积<br>9. 我的钱在另一半那里<br>（1）哈哈，你怎么可能没有小金库？你只要想总有办法<br>（2）他会很爱你，但是不一定能够理解你因为这块能力的薄弱导致的尴尬与不易，所以决定需要你自己做<br>（3）不要把决定推给别人哈，毕竟她还是需要你来养家的，这是你的变现技能<br>10. 我再考虑考虑吧<br>（1）考虑什么？说不出来就是不用考虑啦<br>（2）一般说考虑的客户最终都不会下决定，能告诉我你的疑虑是什么吗 |

为了让你能更好地掌握直播间转化的流程和话术，下面我再放一个我的另外一位优秀学员柒柒（NewLady商业联盟创始合伙人）在直播间发售"商业女性个人品牌百日加速营"的模板。

续表

| 直播销售流程 | | |
|---|---|---|
| 归纳方法 | 销售逻辑 | 具体话术 |
| 你有病，还不轻 | 戳客户痛点 | 作为职场人，时而工作压力爆棚，时而因为疫情闲置在家没有收入<br>作为全职宝妈，因为带娃被困在家，但不想做个手心朝上的女人<br>作为创业女性，线下增长遇到瓶颈，苦苦寻求突破，但是不知何去何从<br>作为知识分享者，想转型线上，但不知道怎么变现<br>你已经开始尝试线上，但是视频没流量，直播间没有人，产品卖不出去<br>为自我突破正在焦虑迷茫，但又不想放弃这个时代红利 |
| 我有药，我证明 | 说产品亮点以及成功案例 | 8 位导师来自 8 个不同的赛道，且都取得了对应的人生成就，几乎能够覆盖你目前遇到的所有问题<br>比如黎虹老师是一位幸福力教练，修好了 400 多个家庭的"破船"<br>依白老师从负债 1500 万元做到年营收 4 亿元，教给你商业变现的逻辑闭环<br>我成功从一位线下讲师转型到了线上知识付费，产后复出 3 个月变现 30 万 +，教给你怎么设计自己的课程和心力赋能<br>8 位导师用 14 天实现百万直播间，这背后是一套可复制的系统打法<br>100 天时间，用直播 + 社群陪跑的方式赋能，学战结合，获得 8 大生产力，只为助力你能拿到结果 |
| 要想好，来一套 | 下单的冲动点 | 8 位老师背后还有强大的社会资源，助力你链接破圈<br>8 位老师线下课程至少都是 20000 元 / 天，转型线上，起步价格 4999 元<br>今天这个有历史纪念意义的日子，只要 1999 元，五一过后恢复原价 4980 元，100 天时间，8 位老师陪跑赋能，一天只用花费 19.99 元，可以撬动你的自我突破，有可能成为 NewLady 的成功案例<br>此外，还有一重巨大的福利，鼓励大家参与 100 天赚回 10 倍学费的挑战，在老师的指导下，要么拿回 10 倍学费的成果，要么把学费退给你，并且返你 2000 元<br>这些福利的背后，是 8 位老师共同致力于影响 1000 万女性过上美丽、独立且有力的人生 |

| 直播销售流程 | | |
|---|---|---|
| 归纳方法 | 销售逻辑 | 具体话术 |
| 别犹豫，为你 | 打消购买疑虑 | 1. 为什么我要跟你买，而不是跟别人买<br>（1）有系统。优秀的人都是有体系的，8 位老师的成功背后是一套体系打法<br>（2）有方法。教会给你从品牌基础建设到内容生产、流量对接等实操方法<br>（3）有践行。8 位老师身体力行的实操过程，毫无保留地赋能给你<br>（4）有结果。14 天时间，我们实现了百万直播间，足以证明我们值得跟随<br>2. 今天听完我感觉收获并不大呀<br>（1）这是一套逻辑，需要你深入进来跟随节奏学习<br>（2）每个人所处的阶段和面临的卡点不一样，老师在直播间不能面面俱到，课程和实战社群里，只要你积极参与，老师都会尽最大努力赋能指导<br>（3）只要你在转型上有打算和需求，这个课程就不会让你失望<br>3. 我今天先不买，明天买吧<br>（1）这么说，你是想提升自己，想学习，而学习这件事，不破不立；今日复明日，明日何其多，我生待明日，万事成蹉跎<br>（2）你肯定是认可和喜欢 8 位老师的，8 位老师每个人身上都有这么多值得你学习的地方，只有今天能在直播间享受这么好的福利<br>（3）今天是 NewLady 8 位女神的首次出道，你在这样一个特殊的日子里和 8 位老师产生关系，值得纪念<br>4. 我还有很多课 / 产品没学 / 用完呢<br>（1）由此可见，你是一个爱学习的人，非常值得肯定<br>（2）很多时候，我们爱学习是好事，但是越学习越焦虑，发现和别人差距很大，学了很多技能，最后没能用得上，徒劳无功<br>（3）学习要分清主次，为结果说话，成年人的世界还是要现实一些<br>（4）抬头有情怀，低头有面包的生活，前提是你要有买面包的能力和资本<br>5. 我能跟上吗<br>（1）8 位老师全程陪跑，分组学习，班主任团队支持，不能让你掉队<br>（2）课程每周两节课，其余时间都在社群，大家互相助力<br>（3）8 位老师实实在在地为你赋能，每天的改变肉眼可见<br>6. 学 / 用完有效果吗<br>（1）NewLady 的初心，就是希望影响更多女性美丽、独立、有力，目的就是陪伴大家拿结果<br>（2）每一次的学习都是自己提升改变的好机会，老师会给你诊断，从个人定位开始，扎扎实实走好每一步，况且有小组训练，不让大家掉队<br>（3）你所谓的没用、没效果，大概就是没实现自己的目标，没拿到实际的变现结果，所以，你更要学习，因为你过往所有没有效果的学习，都有可能是没有对症下药，而且都是零散的细节，不是一套体系 |

续表

| 直播销售流程 | | |
|---|---|---|
| **归纳方法** | **销售逻辑** | **具体话术** |
| 别犹豫，为你好！ | 打消购买疑虑 | 7. 太贵了，买不起啊<br>（1）先思考一下为什么买不起？现在买不起，不学习、不突破，未来还是买不起<br>（2）这1999元的学费，平均到每天只有19.9元，少买一件小物件的钱，省下来，投资自己<br>（3）只有投资自己，才是最增值的选择<br>（4）学如逆水行舟，不进则退，时代红利来了，你不学习突破，那么就会脱轨被落下，而且会越来越远<br>8. 我怕我坚持不了啊<br>（1）坚持不了的原因，无非是时间不够，或者实战难度大。时间不够，不需要你天天24小时泡在群里，每周2节课，一节课2小时，老师和班主任陪伴你；实战的时候有老师指导，同学们之间互相帮助<br>（2）教给你的是一套系统方法，按步骤一步一步来，就像操作手册一样，再难的事也会简单化<br>9. 我的钱在另一半那里<br>（1）1999元都要找他要，可见你是多么需要经济独立<br>（2）给自己一个机会破圈，认识牛人，得到收获，回去给你的另外一半赋能，他会对你刮目相看<br>（3）如果我是你，我就要左手带娃，右手养家，刚柔并济，勇闯天涯<br>10. 我再考虑考虑吧<br>（1）告诉我，你的顾虑点在哪里<br>（2）名额不多了，错过了就没有了，每一次的考虑都可能是好机会的擦肩而过，你回头想想，过往因为自己的犹豫不决错过了多少次好机会<br>（3）投资什么都不如投资自己，给自己一个向前一步的机会，去遇见更好的自己，脸上有笑，怀里有娃，兜里有钱，多美好的画面 |

# 第二节　社群发售

在微信私域生态中，社群是绕不过去的一个发售主阵地。

无论是早期微商的快闪群发售，还是在线教育领域的社群体验课+低转高模型，社群都是成交转化的优质容器。

如何在社群中做发售呢？简单来说，可以分成以下三步。

| 社群发售流程 | |
| --- | --- |
| 步骤 | 说明 |
| 引入铺垫 | 所谓师出有名，讲讲发售这款产品的初心起意 |
| 产品讲解 | 展开讲解产品，说明产品设计理念、特色和亮点 |
| 营销促单 | 说明产品的福利优惠，同时营造下单氛围 |

接下来，我们就以"创始人IP个人品牌百日进化营"这款产品的社群发售话术，来看看以上的社群发售三部曲如何落地。

## 一、引入铺垫

在这个部分，用群内分享话术陈述一下发布某款产品的初心和起意背景。也可以说说大部分客户遇到的问题和痛点，重点在于打造和客户的相关性。

先别急，请允许我给你介绍一下这个开创个人品牌3.0时代的产品。

我做这款产品的初心是：第一，把我自己打造自己和我的学员的个人品牌的心法提炼、萃取、传播出去，造福更多人；第二，进入这个课程的人，等于选择进入了老金的高能圈子，进入了一个个人品牌的人才热带雨林，在这个人才热带雨林里，让大家尽情绽放，茂盛生长！

这几年，我接触了太多的人，仅是从我公司进进出出的员工就有900多人，还不包括我生命中出现的其他人。我发现，很多人都是数十年如一日地原地踏步！是他们笨吗？我告诉你，人，就没有笨的！

是他们懒吗？我也告诉你，一个人最不值得表扬的优点，就是勤奋。因为，只要找到方向，谁都不会懒，谁都恨不得一天当十天用，但是很多人找不到定位，找不到自己，找不到方向，找不到人生的出口。

我想帮助这些家人找到自己，打出品牌，让自己变得更贵。这就是我推出"个人品牌百日进化营"的初心！我的想法很简单：用100天的时间，带着你一起实现五大突破。

1.突破眼界：看看牛人怎么思考、怎么行动；

2.突破人脉：看看这个圈子的人多么与众不同；

3.突破能力：一整套个人品牌打造的落地方法；

4.突破能量：让你斗志昂扬的精神状态；

5.突破财富：很简单，让自己变得更贵。

## 二、产品讲解

在这个环节，需要将产品理念和设计讲解清楚。与产品的详情页、海报上的产品信息不同的是，社群内的产品信息话术，可以添加解释说明，更加生动有力量。

这个产品是怎么设计的呢？很清晰的产品结构，相信你一眼就能看得懂。我再具体展开一下。

第一部分：直播。我给大家安排了两个月的直播课，在专属的直播间教室里，老金给你讲干货。

为什么要直播？因为老金的最新认知可以无延时地传递给你，我不想让你看内容和打法过时的录播课。

其次，直播课可以互动！你提问，我回答！

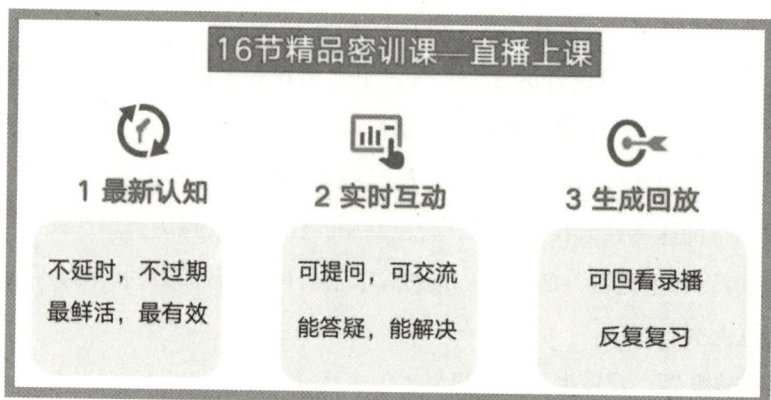

第二部分：实战陪跑。个人品牌不是学出来的，是行动行动再行动，是干出来的！

我们设置了一个月的实战陪跑期，这个月就是以战代学，躬身入局，下水去干！这样，两个月的直播学习，一个月的社群陪跑实战，总共3个月，前后100天，这就是我们的"百日进化营"。

为什么我们不做一年的课？一年更久，不是更好吗？

一年，你能坚持住？

一年，学的东西跟得上打法的变化？

一年，你确保你就能学得更透？

我告诉你：一年，最终的结果就是温水煮青蛙，什么结果也拿不到。

个人品牌，需要一辈子去经营，是件急不来的事。但是，打造个人品牌的技能和方法，是可以短期掌握的，三个月能学会，为什么要拖一年呢？

### 三、营销促单

在这个环节，需要将产品的福利、优惠政策、时间限定等部分陈述清楚，让客户产生稀缺感和紧迫感。

如果想来，我再和你说说这个课程今天晚上还有什么福利。

我给这个课设置了8大权益。

1.报名后，送你一次价值2500元的半小时电话咨询；

2.送你一个测评工具，测评一下你的新个体创业能力状态；

3.每一周，我会给你提供一个掘金情报站，里面有行业报告、生财案例和最新品牌打法；

4.你可以在我的社群圈子分享，给你一个舞台精准圈粉；

5.这条最重要！你可以享受一次免费复训。这个权益下次课程不再出现；

6.你可以加我私人微信，看我的朋友圈，我可以不定时跟你微信交流；

7.赠送我2022年即将上市的新书；

8.能优惠、优先购买新个体掘金所的其他课程。

今天晚上，我还给你准备了报名的三大福利！注意，仅限在今天晚上。

【第一大福利】赠送四门课程，两门音频课程，两门视频课；

【第二大福利】价值1599元的18位大佬连麦的高清视频，包含精华逐字稿；

【第三大福利】这个社群，3个月结束课程后会保留一年，你可以享有老金的高端人脉圈子至少一整年。

我，现在，正式宣布：敞开怀抱，欢迎您加入"个人品牌百日进化营"。人才的热带雨林，品牌的商业世界！跟所长老金一起，奋斗100天，让自己变得更贵！

在做完上述产品福利讲解之后，社群内需要有热闹的营销氛围，比如，已购买学员接龙、晒出自己的付款截图等。

通过以上三个步骤，基本就能完成一次精心策划设计的社群发售了。

# 第三节　朋友圈发售

我们在本书第四章中讲过，优质朋友圈内容搭建有五个字：情、趣、用、人、卖。

其中这个"卖"字，指的就是用朋友圈作为发售转化卖产品的阵地。

可以说，朋友圈既是发动一次发售活动的发动机，又是能实现用户主动付款的被动成交主阵地。

我有很多学员，甚至是高价的私教学员，都是在看完我的朋友圈内容后，在我毫不知情的情况下，主动默默下单的。

如何用朋友圈做发售呢？概括起来有以下三步。

| 朋友圈发售流程 | |
|---|---|
| 步骤 | 说明 |
| 造势预热 | 通过"搞大事"揭幕等朋友圈图文内容，引发关注和好奇，同时造势 |
| 价值呈现 | 展示整个活动的细节和过程，重点在于塑造价值 |
| 营销促单 | 发布倒计时、名额限量等信息，同时发布已成交学员海报信息，形成信任状 |

接下来，以我为学员网红声教"石榴叔"策划的"声音的力量"直播发售项目为案例，来具体呈现一下上述三个步骤的落地方式。

## 一、造势预热

这个步骤主要在于给朋友圈粉丝一个接受产品即将发售的缓冲期，也给自己发售产品一个师出有名的理由。同时，要用一定的噱头引发粉丝的关注和持续的参与。

常见的噱头包括：周年庆典回馈用户、春季

（或其他时间节点）发布会、生日庆典用户回馈等。关键是要和粉丝产生关联，激发粉丝的共鸣或者参与的热情。比如，石榴叔在发售过程中的预热造势阶段，用的是"线上转型，倒计时3天后官宣搞大事"的形式。

## 二、价值呈现

在朋友圈官宣要发售的产品结束后，要在朋友圈持续输出内容和信息，维持整个发售期的热度。

在这期间，朋友圈发布的图文内容，依旧要和这次发售紧密相关。而且，需要结合产品，从名人见证、客户效果反馈、产品价值、个人背书等多个方面，塑造自己的价值、人设和专业权威度。我们看一下石榴叔这期间的朋友圈打造。

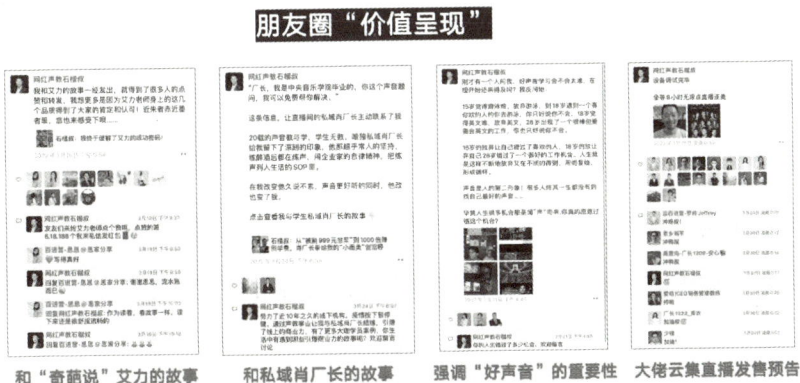

朋友圈"价值呈现"

| 和"奇葩说"艾力的故事 | 和私域肖厂长的故事 | 强调"好声音"的重要性 | 大佬云集直播发售预告 |

## 三、营销促单

这个阶段的朋友圈，主要发的内容是发售战绩，用以增加潜在客户的信任度。同时，也为追销和下一次发售做准备和造势。

可以发布名人大佬的站台背书信息、优秀学员的录取成功信息、产品价格回调原价/涨价的信息，形成朋友圈发售的紧迫感和稀缺感的营销氛围。

我们看看石榴叔在这个阶段的朋友圈营销内容。

以上三步，就是朋友圈发售的整体思维和布局。抓住核心本质、细节内容进行替换，万变不离其宗，你也能创作出有自己特色和风格的朋友圈发送方案。

# 第四节　私聊发售

微信一对一私聊，是除了视频号直播间之外，成交转化率最高的阵地。或者说，客户在看过直播、社群和朋友圈内容之后，最终做出下单购买的决策，还是在微信一对一私聊中发生的。

很多人在私聊的过程中，聊着聊着，就聊"死"了，就是对方没说要买，也没说不买，反正，就是不说话，找不到人了。

为什么信任度最高、亲密度最近的微信私聊，没有形成有效成交？无非以下几个原因。

1.需求不搭。用户本身的需求和你所提供的产品不匹配。换句话说，流量不精准。

2.信任不够。和用户之间的专业度、信任度还没有建立起来，对方不放心把钱交给你。

3.价值不清。用户没有充分了解你或你的产品能提供的价值。

4.报价太快。在用户未了解产品/服务的价值的情况下，心态太急，着急成交，结果把对方吓走了。

5.关单太慢。用户最冲动，想要下单的时候，你没有及时关单。等到想起来的时候，用户已经冷却了。

6.跟进太少。用户眼下没有需求，也许过一段时间就有了，但是你没有对其进行有效跟进，导致流失。

那么，高转化率的微信一对一私聊，应该怎么做呢？我们用下表将转化流程加以明确。

| 微信一对一私聊转化流程 | |
|---|---|
| **转化流程** | **说明** |
| **1. 互看朋友圈** | 可以看看近期对方的朋友圈内容，对对方的状态、需求有更深的了解；也可以邀请对方看看自己的朋友圈内容，由此增加信任度和专业度 |
| **2. 需求挖掘** | 从生活、工作、财务、目标等各个维度入手，挖掘对方的需求，评估自己的产品和服务能否满足需求 |
| **3. 多问少答** | 谁提问谁带节奏谁占据主动。交流过程中，多发问，引导对方表达；切忌对方一直追问，自己被动回答 |
| **4. 电话咨询** | 如果遇到比较大的业务问题（正好你也能解决）以及对方的付费意愿和付费能力都比较强，可以约电话咨询沟通 |
| **5. 给予方案** | 在电话咨询过程中，克制住对销售的欲望，极致利他，真正站在帮助客户解决问题的角度，为对方提供解决方案 |
| **6. 成功案例** | 无论是电话咨询，还是继续私聊，都可以列举你其他客户的成功案例 |
| **7. 报价成交** | 在用户信任度最高的时候，发送产品信息及付款码，果断而自信地邀请对方付款购买 |

以上的私聊流程，适用于以小而美的方式创业的超级个体 IP，基本上成交转化也是由 IP 自己就能完成。

如果你是创始人 IP，公司有业务、有产品、有团队，而且是专门的微信私聊成交团队，那么很有必要给销售团队设计一个完整的私聊成交 SOP（标准作业流程）。

设计SOP的目的，并不是约束团队成员的工作创造力，而是给一个工作标准，让不同水平的成员工作表现无论如何都至少能在一个水平线上。以下是一个落地性相对比较强的销售团队私聊SOP。

| 销售团队微信私聊转化 SOP | | |
|---|---|---|
| **阶段** | **步骤** | **话术逻辑** |
| **关系初建期** | 第一步：好礼相赠 | 1. 主动而不卑不亢地和对方打招呼<br>2. 对方回复后，立即发送礼物（资料），以便获取好感和信任 |
| | 第二步：客户信息提取 | 1. 了解对方对创始人 IP 的熟悉和认可程度<br>2. 了解对方的行业和身份／职位<br>3. 了解对方的业务情况／迫切需要解决的问题<br>4. 了解对方的付费意愿和付费能力 |
| | 第三步：好礼再送 | 1. 好礼再送，礼品可以是与对方行业相关的案例视频或资料，也可以是创始人 IP 本人创作的资料和内容，目的是再次升级关系<br>2. 给完资料后继续沟通对方的痛点和困惑，对方多说，我方少说 |
| | 第四步：创始人 IP 品牌内容素材 | 发送创始人 IP 的个人品牌素材内容。比如，个人故事文章、短视频，并建议对方可以模仿借鉴。这些素材是作为回访的抓手来用的 |
| | 第五步：结束本轮沟通，做好客户标签 | 1. 判断对方的意愿度和认可度<br>2. 形成客户精准画像描述，如不符合则结束沟通；如符合则备注标签，形成信息留存 |
| **关系升温期** | 第一步：话题引导 | 1. 进入到具体的业务层面的沟通交流<br>2. 将话题引导到公司的产品／服务内容方向上 |
| | 第二步：需求判断 | 1. 判断对方的问题属于哪一类<br>2. 逐步切换到自身的产品／服务能解决对方的需求和问题 |
| | 第三步：给出方案 | 结合自身的产品／服务，为对方遇到的问题给出高质量的解决方案 |

续表

| 销售团队微信私聊转化 SOP | | |
|---|---|---|
| 阶段 | 步骤 | 话术逻辑 |
| **产品成交期** | 第一步：产品推荐 | 1. 推出产品 / 服务，塑造产品价值<br>2. 描述成功案例，推出福利优惠等关单工具，报价，引导下单 |
| | 第二步：疑虑排除 | 回答 / 解决用户的疑虑，形成临门一脚关单，如，产品太贵了，我没那么多钱；我买的产品太多了，还没有用完；要回去和爱人 / 合伙人商量一下，先考虑下；时间冲突，暂时先不购买了…… |
| | 第三步：付款成交 | 1. 最好全款，并马上支付。如果无法付款，先收押金<br>2. 付款后，进入服务对接流程 |
| | 第四步：未成交客户维护 | 1. 如果已沟通多轮、已解决所有疑虑，未成交，则短期内不打扰<br>2. 如和对方没有聊透，重新走一遍成交的话术和流程<br>3. 在最终的产品交付日到来之前，再做一轮追销逼单<br>4. 痛点放大、同行学习案例、涨价节点、倒计时制造紧迫感等 |

本章，我们从直播间、社群、朋友圈和微信私聊四个场景，详述了成交转化发售系统的打造。

# 07

## 交付系统

# 07

## 交付系统

完成了发售之后，随之而来的，就是对客户（此时，粉丝已经转变身份，变成了客户）进行产品和服务的交付。

不重视交付，是一件非常危险的事情。轻则发生退款，重则影响口碑风评，甚至直接导致项目和公司的破产。

我做在线教育创业的阶段，有一次，和一位真格基金投资的兄弟公司创始人聊天。那时，我们的单月流水在 600 万元左右，对方是 200 多万元。在交流中，我发现了一个很有趣的现象：单月业绩已经比他们高的我，问他的都是关于流量、转化相关的增长问题；而他则一直在问我是如何搭建服务交付团队的，全职和兼职怎么配合，员工的绩效奖金和成长体系怎么设计的。

很明显，我更注重前端的放量增长，他更注重后端的维稳交付。

我问他："你们这个阶段，是冲业绩做增长的黄金时间，怎么不关心前端怎么快速起量，而关心后端的服务呢？"

他表情神秘，淡淡地笑着对我说："后端不扎实，不敢放量啊！放得越快，崩得越快。"

而事实是，知道"以终为始、先后再前"的他，确实拿到了比我更好的结果——大概是半年后，他们的单月业绩首次突破了 1000 万元；一年后，他们做到了单月 5000 万元。

我们可以想象一下：如果一年前的那次见面，他关心的问题也和我一样——怎么快速增长，而不是后端交付系统的扎实搭建，那么，等他们做到单月 5000 万元流水，每个月新增近万名客户的时候，会发生什么呢？

从本书的章节设计以及运营的通用流程来说，交付系统必然是出现在流量、发售之后的。然而，从落地实战的运营流程上来说，交付系统的设计（包括交付内容、人员、机制）都应该是先于流量和转化的，在没想好如何对客户做到、做好交付之前，就别轻易出去卖。

在服务和交付的过程中，使用频率最高的阵地就是社群（微信群）。本章我们就以交付之名，重点讲讲社群运营。

# 第一节　社群的定义

一般来说，各类产品，尤其是知识 IP / 商业 IP 的课程类产品、高单价过程体验类产品，在完成售卖、进入交付阶段后，都会将客户邀请进一个专属社群。这也是将本章的交付系统重点落地在社群运营上的原因。

那么，社群是什么？

百度百科给出的定义是：广义而言是指在某些边界线、地区或领域内发生作用的一切社会关系。它可以指实际的地理区域或是在某区域内发生的社会关系，或指存在于较抽象的、思想上的关系。

显然，上述定义是从社群的广义概念而言的。

我们此处指的社群，尤其指微信社群。那么，什么是微信社群呢？

我们将微信社群的定义体现在下面的表格里。

| 微信社群的定义 | |
| --- | --- |
| 特征 | 说明 |
| 同系 | 微信社群，是一种 IP 和粉丝、粉丝与粉丝之间社交关系的沉淀容器 |
| 同好 | 在微信社群内，群员有共同的爱好和目标，志趣相投 |
| 同味 | 微信群有相对明确的文化、基调和价值观 |
| 同规 | 微信群有清晰的规则和行为规范，并且大家共同遵守 |
| 同获 | 在社群内，因为高质量的价值输出和内容呈现，大家有共同的收获感 |

# 第二节　社群的分类

了解微信社群的定义之后，我们进一步了解微信社群都有哪些种类。

通常来说，无论是前端做营销转化的社群，还是后端做交付服务的社群，都可以分成三种大的类型：1.提供优质产品；2.提供解决方案；3.提供信息/资源。

具体来说，这三大类型的社群，又可以细分为以下几种社群形式。

| 社群的形式 | |
| --- | --- |
| **类型** | **形式** |
| **提供优质产品** | 1. 快闪群：通常用来做活动运营、用户促活或低单价产品闪电发售 |
| | 2. 发售群：通常以体验或分享名义建群，最后完成定向产品的发售 |
| **提供解决方案** | 3. 学习群：通常围绕某特定主题和共同的学习目标建群，交付某项技能 |
| | 4. 服务群：通常用来做某些服务的交付和履约 |
| **提供信息 / 资源** | 5. 管理群：围绕某个项目、产品或活动而组建的工作人员业务沟通和管理群 |
| | 6. 高端群：通常是高端人群聚集的私董会，属于高净值人群社群 |

# 第三节　社群运营

如何通过微信社群来做产品和服务的交付呢？

我们只需要关注三个关键词即可：创建社群、活跃社群和持久周期。下面，我们具体展开探讨。

## 一、创建社群

可以说，创建一个社群，等于系上衣服的第一粒纽扣，如果系错了，后面就都错了。

如何在一开始，就创建一个势必能运营成功、交付良好的社群呢？需要做到以下几件事。

### 1.明确社群价值观

一个公司、一个团队，需要有价值观；一个人行走于世，为人处世，也需要有自己的价值观。那么一个社群，当然也需要有价值观。

价值观，就是社群内所有成员共同遵守的行事准则；价值观，决定了你能吸引什么样的人；价值观，也能决定这个社群的文化基调和氛围；价值观，还能在理智和情感都解决不了某个问题的时候，提供一种是非判断的标准。

在建群之初，我们就要明确该社群的价值观，比如，是否允许大家彼此链接、是否允许大家在群里做输出和分享、是否允许大家在群里推荐自己的产品等。

我认为，通用性最广的社群价值观，就四个词语八个字。

团结：社群内的成员，要互敬互爱、互相学习、密切合作、共同实现个体和集体的目标。

紧张：社群内的活动和运营，要秩序井

然、节奏分明、张弛有度，不忙乱、不松弛。

严肃：社群内的成员，要注意个人素质和言行得体，讲礼貌、讲文明、讲素质。

活泼：营造一种生动活泼、心情舒畅的社群氛围，不机械、不呆板、不沉闷。

当然，还有一种情况是，你可以将自己公司或品牌的价值观，直接平移植入到社群中。从某种意义上而言，二者是可以相通互用的。比如，我们公司品牌新 IP 掘金所的价值观：平等尊重、极致利他、破圈成长、终身价值，其实也完全适用于社群的价值观。

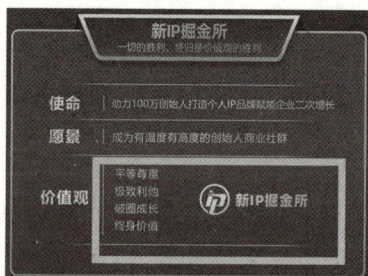

### 2.设定群名

确认了社群的价值观之后，要确定社群的名称。

社群群名的设定，有以下三点需要重视。

（1）如何完整显示群。通常而言，社群的群名在13个字符（汉字、数字、字母、符号等）内是可以完整显示的。超过13个字符，群名则无法完整显示，会丢失一些信息。

（2）群名的命名方式。社群的群名，相当于这个群的大标题，需要呈现一些重要信息（也方便群员第一时间找到社群）。通常来说，群名主要显示以下核心信息或关键词：IP名/社群目标/主题/性质。比如下表所示。

| 如何设置社群名称 | |
| --- | --- |
| 群名 | 关键信息 |
| 2022 雪菲超级个体加油站 | IP 名、主题、性质 |
| 视频号教培行业 423 读书日活动群 | IP 名、主题、性质 |
| 所长老金直播陪伴福利群 | IP 名、性质 |
| 电商创业私域运营交流群 | 目标、性质 |
| 创始人 IP 打造价值交流群 | 目标、主题、性质 |
| NewLady 直播兑奖群 | IP 名、性质 |

（3）在不同的活动/节点，随时改群名。群名设计好之后，并不是一成不变的，而是可以根据活动运营的策划、不同的时间节点，进行灵活更改。更改群名，在社群内会显示提示，某种意义上，也是对社群成员的一种提醒和信息告知。比如，我在运营"创始人IP掘金同盟会"社群的时候，就会频繁改群名。

| 社群名称动态更改 | |
| --- | --- |
| 活动 / 节点 | 群名 |
| 有新成员加入时 | 今晚 20 点迎新丨掘金同盟会 |
| 社群内有分享时 | 21 点 Lisa 分享丨超级干货 |
| 要宣布重大信息时 | 实战月玩法官宣丨21 点本群官宣 |
| 策划"夸夸"活动时 | 越夸越有丨第一轮夸夸玩法 |

### 3.明确群规

一个社群，就是一个社会，社会的有序运营，需要各项规章制度。一个社群的有序运营，也需要群规的约束。

如何设置群规？其实，只要明确四个要点即可。

| 如何设定群规 | | |
| --- | --- | --- |
| 要点 | 说明 | 示例 |
| 定主题 | 明确本社群的主题和目标，作用和功能 | 欢迎加入"百日进化营"，100 天见证你的 IP 品牌崛起 |
| 说玩法 | 明确本群运营的形式、内容和参与方式 | 本群每周三、五 19：00 是老金的闭门直播课，准时哦。另外，还给大家安排了优秀学员分享，值得你来学 |
| 定规则 | 明确社群的具体操作方式和约束内容 | 进群后，请先改群昵称为【组别 - 姓名 - 城市】。本群仅在周一允许大家发海报、链接、视频等进群。欢迎大家互相链接，彼此加友，但勿打扰他人；允许大家互相分享自己的产品，但切勿过分推销。尤其是三无产品，禁止在本群曝光和推广。请大家在作购买决策前，慎重分析研判人品和产品 |
| 说红线 | 明确最高级的限制内容及处罚方式 | 本群内发布负面言论、讨论违背社会风尚话题等，第一次出现警告，第二次出现会被抱出群哦 |

完成了社群价值观确定、群名创建和群规设定之后，就完成了创建社群这个工作了。

## 二、活跃社群

我有很多学员，都有自建社群，运营了一段时间之后，跑过来问我："社群突然不活跃了，甚至变成了死群，怎么办？"

其实，一个社群的活跃并不是每天在群里几百条聊天记录、每天都在群里热闹喧天，真正的活跃，是很克制的——不应该是无声无息没人说话，也不应该是每天激情沸腾，而是大家在社群里都能获得高价值的内容或优质的社群关系沉淀。

那么，应该如何让社群更高质量地活跃起来呢？

打造好三种感觉，就可以了。

### 1.仪式感

平淡的生活，需要有仪式感的加持，才有趣味；真实的社群，也需要有仪式感的加入，才有活力。

什么是仪式感？

仪式感就是把一件普通平常的事当成仪式来办，让人产生被重视的感觉。

比如，在建群之初的群员自我介绍环节，或者建群后新成员加入社群的自我介绍环节，我们是不是可以给大家安排一个热闹又温馨的欢迎仪式，而不是群内一片冷漠，氛围一片冷清？

又比如，当群内好友取得了阶段性的成就和成果后，是不是可以发动所有群员对其进行祝贺？

此外，我们还可以运用虚实结合的方式来制造仪式感，除了社群氛围，还可以通过给社群成员（粉丝、客户）寄送实物礼品（成本可控的前提下）的方式，来增加仪式感。

比如，我给我自己的学员定制了专属的品牌笔记本，精美包装、印上Logo，还有亲笔签名和赠言，并且在未提前通知的情况下，寄送给客户，给他们惊喜，也是一种仪式感（如下图所示）。

通过"盖楼仪式"营造"仪式感"

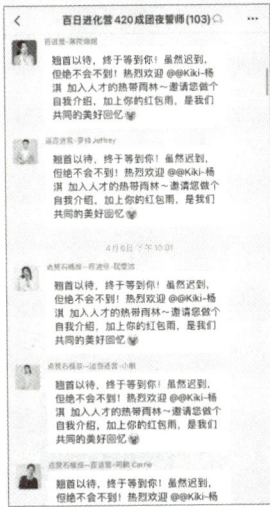

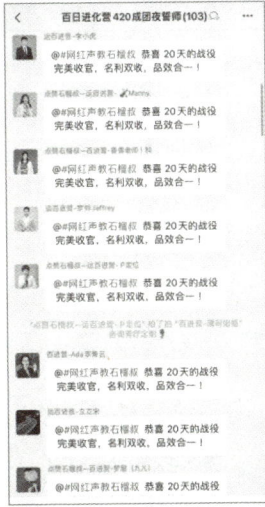

| 进群前提前铺垫 | 群内统一话术盖楼 | 对群友针对性祝福 |

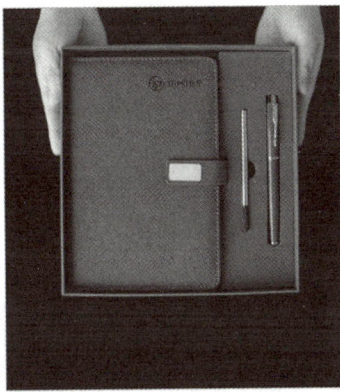

　　实物礼品的赠送，不在价格高昂，全在于用心和个性化——比如，能否给每个客户定制专属的名字、能否写上你的亲笔签名，甚至能否是你自己手工打造的礼品。

## 2.参与感

　　参与感就是让所有人（至少是更多人）能参与进来。通过参与，让大家对社群投入更多感情，也能获得更多正反馈。

参与感最经典的案例，是雷军的小米手机和宜家的仓库自选+自己组装模式。

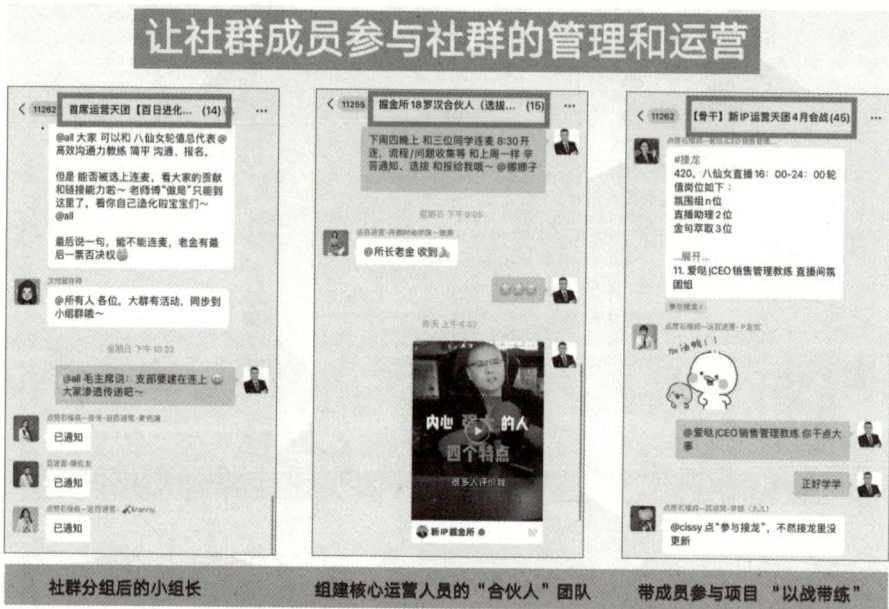

让社群成员参与社群的管理和运营

社群分组后的小组长　　组建核心运营人员的"合伙人"团队　　带成员参与项目 "以战带练"

那么，应该如何设计社群的参与感呢？

比如说，我们可以把明明自己就能决策的方案，让大家参与投票；给即将要出版的书的书名投票等。关键不在于收集大家的答案和选项，而是给大家营造参与的机会和氛围。

比如，我在将产品"百日进化营"进行升级的时候，需要有一个新的产品名字。新产品的最终名字，就是发动大家投票，民意决出的。

除了发动大家参与投票之外，还有一个更好的调动参与感的方法：把相关社群的管理权、运营权交给客户。都说管理的本质是激发员工的善意，其实，社群运营的本质也可以是激发成员最大的善意，让成员参与到管理、运营和群氛围活跃的建设中。

我自己在社群的运营过程中，会将一个社群拆成若干个小组。每个小组选出一位成员当组长。组长可以高效率地传达信息，保证信息的触达；同时，也让组长有参与感和价值感。

另外，我们公司的很多运营任务，小到其他免费粉丝社群的运营，大到直播间的社群（直播逐字稿提取）等工作，也会交给学员。一方面，公司能节省出一些人力成本；另一方面，大家的参与度也很高，觉得自己为公司的品牌建设贡献了自己的价值。

### 3.归属感

归属感就是让社群的成员在社群里找到一份价值认同和灵魂归属。

最重要的，是让成员在社群内感受到自己是被认可和尊重的。

比如说，我会在客户所在的付费社群里，开展"使劲夸一夸"活动：让每一个人"指名道姓"地赞美和夸奖其他成员，而且要给出夸奖赞美对方的理由。被夸的人，等于被其他人点名了，哪怕平时并不活跃，这个时候，也会冒泡，出来感谢夸奖他的人，同时回敬，顺带也夸夸其他人。这样，社群的氛围和归属感一下子就起来了。

其次，一旦社群内有成员爱"搞大事"，比如，做一次大规模的发售的时候，我会发动其他成员一起站出来为他摇旗呐喊，组成阵容强大的亲友团。"一人打仗，众人助阵，我为人人，人人为我"的社群氛围就此形成了。

以上两个活动类型，都是打造参与者和受益者归属感的很好方式。

通过打造社群的仪式感、参与感和归属感，能有效加固社群成员的社交关系，提升社群的活跃度。

### 三　持久周期

最后，我们来聊聊如何让社群活跃得更持久。

如果一个社群，都是由群主高投入的运营来维持，活跃度是很难持久的——群主的时间精力有限、长期的曝光，也会让大家产生视觉疲劳。

更好的方式，是让更多成员站到舞台中心。既让站到舞台中心的人有被重视的感觉，也能让他们获得社交链接的曝光度，还能有效避免其他成员产生天天看群主的视觉疲劳，可谓一举多得。

我采用的方式是：让社群成员，尤其是那种分享欲强、有干货内容储备、同时也有社交链接曝光需求的人，在社群里做干货分享。

把内容输出的权力从群主本人分散给社群的其他成员，这是一种典型的"去中心化分布式"思维。

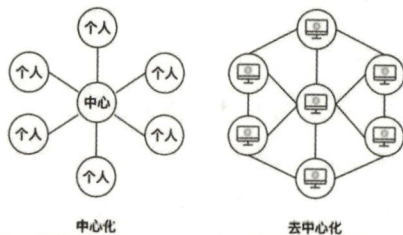

社群"去中心化分布式"思维

中心化　　去中心化

通常来说，我会先在社群中发起报名，征募想要在社群中做分享的成员；然后，会给分享者一段时间去做充分的准备；最后，在社群分享开始之前，会给分享者搭配一位专门的主持人，让这位主持人在分享人分享之前为他塑造价值，抬抬轿子。

在群里，越分享，大家的链接力和社交关系就越强，社群的价值感和活跃度就越持久。

当然了，除了"去中心化的分布式"群分享之外，还可以使用打卡领积分、读书分享接龙等方式，来持续提升社群的价值浓度，进而保证社群的活跃度持久性。

越分享，越连接，越持久

# 08

## 团队搭建

# 08

# 团队搭建

现在的市场和经济环境下，任何一个商业项目的竞争，不仅仅是 IP 个人之间的竞争，更是 IP 的团队与团队之间的竞争。

打造团队，至关重要。

在打造团队这个话题上，我自认为，还是有发言权的：2009—2016 年在新东方工作期间，我更多是一个"超级个体"的角色，只需要备好课、讲好课就可以，备课和讲课，都是要自己独立完成的事情，不太需要太多的团队协助；到后来，我自己创业，从一个人，到几个人，到十几个人，到几十人，再到百人团队，也是一步一步扎实地走过来的，从不会面试到面试、从不会带人到会带人、从带小团队到带大团队。

在公司最辉煌的阶段，一度有 400 多人的团队：全职 150 多人，兼职 250 多人。为了让这个百人团队高效运转，我们反复设计和优化组织架构，最终形成下面的版本。

## 2017—2021　老金的互联网教育项目组织架构图

带过大团队，再下来做团队人数相对要求少、组织架构相对简单的 IP 创业项目，就觉得轻松很多，也有人称之为降维打击。

那么，应该如何打造 IP 型创业团队呢？

我认为，要重点关注三个点：

1. 团队打造的阶段；

2. IP 型创业所需要的岗位；

3. 团队打造过程中的人才选用、育留。

接下来，我们分节展开探讨。

# 第一节　团队打造阶段

团队的打造，团队人员的选用、育留，并不是一件感性的、拍脑袋就能决定的事。

团队的打造，需要和业务发展的阶段深度捆绑，而且，要做好节奏的把控。比如，有些岗位，需要提前于业务储备和培养人才；有些岗位，则可以滞后于业务，留下更多的试错空间。

总体来说，团队打造和业务阶段的结合，可以从以下表格中看明白。

| 团队打造与业务阶段的捆绑 | | |
|---|---|---|
| 阶段 | 营收体量 | 团队情况 |
| 起盘期 | 1万~10万 GMV/月 | 1~2名助理，先线上远程合作；后逐渐变成线下全职。线上远程合作阶段，成本更可控，而且可以从自己的客户/学员中物色人才；线下全职人员，成本略高一些，但是稳定度和专业度比较高 |
| 发展期 | 10万~50万 GMV/月 | 2~5人团队，线上远程协作与线下全职融合。可以由公司内部的全职人员带着线上人员（兼职）共同协作 |
| 稳定期 | 30万~100万 GMV/月 | 5~15人团队，线下全职与线上远程协作融合。这个阶段，要以线下全职的团队为主，线上远程协作的兼职团队作为补充 |

其实，IP型创业和公司化/产品化创业还是有本质区别的。IP型创业更侧重IP的品牌曝光、势能、内容创作能力，一切运营动作，也基本是围绕IP本人展开，其他人员更多起到辅助和增效作用，因此，团队规模和人数不需要太大。

既然是打造一个精干的小而美团队，对团队人员的能力、素质的要求其实更高，是典型的宁缺毋滥状态。

怎么找到真正合适的人呢？

最重要的一个原则是"在认同你的人当中，找你认同的人"。团队成员的愿力一定是大于能力的，如果对方真正地认同你，工作的配合默契度是非常高的。

# 第二节　IP型创业所需要的岗位

如果说团队的规模和人数，需要和业务发展的节奏深度捆绑，那么团队需要的岗位，则应该和团队的业务内容和产品形态深度捆绑。

岗位，都是由业务和产品的形态倒推出来的。你只有先明确自己要做哪些业务和产品，才能明确你到底需要哪些人。

不同的业务和产品，对应什么样的岗位，我们看下面的表格。

| 与业务和产品形态<br>相关的岗位 | |
| --- | --- |
| 业务／产品 | 岗位 |
| 短视频 | 编导、文案、拍摄、剪辑等 |
| 直播 | 直播助理、运营助理等 |
| 社群 | 运营助理、班主任、社群销售、客服等 |
| 公众号 | 文案／编辑、平面设计师等 |
| 私董会 | 项目负责人／合伙人等 |
| 产品研发 | 课程研发 |
| 公司运转 | 人事、行政、财务等 |

以上岗位，并不是为了堆人头，为了组织运转效率更高，还需要将这些岗位和人员装进合适的组织架构里面。

在组织架构中，我们发现，其实IP型创业的团队最重要的部分就两个：内容和运营。本质上，可以理解为IP生产出优质的内容，通过团队运营出去，再把现金收回来，并产生社会和经济价值。

当然，下图的组织架构是一种相对结构化的模型，它是一种在成本预算理想下的状态。但是，如果创业早期阶段，收入稳定性和可支配成本都不高的情况下，还是有灵活变通空间的——部门和岗位可以齐全，但是未必要一个萝卜一个坑地采用全职的形态。

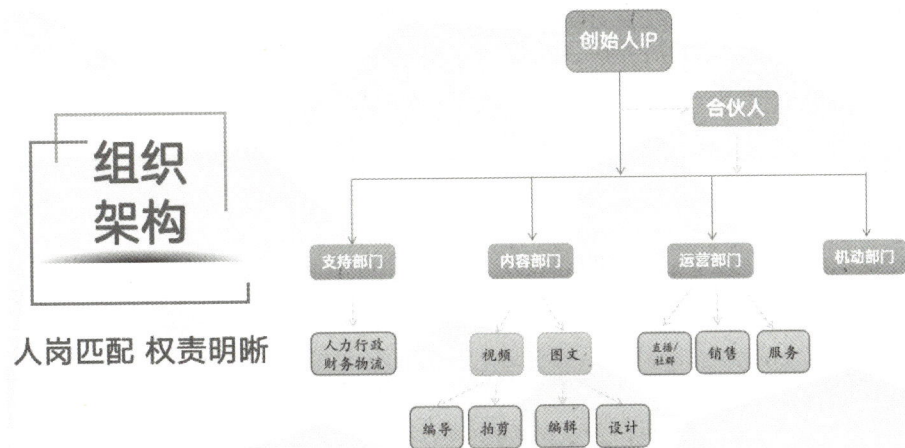

组织架构

人岗匹配 权责明晰

比如，人力行政财务和物流工作，不一定一个岗位配一个人，可以集中在一个人身上；在团队人数少、招聘需求量不大的情况下，也没有必要专门配备行政和人事的岗位；财务也可以采用外包的形式，不一定要招一个全职的员工；编导、拍摄剪辑人员，多可以是3个人，少则可以集中在一个人身上，甚至，在工作和业务开展形态上，不需要每天拍摄短视频，而是可以集中一个时段拍摄，这样的话，也没必要雇用全职的短视频团队人员，采用外包的形式就可以了，比如，每周集中一个周六在室内或外出拍摄接下来一周所需要的视频，只需要花钱单次雇用拍摄即可；视频拍摄完之后的剪辑工作，也可以按照计件式的方式和外包结算；平面设计和短视频的编导、拍摄剪辑等岗位一样，也不是每天都有工作量的岗位，极容易发生空烧的状态，因此，也可以采用外包兼职合作、按件计酬的方式进行，更灵活，成本更可控。

相对来说，其实最需要固定投入和全职工作的，是运营岗位——因为这个岗位的工作细节较多、执行的落地性要求高、客户的跟进响应速度要求也很高。

在团队搭建和岗位招募的过程中，我们不仅要考虑到业务节奏、业务和产品形态等因素，还需要考虑成本和人效等因素。

成本很好理解，就是你招进来一个人，人作为一种资源，是需要付出成本来获取的。而投入成本最终的目的是要获得产出和收益，每招一个人，都要提前想好他的成本，能带来多大的产出，即"人效"。

知名企业家卫哲曾经说过："衡量企业效率最重要的一个指标，就是人效。一家互联网公司如果没有人均10万美元的利润贡献率，就不是真正的互联网公司。"

注意，卫哲先生这里说的人效，不是每个人为公司带来的收入，而是带来的净利润，这个要求是很高的。

我们下面就来算一笔账。

如果你需要一个五脏俱全的团队——人数不多，但是每个岗位上都有个人，而且是全职，那么需要多少人力成本？你需要有多大的流水规模才能养得起这个团队？而团队成员每个人，又需要达到什么样的人效标准（现金流而非利润角度）？

## 成本/利润率/人效模型

| 岗位 | 成本（含五险一金） | |
|---|---|---|
| | 北上广深杭 | 其他城市 |
| 人力/行政/财务 | 8500元 | 7000元 |
| 编导 | 20000元 | 16000元 |
| 拍摄剪辑 | 20000元 | 16000元 |
| 新媒体文案 | 15000元 | 12000元 |
| 设计师 | 12000元 | 10000元 |
| 直播/社群运营 | 10000元 | 8000元 |
| 销售/班主任 | 10000元 | 8000元 |
| 年度总计 | 1146000元 | 924000元 |

人力成本目标：15%
利润率目标：65%
其他成本预算：20%

总GMV = 1146000/15% = 764万
人效 = 764/8 = 955000元

如上图所示。

一个建制完整的8人团队（包含IP自己），在北上广深这样的一线城市，年度人力成本在110万元左右；在其他二、三、四线城市，成本在90多万元；如果我们预设人力成本占总流水的15%左右（也是一个相对合理的数值），那么我们可以倒推出这个项目的年流水在600万~800万元。这就意味着8个人承担了600万~800万元的营收目标，每个人需要做出75万~95万元的流水，75万~95万元，就是团队成员每个人的"人效目标"。

继续，如果我们假设除了人力之外的其他成本（包含房租物业水电、市场营销费用、管理成本、各项税费等）在20%左右，那么最终的净利率则为65%左右（IP创业项目独特的高净利模式；传统行业和产业，包括互联网，净利在10%~15%已经是非常优秀的表现了），那么IP每年的净收入则在400万~500万元。

你看，只有把账都算明白了，我们才可以招人搭建团队，或者说，只要账算得明白，知道自己能不能赚钱，在哪里赚钱，知道自己能保证住人效产出，其实，是不怕招人扩建团队的。

# 第三节　团队人员的选用、育留

接下来，我们需要去什么渠道招募成员、打造团队呢？可以看以下图表。

| 人才招募渠道 | | | |
|---|---|---|---|
| 渠道 | 具体示例 | 优点 | 缺点 |
| 招聘网站 | 猎聘/Boss 直聘/实习僧等 | 职业化程度高<br>基本上来就能干活 | 要价高，但信任和认可度相对低 |
| 粉丝群体 | 付费学员/社群/朋友圈/公众号等 | 认可度高<br>沟通成本低<br>听话懂事<br>成本可控 | 专业度和熟悉度低<br>迁移办公成本高 |
| 窝边草 | 朋友介绍/老员工老同事等 | 职业化程度高<br>有一定的信任度 | 可遇不可求 |

可以看到，每个渠道各有优劣势，关键在于选择，也有机缘的成分在里面。

人员招进来之后，如何给对方开报酬，也很有学问。

通常来说，报酬收入分为以下几种，详见表格。

| 报酬类型 | | |
|---|---|---|
| 类型 | 用途 | 适用人群 |
| 底薪 | 保障确定性收入 | 技术型人才 |
| 绩效 | 用来做管理考核和激励工具 | 技术型人才 |
| 奖金 | 用来做目标明确的激励工具 | 所有人 |
| 提成 | 结果导向，明确激励的工具 | 销售型人才 |
| 分红 | 用来做中长期利益绑定的工具 | 合伙人 |
| 股份 | 用来做长期事业绑定的工具 | 股东/联合创始人 |

通常来说，团队人员的薪酬都是打包形式（package），即一个人的收入是由多种收入类型组成的。

和新成员谈好薪资报酬之后，在其加入公司并签劳动合同的时候，建议要同时签一份《岗位职责》单。制定《岗位职责》单的时候，是你自己对这个岗位的业务梳理过程，将单子给对方的时候，等于明确了岗位职责、边界和工作评价的标准。

举例，以下是我们公司运营助理这个岗位的《岗位职责》。

《岗位职责》

岗位名称：运营助理

岗位职员：　　　　　（签名）

1.完成流量增长相关工作，包括但不仅限于增长裂变活动、内容引流涨粉、群互换等；

2.完成微信私域朋友圈内容发布，包含个人微信和企业微信，具体账号由上级指示而定；

3.完成短视频上传更新和粉丝互动运营工作，包括但不仅限于微信视频号、抖音、快手等，具体账号由上级指示而定，并灵活动态调整；

4.完成短视频内容的选题、文案和脚本创作工作，具体内容创作形式，由上级指示而定；

5.协助短视频拍摄助理工作，具体工作形式和内容、室内/室外跟拍由上级指示而定，并灵活动态调整；

6.完成直播运营助理工作，包括但不仅限于直播前的准备工作、直播中的运营工作与直播后的收尾、复盘及粉丝服务工作，具体工作内容由上级指示而定，并灵活动态调整；

7.完成微信公众号内容创作工作，具体更新频率、内容创作形式，由上级指示而定，并灵活动态调整；

8.完成社群相关的运营工作，社群包括但不限于活动快闪群、粉丝增长裂变群、销售转化群、付费客户服务交付群等，具体工作内容由上级指示而定，并灵活动态调整；

9.完成潜在客户/已付费客户的礼品（包括实物、虚拟产品）的快递、发放工作，保证客户满意度，具体工作内容由上级指示而定，并灵活动态调整；

10.完成与外界资源渠道、IP合作的公关外联、细节对接等运营工作，具体工作内容由上级指示而定，并灵活动态调整；

11.完成其他因业务增长、调整而产生的相关运营工作，具体工作内容由上级指示而定，并灵活动态调整。

我在新东方工作的时候，上级领导给我们开会，经常会强调新东方的用人观：选人要准，用人要狠，对人要好，开人要快。

尤其在用人这个模块上，靠情谊和感性是用不好人、带不好团队的。

人没有好坏善恶之分，制度有好坏，而且制度能把一个好人变成坏人，也能把一个坏人变成好人。

因此，在用人和管理这件事上，制定科学的制度，让制度去管人，是更合理的方式。

比如，在我们公司内部，我们每个月月初都会和员工一起制定OKR目标，在月末的时候，回顾过去一个月的工作和OKR目标达成度，正好可以做一次绩效交流，也能更加严谨客观地给对方做绩效打分和反馈，让对方很清楚地知道自己哪些地方做得好，哪些地方做得不好，以及自己拿到的绩效和奖金收入是怎么算出来的。

关于OKR管理，你可以找找这个领域专门的书来看看。这里，我把我们团队的OKR表格和你分享。

| 岗位 OKR 管理文档 | | | | | | |
|---|---|---|---|---|---|---|
| 编号 | 描述（展开描述目标与关键结果） | 权重（每项比例） | 月末举证（图片或链接等） | 自评分（0~10分） | 领导评分（0~10分） | 最终得分 |
| O1 | 实现可持续流量增长 | 30% | | | | |

续表

| 编号 | 描述<br>（展开描述目标与<br>关键结果） | 权重<br>（每项<br>比例） | 月末举证<br>（图片或<br>链接等） | 自评分<br>（0~10<br>分） | 领导评分<br>（0~10<br>分） | 最终<br>得分 |
|---|---|---|---|---|---|---|
| | | | 岗位 OKR 管理文档 | | | |
| Kr1 | | | | | | |
| Kr2 | | | | | | |
| Kr3 | | | | | | |
| O2 | 实现持续营收变现 | 30% | | | | |
| Kr1 | | | | | | |
| Kr2 | | | | | | |
| Kr3 | | | | | | |
| O3 | 优质内容持续输出 | 15% | | | | |
| Kr1 | | | | | | |
| Kr2 | | | | | | |
| Kr3 | | | | | | |
| O4 | 客户的优质服务<br>和及时响应 | 15% | | | | |
| Kr1 | | | | | | |
| Kr2 | | | | | | |
| Kr3 | | | | | | |
| O5 | 自我学习和成长 | 10% | | | | |
| Kr1 | | | | | | |
| Kr2 | | | | | | |
| Kr3 | | | | | | |
| 签字确认 | | | | | | |
| 月初员<br>工签字 | 签名：<br>日期： | | 月末员<br>工签字 | 签名：<br>日期： | 自评总分<br>（40%） | |

续表

| 岗位 OKR 管理文档 | | | | | |
|---|---|---|---|---|---|
| 月初上级签字 | 签名：<br>日期： | 月末上级签字 | 签名：<br>日期： | 上级总分<br>（60%） | |
| 成长反思自评： | | | | 总分 | |
| 上级成长寄语： | | | | | |
| 绩奖发放比例： | | | | | |

以上，我们从"团队打造的阶段""IP型创业所需要的岗位""团队人员的选用、育留"三个角度，来具体讲解了IP型创业的团队打造问题，相信对你一定很有启发。

至此，个人IP品牌打造的"天龙八部"就全部讲完了，我们可以通过下面这张"地图"，再宏观总览一下个人IP品牌打造和创业的流程和逻辑。

# 后记　你的IP价值百万

2021年年底，我从高举高打的融资型创业模式，进入 IP 创业赛道。

明确了要做这件事之后的一星期，我就决心要写一本 IP 和个人品牌方面的书——我深知：要想做一个 IP，尤其是鼓励别人也要站到前台来做 IP 的 IP，出版一本书是多么重要和必须的一件事。

然而，这个想法冒出来后的3天，甚至连出版社都已经联系好了的情况下，我还是放弃了。为什么呢？

因为我觉得，刚进入这个赛道，还没做出什么成绩，还没和这个赛道的用户深度交流过，能写出好作品吗？我不想写一本粗制滥造的口水书，更不想制造一本披着华丽封面的"知识毒药"。

很快，半年时间过去了。在这半年里，我邀请了17位创始人IP赛道的大佬，做了一场名为"个人品牌春季盛典"的15小时的直播马拉松、发布了自己的第一款名为"个人品牌百日进化营"的课程产品、打造了网红声音教练"石榴叔"和"NewLady商业联盟"等多个百万直播间爆款案例……可以说，我用了半年的时间，拿到了结果。

这时候，我感觉自己的手感热了，是时候完成出书的目标了。我再次和出版社老师取得联系，告诉他们，我准备好了，要正式开始写书了。

编辑老师说："好的，金老师，你看看3个月时间，能不能交稿。这样的话，书差不多在今年年底还能上市。"

我说："不用3个月，给我20天就够了。"

而事实是，这本书，从5月5日开始落笔，5月19日就交稿了，只用了15天时间。

编辑老师愕然："书的质量很高，但是只用了15天时间，金老师，你是怎么做到的？"

其实，只有我自己知道，这本书，表面上是用了15天写完，实则用了至少3个月，多则10年的时间才写出来的。

此话怎讲？

首先，写这本书之前，我已经用了差不多3个月的时间，给学员讲了一套系统的、带有16节直播课的"个人品牌百日进化营"课程。在讲授这门课程的时候，因为是每周只讲两节课，所以我几乎是用一周完整的时间，去备课、去准备每次只有两小时的课程——每节课都是图文并茂、编排精美的PPT课件。因此，在写书的时候，结合PPT课件的内容，书的大纲、章节等于早已研发完成了；而写书的过程，只需要把内容从课程的PPT变成书籍的文字就够了。这一步很顺畅，也很高效，自认为也够专业，够严谨。

其次，我们要把课程研发、PPT设计的时间也算进来，这些至少用了3个月时间。这本讲个人IP和个人品牌的书，里面每个章节、每句话、每个方法，都是我亲自测试、验证有效的，也浓缩了我过去十多年的职场奋斗和创业过程中的IP品牌打造的真实心法。可以说，我是用了一段十年的人生经历和实战经验写就了一本书。

确实，我把自己在IP打造和个人品牌营销方面十多年的经验和心法，都浓缩在这本书里了。

最早得知并践行个人品牌，是2009—2016年在新东方工作的那些年。

我从新东方的寒假训练营的助教起点出发，半年时间，获得了"新东方教师说课擂台赛全国冠军"，这个奖杯让我带着光环出道；一年后，我在微博和公众号上累积了将近60万粉丝，成了许多学生和同事心目中的名师；三年后，我在新东方的第一本书《考研英语真题词汇点词成金》上市，也成为那一拨几万名同时期出道的老师当中，第一个用了3年时间就开始出版自己的图书作品的老师；又过了半年，我从高考落榜生到成为新东方名师的故事，登上《新京报》，开始出圈；四年后，许多演艺明星慕名而来，找我学英语，而我也顺其自然地成为"谋女郎"董洁、"快乐女声总冠军"江映蓉和"至上励合"队长张远的英语老师。

可以说，在新东方工作的那几年，作为一个超级个体，我很快就明白了个人品牌的重要性，并快速行动，拿到了丰硕的成果。

那几年，我已经把个人品牌玩得风生水起，也颇有心得了。

而得知并践行创始人IP则是在2017—2022年创业的这几年。

从一名英语老师转型成为互联网创业公司CEO，这个转身，对于很多人来说，难度不可想象——事实上，难度确实很大。然而，相对于那些在商场上经验丰富，懂市场营销、懂产品懂技术、懂管理懂团队的创业者来说，我还是具备错位竞争的优势的——这些创业同行或老前辈，尽管创业和经营的经验都很丰富，但是普遍没有IP打造和个人品牌营销的意识，而我，则把在新东方用过的那一套个人IP品牌营销的经验迁移过来，只不过，之前我是超级个体，而创业后是一个身后有一家公司、一个团队和一款产品的创始人，只要从超级个体IP转变成为创始人IP就可以了。

事实也证明，个人IP品牌打造的技能是可以迁移的。我用朋友圈"浪潮式发售"的品牌营销活动，在公司开张一个月不到，我们有了第100名付费学员；通过IP曝光和媒体报道放大等品牌公关活动，我带着公司用了不到4个月，连续拿到两轮融资，总额在2000万元左右；通过一场行业论坛上的精彩演讲，推高自己的IP品牌势能，我搞定了"追求"了8个月的后来的联合创始人，并且在那场论坛演讲之后，通过迁移自己的个人IP品牌势能到公司品牌上，我们一举进驻了数十个电视厂商的终端大屏，品牌得到再一次大规模曝光，也获取了源源不断的新渠道流量——这是典型的品效双收打法。

可以说，在过去的十多年，我一直在亲测、践行个人IP品牌打造的玩法，同时，也是个人IP品牌打造的持续受益者。

很庆幸，在过去十几年，我掌握了这门手艺，这门让我已经吃了十多年红利，并且未来十多年依旧有用甚至比过去的十多年重要100倍的手艺。

这确实是一个人人皆可为IP的时代。

对于超级个体而言，打造好自己的IP个人品牌，就意味着流量和更高转化率的变现：因为在供大于求、商品饱和的今天，消费者的消费偏好越来越倾向于那些有温度、有灵魂的个人IP背后的产品和商品。而且，社会化媒体平台的成熟，让越来越多的超级个体拥有了自媒体、自平台、自传播的机会——昨天还是一身本事但默默无闻的有才华的人，今天通过一条爆款热门短视频，也许就成了一举成名天下知，出门无人不认识的超级网红。然后，围绕他为IP的产品矩阵开始出现，货卖到爆。

对于公司和企业的创始人而言，打造好自己的个人品牌和IP，等于免去广告费就有了一位首席代言——这位首席代言，不仅不需要花费高额的代言费用，而且还会说话、能讲故事、有温度、有灵魂，能瞬间在公司产品品牌和客户中间，架起一座关系破冰和信任升温的桥梁——从此，流量获取成本持续降低，产品出货速度持续飙升。

对于超级个体、创始人而言，你的IP价值百万。

哪怕对技能平平，也无意创业的职场人而言，个人IP品牌打造也能让你拥有更和谐的职场社交关系、更厚重的同事信任，以及随之而来的，更多升职加薪华丽跳槽的机会。没错，对于"安分守己"的职场人来说，你的IP，也价值百万。

但是，大多数人不懂得如何打造自己的个人品牌和营销自己的个人IP，甚至还很排斥它，认为打造个人品牌和IP是一种露脸的丢人行为，或者是一种只会营销噱头的高调炒作。

一个公司、一个产品，如果没有品牌，将会陷入残酷的价格战当中，甚至连参加价格战的资格都没有，因为无人问津。一个个体或者公司的创始人，如果没有品牌，将注定平庸、碌碌无为、泯然众生，鲜有出头之日。

写这本书，就是希望能把自己的品牌打造和IP营销的实战经验，传播给更多"多年原地踏步，却从未放弃出人头地"的奋斗者。

也希望这本书，能真正为你的品牌打造、流量获取、内容创作，甚至是商业进化、创业历程乃至人生进化、生命跃迁带来启发和结果。

我们通过这本书认识，这是一段非常美妙的生命之遇。既然结缘，何不让这段缘分持续得更长久一些？欢迎您加我的个人微信好友，相信我的微信朋友圈也能源源不断地为你提供营养；也相信，未来的人生岁月中，因为彼此出现在对方的生命中，会有更多的美好发生。

打造个人IP，传播个人品牌，相信自己，你的IP，价值百万！

# 附录 打造IP超高价值个人品牌的十大黄金思维

这两年，在财富增值界，有两个词火了，一个叫"个人品牌"，另一个叫"个人IP"。

他们火，是有理由的。

从时代大背景来看，工业化时代是流水线作业方式，每个人都得待在自己的位置上，环环相扣，缺一不可；现在的信息化时代，只要有网络，任何时间、地点都可以完成协作，只要你有一技之长，不需要去上班，也能完成劳动交付。因此，自由职业、个体创业开始盛行，也因此带火了个人品牌和个人IP的概念。

再从市场大环境来看，现在在公司上班，也许是最不稳定的一种生活方式。或许哪天公司突然破产了，甚至整个行业都团灭了，你就得卷铺盖走人。而接下来，或许就开启了你的自由职业、个体创业阶段。因此，个人品牌和个人IP当然也是十分重要的。最后，再看社会化媒体环境，现在的文字平台、音频平台、短视频平台遍地皆是，去中心化的信息分发方式，让个体创业在圈粉获客这件事上，只要能找到流量密码，就会变得非常简单。因此，更凸显了个人品牌和个人IP的重要性。

然而，个人品牌和个人IP无论多重要，其实本质都是一种影响力的打造。

▲ 美国著名学者西奥迪尼的经典之作《影响力》

影响力的本质是影响别人对你看法的能力。

影响力又细分成两个维度：第一，你能影响到的人数，这是宽度；第二，

你能影响别人到什么样的程度，这是深度。

这两个维度其实很好理解，我给你讲个故事。

我在创业之前，是一名英语老师，经常要给学生做英语学习方法的演讲。讲了大概200场，水平提高了，公司就让我从给20人讲，变成给50人讲，再变成给100人讲，给200人讲。最后，为了提升公司品牌的影响力，领导直接让我去给全校的学生讲，三五千人在学校的操场上听我做演讲，显然，我个人的影响力也提升了，因为，我能影响的人数提高了。

▲ 做老师时激情四射的千人演讲

每次演讲结束后，在回公司的车上，领导亲自给我当司机，她总会边开车边和我说："小金，今天讲得不错，场面很热烈，你也很幽默。但是，有没有讲到学生心里去？能影响他们多久、多深刻？这个问题，咱们还要一起提高一下！"显然，这里讲的就是影响力的深度——你有没有直达人心、暴击灵魂。

提高影响力的这两个层面之后，影响力是可以变现的。但是这里说的变现，不仅仅是金钱层面。其实任何通过影响力而获得的收益，都可以叫作"变现"。比如，因为影响力的提升，你获得了一份更好的工作；到了一个更大的平台；有了自己喜欢的另一半；获得了一个贵人的认可和扶持；遇到了一个千载难逢的好机会……这些都属于影响力变现。

那么，重点来了，无论我们是在学校上学、职场上班、个体创业或是公司创业，应该怎样提升自己的影响力呢？这个问题，我认为自己是有资格、有经历、有结果验证来回答的。

我出生在浙江的一个普通农民家庭，毫无背景可言；高考考了四百多分，上的是三本，可见智力一般；虽然来自浙江南方，但形象粗悍，断然不是江南才子那种修长俊逸。但最终我在北京落户定居，成为新东方明星讲师，自己创业获得顶级资本投资。

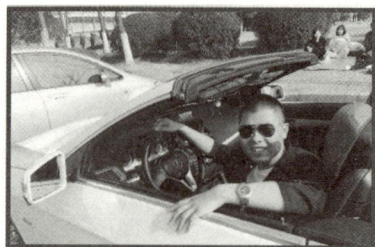

这里的剧情反转和天赋资质无关，和个人勤奋努力有关，但最重要的，还是比较善于"步步为营"地经营自己，说白了，就是懂得自我提升后的包装和营销，懂得打造和推广自己的影响力——而且，也让影响力变现了。

每个人都有自己的故事和经历，这是无法复制的。然而经历背后的思维，却可以迁移，能够借用。

我把打造和推广影响力的方式，结合自己的亲身经历，总结成了十个思维。

当然，为了打开视野、增加思维的可验证性，我也结合了身边牛人大佬的故事和经历，最终形成了这十大思维。或许，对想要打造个人品牌影响力的你，有一些启发。

## 一、绝活影响力思维

说一位我在新东方的老同事——老罗，罗永浩。

大家看到他一会儿开科技公司做手机，一会儿又进军元宇宙，一会儿要卖电子烟，一会儿又破圈上了脱口秀，一会儿又玩起了直播带货，可谓风生水起、叱咤风云。

他能做这么多事，难道真的是因为他既懂科技又懂管理，还懂电商吗？

不尽然。

其实老罗有一个绝活儿，让他在芸芸众生之中拔地而起——口才，或者说，演讲表达能力！当年老罗就是靠一个爆火的《老罗语录》音频，成功破圈，影响力飙升，并最终吸纳了各种社会资源和创业机会。

一个人的时间和精力是有限的，他不可能十八般武艺样样精通，却可以把一个武艺练到18级！

绝活儿的本质，是不可替代性，是一种对他人心智的绝对占领。一想到某个问题、需要某种产品，马上就想到这个人是唯一的选择。这种不可替代性，能给你带来许多无法想象的资源和机会！

我自己也深有体会：读大学的时候，把英语练到了"炉火纯青"的地步，张口一说英语，能以假乱真，像个"假老外"。

因此，到了任何社交场合，尤其是那种上百人的大场合，只要上台做自我介绍的时候，来一段纯正的广播英语、四六级考试听力英语，每每总能立马圈粉（有机会来我直播间，给你演示一遍）。

因为这项绝活儿，我瞬间在人群中与众不同，脱颖而出，也因此更容易被人记住，链接到各种社会资源。

个人品牌圈的绝对大佬"剽悍一只猫"也曾经说过，打造自己独特影响力的最好方式之一是：成为专家，一骑绝尘！

一个人想要让自己出名变火、到处圈粉，除了那些营销手段，还真应该静下心来好好想想、好好打造一下到底什么是自己的绝活儿。一出手，就能解决别人的问题；一出手，别人就得靠边站了。

## 二、奖杯影响力思维

我的新东方老同事、友邻优课创始人夏鹏老师，在2004年获得"世界英语演讲比赛冠军"奖杯。这个"国际性奖杯"为他日后在新东方发展、自主创业后在各大平台的圈粉赚足了背书。

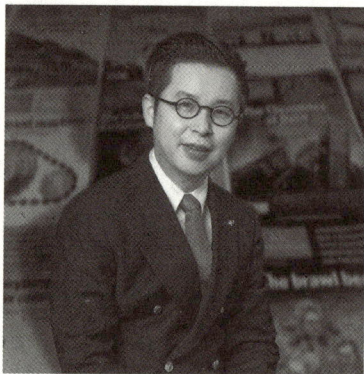

奖杯的影响力，最大的价值体现在两点：一是，权威机构/平台的认证，天然地降低了别人对你的信任成本；二是，间接证明了你业务能力的专业性，让别人对你更放心。

▲ 夏鹏：世界英语演讲比赛冠军、友邻优课创始人

如何提高"奖杯影响力"呢？

对于团队和公司而言，可以从国家相关机构举办的比赛和市场化机构/平台的年度颁奖中获得奖杯（如，腾讯教育每年会举办"回响中国"论坛，企业管理研究协会每年会举办"信用中国"颁奖典礼等）。

对于新个体创业者来说，可以考虑在学校、自身所在的工作单位中参加比赛、评选获得奖杯，或是参加社会化媒体平台举办的各种比赛获奖，如："微博××十大博主""知乎最受欢迎的××专家""喜马拉雅年度××十大主播"等。

在这些平台，多发优质内容，第一时间关注相关的比赛，积极参与，获得奖杯的机会还

是很多的。

### 三、履历影响力思维

顾名思义，你什么学历、经历、阅历是能放到台面上，写进你的履历的？能写，那就是你的影响力。

这里我重点谈谈履历里面的一项——学历。

你肯定听过"读书无用""博士都在给小学毕业的同班同学打工"这样的说法。这样的论断和现象，确实是存在的，但是颇有以偏概全之嫌。

这个社会，有时候确实是会给那些有更漂亮的学历背景的人机会的。

2007年，我从浙江一所普通大学三本专业毕业。因为英语好，又听过俞敏洪老师的演讲大受启发，所以特别向往去新东方工作。然而，我在杭州新东方、南京新东方和厦门新东方先后面试了六次，结果都被刷掉了，理由很简单——非名校、非一本（而且还不是英语专业出身）。

2007年，去杭州新东方面试，结果第一轮面试就被刷下来。

后来，我考上了北京师范大学的研究生，正宗的学制三年的学术型硕士，在还没毕业读研一的时候，又去新东方面试。这次，我选择的是新东方集团北京总校，结果面试顺利，成功被录取。

这期间，我没有教更多的课让自己的教学更有经验，没有去健身整容让自己变得更好看，也没有找外教让自己的英语变得更地道，但就是成功被录取了。为什么？因为学历从普校三本变成了名校研究生！

能被新东方总校录取，不就是把自己的学历变成影响力，让影响力变现，变成进入大平台的机会吗？

提高自己的学历履历，有三种落地途径。

1.国家教育体系内获取。如果你是中专、大专学历，可以通过自考获取一个不错的大学（甚至是双一流名校）的本科甚至是研究生学历。

2.市面上的培训机构。技能认证类（计算机、编程、英语等）、国家某些部委（教育部、人社部）颁发的资质证书（如翻译证、国际中文教师证）等。

3.高端的商学院或创业营。例如，长江商学院、中欧商学院的MBA证书；或者由知名企业、顶级投资机构举办的创业营（联想之星、经纬亿万）等的学习经历证明。

履历里面学历的部分，不仅仅是能获得权威机构（教育部）的认证和背书，某种意义上，也是你的智商、学习力和努力程度的证明。尤其是要做知识/技能类个体IP的创业，本人最好有优质学历加持，能大大提升你的可信度和影响力。

去学习吧，学历能带来影响力，影响力是能变现的。

### 四、口碑影响力思维

顾名思义，就是用过你的产品和服务的人，有口皆碑，愿意为你说好话，你的影响力也就提升了。

我在研一的时候到新东方教课，到研三毕业的时候，要找工作了。那时在北京找工作，除了薪水之外，毕业生都会特别考虑能不能拿到户口，一个北京户口，能解决你眼下的买车、后面的买房、未来孩子的教育问题。

但是毕竟到我毕业的时候，也就在新东方工作了不到两年半的时间，在新东方北京总校一堆具备拿户口资格的名校毕业生、刚读完MBA回来的高管中（那年北京总校具备拿户口资格的有近千人，但只有3个名额），凭什么要给我呢？

其实在研二下学期，也就是在新东方工作的第二年，我在微博上就已经有31万粉丝，公众号近50万粉丝，学生在这些平台留言，口碑、评价和对我的感谢，都非常正面。这些口碑和评价，公司和领导其实都是能看到的，借助口碑的影响力，我成功拿到了3个户口指标中的一个。坊间有云：一个北京户口值81万（2012年我拿到的户口），那是否可以说，我通过口碑影响力，变现了81万？

口碑影响力的本质，其实是从众心理，当一个人（你的用户、领导、未来的人生伴侣）还不了解你的时候，他了解你的成本是很高的，很容易对你形成误判。而如果他身边有很多人或者很多社会化媒体的评论都在说你好，那么大概率他也会从众地认为你是好的。

要想给自己提升影响力，你要提升自己的口碑、给自己攒人品。

怎么做呢？

1.如果你要"混群"（免费或付费），记得多在群里输出价值，让自己成为对别人有用的人。记得多捧一捧群里的班主，发自内心地感恩、感谢和夸夸他们。有些时候，社群的交叉度和重合度是很高的，大家聊起来，可能都知道你，你的口碑就是影响力，口碑就是变现力。

2.善于引导和互动。千万别不好意思，一定要学会去引导你的粉丝、用户主动表达对你的评价（当然是正向的内容），并且在各种平台上（微博、公众号留言、社群留言、抖音评论等）展示出来。

3.善于展示。有了上面的正向评价和口碑，别藏着掖着，大胆地发到你的朋友圈，发回社群，贴在公众号的文章上，营造一种有口皆碑（必须是真实的）的氛围和势能。

通过这三个步骤，你的口碑影响力会直线飙升的。

▲ 在社群里分享结束后，好评如潮

### 五、内容影响力思维

互联网的尽头，是内容。

我们每天对着电脑、拿着手机、捧着iPad，本质上都是在消费内容。内容做得好，能做到持续、稳定地输出，是非常能提高一个人的影响力的。

2015年，Papi酱在微博上发布了第一条原创搞笑视频，这之后，她成了2015年、2016年的全网第一大网红；爆火电视剧《雪中悍刀行》，原著前身，也是作者烽火戏诸侯发表在纵横中文网上的一部连载奇幻武侠小说；再往前说，十几年前风靡大江南北的当年明月，也是靠一部发表在网络上的《明朝那些事》火的。

内容，能成就一个人。

内容，能把一个人的影响力拉满。

内容，甚至能成就一个商业帝国，看看美国的奈飞（Netflex）公司就知道了。

而现如今的社会化媒体时代，一个人想通过内容崭露头角、爆红全网甚至破圈出圈，真的要比十年前简单太多了。

如果你擅长写作，可以在图文类平台上输出你的优质内容，例如，公众号、知乎、知识星球、微博、百家号、头条号、搜狐号等；如果你声音迷人，甚至是天生的声优，可以在喜马拉雅、荔枝、小鹅通、千聊等平台上输出优质内容；如果你的表现力、表演力突出，那更简单了，你可以在抖音、快手、b站、小红书、微信视频号上输出优质内容；如果你有系统性的经验、认知，又善于文字表达，还可以通过图书出版，输出你的优质内容。

我自己在新东方工作的第三年就开始写书，有了第一本，就有了后面的第二本、第三本……一直写了十几本。这些出版物作品，让我在整个新东方甚至整个教培界都有了巨大的影响力。

所以，如果条件和能力允许，出书，不仅可以让自己的思维认知影响更多人，还能让自己多拥有一个作者的身份，影响力会大大提升。

### 六、平台影响力思维

你可以不厉害，但是你背后的平台必须厉害。

2017年年初，从新东方离职后的我，加入了一家互联网教育创业公司——私域肖厂长的轻课公司。

这个岗位是教研合伙人，不仅需要有教学教研能力，而且需要有带团队的管理能力。显然，我在新东方主要是讲课、写书，带团队管理的经验和能力都是欠缺的。但是肖厂长最后还是把我召入麾下，用他后来的话说："毕竟新东方的牌子会发光。"2017年年底，我开始创业做公司。拿着办完婚礼后的十几万元份子钱作为公司启动资金，不到三个月，钱就花见底了，我必须出去融资。

见到真格基金创始人徐小平老师的时候，他问了我三个问题：

1.你过去最多一年赚过多少钱？（这是看我的赚钱力）

2.你结婚了吗？爱人做什么工作的？（这是看我的社交力）

3.如果公司账上的钱都发不出工资了，你会怎么做？（这是看我的抗压力）

我快速而清晰地回答了这三个问题，22分钟后，徐小平老师给我投了400万元。

后来和徐小平老师熟了，他告诉我："你在新东方取得过不少成绩，新东方这块牌子，还是硬的！"

你看，这就是平台的影响力在个人身上奏效的例子。

如何提高自己的平台影响力呢？有两个步骤。

第一步：找对目标平台。把你的用户最信任、最关注的平台搜罗出来。

比如，你是做营养保健的，他们最认可的平台，是不是类似"中国营养协会""中科院营养研究所"等？你是做摄影培训的，他们最认可的是不是"中国摄影家协会""佳能摄影协会"等？

第二步：主动出击。通过熟人关系引荐介绍。还是那句话，别不好意思，你主动为他们提供培训或分享，这是能为你换回来一个平台背书的。例如，你朋友在百度工作，如果可能的话，是不是可以让他把你推荐给百度的员工，做一次免费的分享。结束后，你就有了"百度特邀分享嘉宾"的平台背书和影响力了。

### 七、媒体影响力思维

我先讲一个我创业时的故事。

2018年，在我创业8个月后，公司的业务一直跑不起来，每个月只有5万元的收入，团队已经30多人，算上工资和房租水电，这点营收根本支撑不了，每个月还要亏几十万元。

我在肖厂长的轻课公司工作的时候，认识一位做业务、做增长的牛人同事LAX，他从轻课离职后，我第一时间知道了消息，就去找他说服他跟我一起创业，负责公司的流量和增长。

我和他第一次在咖啡馆聊，第二次在烧烤店边喝边聊，第三次约到我公司聊，第四次、第五次、第六次……甚至，我都想过带着他去公园散步，牵着手，边走边聊……

有一次，投资人从上海过来，约着我和他投的另外几家公司的创始人在北京篮街的"胡大饭馆"吃饭，席间我喝多了，酩酊大醉。

散席的路上，我一个人走在灯火辉煌的北京街头，看着车水马龙一片繁华，想着自己创业的艰辛、业务的停滞，百感交集，情绪一上来，号啕大哭。我边哭，边拨通了

**新东方系创业者群像："组团打群架，情怀当饭吃"**

亿欧网

又有新东方人离职创业了。

就在不久，刚刚宣布获得数百万元天使轮融资，这家公司的创始人是晓帆，曾是新东方高管，而在六天以前，英语小神童也宣布在这套四个月后二获融资，这家公司的创始人，曾做新东方考研英语名师金凌虹。

一个人的过去，总会给他的现在及未来留下烙印，在同一家企业工作过的一群人，离开之后，总是保留着有一些共同的特征以及同门间彼此不断的联系。在互联网圈中，有"百度系""阿里系""腾讯系"，而在教育圈中，"新东方系"绝对是值得关注的一个群体。

LAX的电话，特别没骨气地和他说道："兄弟，你就过来吧，帮帮哥，一起把业务做起来，咱们分股权，我不会亏待你的，哥真的需要你！"

他特别温和地安慰我："老金，你别哭，大晚上的，注意安全，别哭了，先回家，会没事的！"

然后，他还是不肯过来。

那之后一个月，网上出现了一篇文章《新东方系创业者："组团打群架，情怀当饭吃"》，这篇文章在朋友圈里爆火。

我的名字出现在文章的第一段，而且通篇也多次点名提及（正面的）。

几天后，LAX给我打电话："老金，咱们再聊聊……"

LAX没过一个月，就加入了我的团队，担任公司合伙人，负责公司全面的运营。他加入公司不到半年，我们的营收直接增加了100倍，达到单月500万元，是当时增长最快的创业公司。

后来，LAX和我说："老金，那篇文章我看了，看完觉得你还挺有魅力的。"

其实，人们对于报纸、杂志、软文这样的正式媒体发文，多少有种近乎盲目崇拜的信任感。

而且，通过媒体发文，还有很多好处。

1.能够吸引潜在投资人的注意。

2.能够招来优秀的员工、大牛级的合伙人。

3.能提振在职员工对公司、团队的信心。

4.能增加客户对公司和产品的信任度。

那么，如何提高你的媒体影响力呢？

如果你有特别厉害的个人故事和经历，有特别具备说服力的客户成功案例，有特别经得起市场检验的高质量产品，别犹豫，去登报，去宣传，去发挥媒体影响力！

1.传统的省市级媒体或行业媒体。如××日报、×晚报、×都市报、×之家、×天地等。当然，这类媒体除了线下纸质版的传播，还有网络在线版。这类媒体比较能提升品牌形象，提高客户的信任度。

2.创业类、企业商业类媒体。常见的如下图所示（排名不分先后）。

这类媒体在专业领域范围内比较权威，能吸引潜在的投资人、合伙人和业务合作伙伴。

除此之外，还有另外一个方法，也能形成和网络媒体报道差不多的影响力效果——在百度百科上提交自己的信息资料。

金凌虹从高考落榜到新东方名师的奋斗经历曾被《新京报》报道。[6]

2017年，金凌虹放弃百万年薪离开新东方选择创业，并在创业22天之后，获得徐小平老师的真格基金天使轮融资；[1]

2018年4月，又完成蓝湖资本数百万美元pre-A轮融资，5月，获评"教育行业最具竞争力十大诚信品牌"。[1]

2019年3月，金凌虹的"英语小神童"并购咕比宝宝英语，用户规模扩大一倍，布局幼小衔接及小学产品；12月，完成A轮千万级融资；[4]

2021年8月，金凌虹参加西装品牌Tie For Her，举办的"破茧成蝶"西装演讲担任分享嘉宾；12月，转型IP创业项目，并在两个月之后，发起了15小时17位IP大咖的直播连麦活动，正式进军创始人个人品牌商业IP赛道。[4]

百度作为目前国内最大的搜索引擎，依旧在人们的网络搜索习惯中扮演重要的角色。而在百度百科上提交自己的个人信息，一旦审核通过（需要有不少的权威佐证材料、网络公开发表的认证信息等）并被用户搜索到之后，是非常能提高一个人的专业度和信任度的。

除了百度百科，搜狗百科，今日头条等上面也可以申请提交专业的个人信息。

## 八、"刷会"影响力思维

我在创业的时候，尤其是2019年前后，会以公司创始人身份参加各种行业论坛峰会和颁奖现场，比如"GSE全球教育论坛""腾讯回响中国年会""未来教育者大会"等。

这个过程中，能够认识行业内很多泰山北斗级的前辈，也能结识行业内优秀的创业者们和合作伙伴，同时，也能为自己身后的公司带来不少的曝光量。

如何找到这些刷脸的机会呢？

1.关注"活动行"App或类似App，看上面有没有适合你去刷脸的活动。

2.刷脸的场合有几类：大平台举办的年终盛典（如腾讯、微博）、行业基金会举办的主题峰会、论坛、市场化机构（如中国管理学会、企业家俱乐部、中国诚信企业协会）举办的颁奖典礼等。

3.通过花钱、资源互换或者熟人关系，主动或被动邀请去发表演讲，并拍成视频、照片。

刷脸曝光提高影响力的本质，是借助论坛这个平台本身的影响力，是一种借力迁移行为。当然，你不能只是去论坛听课、和嘉宾合影，而是要想尽办法争取去发表演讲。这个过程一定要拍照记录下来。同时，发表演讲是你批量圈粉最好的时候，使你能够在这里找到合作伙伴、合伙人和其他你想象不到的资源。

## 九、案例影响力思维

我自己以前在教育培训行业，这个行业，尤其针对K12人群（幼儿园到中学）是非常看重产品交付者（老师）的教育背景的，海归精英总比本土大学受欢迎，国内985/211名校背景总比普通大学受欢迎。

但是，在知识/商业IP抑或是电商带货领域，客户普遍更看重的是产品交付者的实战能力、出结果的能力，而不是教育背景，"你很厉害、受过多少教育，跟我关系不大；你能不能给我带来结果（帮我变现），才真的重要"。

因此，我们要发自内心地去帮助客户成功、拿到结果。一方面是真的为他们创造价值，另一方面也是为自己的产品和服务打造成功案例。

成功案例胜过你自吹自擂一万倍！

2021年年底，我刚进入创始人IP打造业务之初，因为没有客户和学员，即便我想打造成功案例，也没有人让我打造，怎么办？我想了一个办法：先把自己打造成成功案例。

2022年年初，入行两个月的我，邀请了17位IP界的牛人大佬一起做了一场长达15小时的直播马拉松——15小时，从早上8点到次日凌晨，这也算是创造了行业之最。而且用很多朋友的话说："这场超长直播，老金邀请了IP界几乎半壁江山，全是牛人大佬，这阵仗太大了。"可以说，通过这场活动，我在这个赛道基本就站住脚了。

所以说，在没有人能给你打造案例机会的时候，就自己创造机会，把自己先打造成成功案例。一旦有机会，一定要用户交付和服务好你的客户，发自内心地帮助他们成功，因为他们的成功就是你的案例，而案例，会为你吸引更多慕名而来的客户。

### 十、"冠军事件"影响力思维

2022年冬奥会上，谷爱凌拿到了自由式滑雪大跳台项目的冠军，是本届冬奥会的第三枚金牌。

如果问你："你知道和谷爱凌同时参加自由式滑雪大跳台项目决赛，并拿到亚军的是谁吗？"

你未必能答上来。

这个世界，永远会给冠军和第一名关注和赞誉，几乎没人记得住几秒之差和冠军失之交臂的亚军和季军。

冠军的魅力，就在于此：它能瞬间掠夺他人所有的注意力，牢牢占据他们的心智。

我的一位学员，也是好朋友"网红声音教练石榴叔"，原本是在线下从事少儿口才类培训业务的，因为疫情影响，不得不转型线上。正好他有专业的中央音乐学院教育背景和声音训练的专业背景，于是，准备在线上开展"科学声音训练"的业务。找到我的时候，对于如何在互联网上开展业务、打造品牌等还比较迷茫。

我看他原先的底子就非常扎实，有专业的科班背景，也积累了一些头部IP网红学员的资源和案例。其实要规模化启动这个业务，就差一场"冠军事件"了。于是，我就鼓励他，尽快做一场有影响力的大型直播发售活动，而且，出于师生和朋友关系，我愿意亲自为他操盘这个活动。

2022年3月30日，经过20多天的筹备策划，活动上线了。直播发售当天，他取得了单日单场直播变现53万元的好成绩，而且，一举成为微信视频号生态上的头部声音教练。

在打造IP的个人品牌影响力的过程中，细水长流的稳健经营很重要，但是周期性地打造"冠军事件"，形成在用户心中的心智击穿同样重要。

以上十条，就是我自己亲身测试有效的打造IP超高价值个人品牌的黄金思维。相信你在深度阅读和落地实践之后，也能快速看到自己的IP个人品牌影响力上的提升。

## 创业5年，我的十条心得

2016年年底，我离开工作7年的新东方，准备去读一个MBA。

我走完烦琐的清华大学MBA线上申请，俞敏洪老师亲自为我写了推荐信，然后是面试，最后又参加了一次考研全国统考（2009年考取北师大硕士，已参加过一次统考），整个流程顺顺当当。

然而，在踏入清华校门之前，我做了一个决定——先去创业，读MBA不着急这一两年，哪怕等创业稳定后，再去读也没关系。

于是，2017年，我正式创业了。

▲ 2017 年 10 月创业至今，从一个人到一群人

本以为错过了这个MBA，可没想到的是，后面展开的波澜壮阔、刀光剑影的创业历程完全不亚于一次MBA教育。算上创业过程中公司的营收和完成的4轮融资，总计1.5亿元左右，我可以认为是花了1.5亿元的学费完成了这次MBA学习。而且，这个MBA不是在教室里、课堂上，是把自己的肉身放在真刀真枪的商战现场。

这5年的创业过程，让我彻底从一名和书本、学生打交道的英语老师，转型成了具备商业思维的CEO。我把过去几年最深刻的教训、最有价值的经验，提炼成十条心得，作为见面礼呈送到你面前，希望对你的人生、创业和赚钱致富有所启发。

这十条心得，如果在我自己5年前创业的时候就知道的话，能少走不少弯路，少踩不少坑，比现在多赚1000倍。我完全没有夸张，你且看完，就相信了。

### 一、选择比努力重要，方向比行动重要

尽管2009年到2016年期间，我在新东方成名是因为讲授考研考博英语课程，但是，2017年创业的时候，我切入的市场却是之前完全没有涉足过的少儿英语。而且，还是少儿英语中年龄更靠前的0~6岁低幼人群。

朋友们都劝我："别做自己不熟悉的人群和事情，会死得很惨！"

我完全没有受朋友们的善意的劝解影响。因为在2017年的时候，尽管线上少儿英语赛道已经非常拥挤，但是0~6岁几乎还是一片空白，鲜有人做，以至于，我在拿融资和投资人讲故事的时候，会手舞足蹈地告诉他们："我正在做的市场，是在线教育的最后一块蛋糕！"

2017年到2019年，我们发展迅猛，从0做到亿级年营收，从种子轮到A+轮拿了5000多万元融资，公司从几个人做到450人（全职+部分兼职）团队。

那是一个高歌猛进、风驰电掣的梦幻创业年代。

然而，到2020年的时候，在线教育烧钱大战，流量成本高到惊人；2021年的时候，政策落地，0~6岁不允许线上培训。

这个项目，因外力，被迫终止。

我曾无比绝望，茶饭不思，甚至自责。然而，有一次和一个红杉资本（投资圈顶流）的大佬聊天的时候，他的一番话，却瞬间让我内心释然了。

他说："其实，这是一场一开始就注定失败的战争——你做0~6岁的时候，市场一片空白，不是说这个市场没有竞争，而是那些真正的巨头还没进来，他们还在更赚钱的战场上厮杀，没空搭理你们。等他们大局一定，肯定是要来这片市场（战场）的，试想：账面上趴着几十亿元甚至几百亿元的做6~15岁K12人群的巨头，稍微往前伸伸手，就到0~6岁市场了，这个市场是他们的流量入口，他们怎么可能不做呢？"

我现在并不后悔自己当初选择了这个项目和市场人群，而是说，如果在创业之前，就听过大佬的这番话，也许当年会更加理性，不会盲目乐观。

创业的第一步，一定是选一个好的方向，好的赛道，比努力和勤奋重要。方向错了，再努力也没用、再努力也是一场一开始就注定失败结局的战争。

所以，如果你准备创业了，不管是个体创业、IP创业还是公司级产品化创业，都要扪心自问：我选的这个方向，到底是不是对的？

你可以去看行业报告，也可以去和这个赛道上有结果的牛人聊天，从行业规模、市场天花板、人群需求、竞争状态、技术条件、政策导向（特别重要）这几个维度，去审视和判断自己的创业方向到底有没有问题。

如果创业方向没问题，就一头扎进去猛搞；如果有问题，别留恋，别不舍，快速撤退，及时止损，重新再来吧！

### 二、要有合伙人，但是找合伙人必须慎之又慎

你再厉害，精力总是有限的，能力也总是有残缺的，不可避免的，你要找一个合伙人。

但是，找合伙人是一件特别需要慎重对待的事，不仅因为他的能力会影响公司业务的发展，甚至他的性格和价值观都会潜移默化影响到你。

创过业的人都知道：一旦你创业了，待在公司的时间，永远比待在家里的时间长；你和合伙人在一起的时间，也永远比和家人待在一起的时间多！

合伙人的标准是什么？

有一次，天使轮就投资我们的真格基金，把他们投资的几家不错的公司的创始人聚在一起吃饭。席间，一位创业经验最丰富的大哥说了他找合伙人的标准："底层上，能力要互补；中层上，性情要相投；顶层上，价值观要一致。"

这三句话，简单概要，却一针见血。

底层上，能力要互补。就是说合伙人身上具备的能力，一定是你欠缺的，一定是比你牛的。合伙人的能力怎么样才算强呢？有个判断标准：如果你的合伙人因为请假、出差而不在岗位上，你就得蜕好几层皮，那么说明，你就找对人了。

中层上，性情要相投。说白了，你们能互相欣赏，能玩到一起，气场是合得来的。我曾经有过一位合伙人，能力和价值观都没问题，但就是感觉性格上不是很和谐，有时候我爱表达，他却沉默寡言，久而久之，沟通越来越不顺畅，甚至，后来，我也渐渐地变得不爱表达，甚至沉默闭塞了。显然，这就属于性情不相投，可能就不合适。

顶层上，价值观要一致。价值观是什么？就是一个人作决定的依据，作判断的标准。价值观一致特别重要，如果说能力高低影响你们是否相互吸引，性

情相投决定你们相处质量的话，那么价值观是否一致，就能决定你们能否长久。什么叫价值观不一致呢？比如，你想的是长期主义、延迟满足，合伙人天天想赚钱，赚快钱，甚至违规违纪搞各种钱，那么，你们是没办法长期合伙的。

去哪里找合伙人呢？

有"三老原则"：老同学、老同事、老同乡。其实本质，就是找自己知根知底、有信任基础的人做合伙人。

### 三、带团队：成熟的人都很"无情"

前两天，我在朋友圈看到一位认识多年的朋友创业了。

她是个女孩，形象好、气质佳，而且作风飒爽，颇有女强人风范。

然而，不管底子有多好，毕竟是第一次创业，有些地方，还是显得天真而浪漫，纯洁而无知。

我看她时常在朋友圈里发类似的内容：公司就是你的家，我们不会丢下任何一个家人；小王感情受挫了，我就是她的大姐姐，好好跟她讲讲人生；公司遇到困难了，我要和大家掏心掏肺地讲讲我的真实想法，我也有脆弱的时候……

其实，真正成熟的人、真正的创业老手、真正熬过低谷经过黑暗的人，都是无情的。

这种无情，不是对员工漠不关心、没有人性，而是不会把私人情感、敏感情绪带到公司、带到团队、带到工作上来。

公司不是家，家庭讲究的是和和睦睦、睁一只眼闭一只眼；公司讲的是良性竞争、法纪有度、奖惩分明。

公司不是你宣泄个人情感，随便就能掏心掏肺的地方，就算你要真情流露、说话掏心窝，也要看你面对的对象是谁。毕竟，你和一个刚入职的新员工说只能说给合伙人听的事情并不合适。

很多创业者，都犯了一个错误：很多入职不久的，还没有领会公司文化，和作为创始人的你也没有建立情感和信任的员工，他们就算已经融入了公司，也只是把公司当作利益共同体，你却非要和他们走心，把他们当作事业共同体甚至命运共同体，这是一种错位。

所以，创业者在带团队的时候，除了对团队成员正常范围内的关心，还是"无情"一点吧：少谈点情怀、少说点初心、少掏点心窝。

多打胜仗，这是最好的士气；多分点钱，这是最好的鼓励；多给点机会，这是最好的关爱！

### 四、能拿融资，尽量拿

我的A轮融资，虽然不是几个亿，但也拿了几千万元，不是一笔小数目。

正因为拿的钱不少，尽管股份大头还在我自己手上，但是投资人占着"给了你这么大一笔钱"的心态，对我的决策和公司运营干预了不少。

尽管在投资人看来，这些干预是一种负责和赋能的体现，但是对我而言，则是不堪重负，最严重的时候，甚至看到投资人的电话就冒汗，甚至被逼得得过抑郁症。

▲ 墙上写着的公司，都是投资机构的作品，我的兄弟企业

因此，我常和一些创业新手讲："如果你不想被控制，或者你的抗压能力

不行，能不拿融资，就不拿融资。"

我现在想想，这种对创业新手的人间真实般的善意忠告，其实掺杂了太多个人主观情绪，这是不对的。客观的建议是：如果你要公司化创业，能拿融资，尽量拿。

拿了融资有什么好处？

1.背书。尤其是知名投资机构给你投钱，本身就是一种品牌背书。

2.吸引优秀人才。很多牛人就是冲着创业公司背后的知名投资机构才来的。

3.增加信任。拿过融资，用户更信任你、员工更信任你、合作的渠道也会更信任你。

所以，尽管当下和未来几年，资本环境愈发不如前几年，但是如果有可能的话，你还是要尽量争取去拿融资，这不仅是一种财务上的资源获取，还有更多融资后的隐性福利。

### 五、不要宅，去混圈、出圈和破圈

很多人认为，打工的时候，接触的圈子和看到的世界很狭窄。其实，等你创业了，自己做老板了，圈子和视野未必就会放大——公司的管理、面试、运营、团队建设和问题解决等，都需要你在业务现场。一不小心，创始人就活成了"死宅"——早上天没亮就到办公室，待一天，大门不出二门不迈，离开公司的时候，天又黑了。

"死宅型"的创始人，往好了说，叫作"是干事的""永远在业务现场""能听到炮火的声音"；往坏了说，其实是"信息闭塞""人脉单一""资源有限"。而且，你一直在公司抓着不放手，下面的人怎么放开手干？怎么成长？而且你天天在他们面前晃，他们也就没有神秘感和新鲜感了，会影响你的领导力！

不要宅，去混圈、出圈甚至是破圈。

圈子文化，不代表酒肉穿肠过的无效社交，而是一种信息流通的效率提升、社交成本的直线下降。

这个时代，无论是风口红利还是模式打发，迭代速度太快了，一不小心，你就被时代淘汰了。因此，信息、资讯，真的是硬通货。有一个高手云集的圈子，你往往能第一时间闻到市场的变化，抓到最新的红利。占据先机才能先发制人。

其次，在圈子里认识人，比起陌生拜访，速度快、效率高、信任也更强。因为从某种意义上讲，所有人在加入某个圈子之前，都是被筛选过的。

如同上面讲的融资，其实拿一次融资，就是一次破圈。拿完融资后，投资你的机构通常会把你拉到他们投的所有项目的创始人的微信群里。一瞬间，就认识了当下最优秀的一群创始人，效率太高了！而且，有投资人做统一的信任背书，和这些创始人的社交成本很低！

只要是好的圈子（不是没有门槛谁都能进的圈子，不是明摆着割你韭菜的圈子），花多少钱，都要进。而且，能花钱就进的圈子，比需要靠关系、靠考试才能进的圈子更省时间。再说，花钱进圈子，花钱这个动作，本身是个筛选行为，说明进这个圈子的人还是有一定能力和实力的。

所以，去混圈子吧，多去饭局、多去行业聚会、多参加行业论坛、多进几个付费社群、多花"巨资"进几个私董会，这些都是人脉资产、信息源头和能量会所！

### 六、喜欢钱，并不丢人

我在创业的时候，拿的是工资，而且很低。

第一，因为我要尽量压缩用工成本，尤其是引进大牛的时候，开不起那么高的工资，肯定要谈降薪（在创投圈子里，流传这么一句话："如果你找某个高管、大牛，他不是降半薪进来的，就说明你谈薪水的能力太差，或者你的个人魅力不够！"），这种情况下，自己是不可能拿太高的薪水的。

第二，你拿了投资人的钱，投资人也不希望投的钱都变成创始人的高额薪水，他们更希望把钱花到业务增长上去。

基于这两个原因，我就老老实实地拿着微薄的薪水创业，而且逢人就说："我创业是为了理想，是为了社会价值，我不在乎钱。"

你自己可以不在乎钱，但是，你的员工，你的高管，他们在乎呀！

其实，创始人真正应该有的心态是："我不在乎钱，不在乎的是工资奖金这种小钱，而是在乎事业成功后的大钱！"

爱钱，敢于谈钱，真的不丢人。

阉割掉你的金钱卡点，为公司、投资人、团队甚至是自己，在合法合规合情合理的界限内，疯狂赚钱，让所有和你有关的利益相关者，都赚到钱，这不丢人，这是一种本事。

金钱关系，从另一个角度看，是这个世界上最紧密的关系。

消费场所的服务员为什么服务周到，不是他们天性善良人性美好，而是你在那里花钱消费了。

如果你突破了金钱卡点，敢谈钱爱赚钱，后面的事情就好办了：

搞不定的资源，花钱打点，融通关系；搞不定的业务，拿钱激励，重赏之下必有勇夫；思维闭塞了，花钱去学习，找牛人付费咨询，然后想办法用业务突破把这些钱加倍挣回来！

一定要记住，在合法合规合情合理的边界内，在花出去的钱能加倍挣回来的条件下，多花钱、多谈钱、告诉别人你爱钱，真的不丢人！

### 七、找牛人：可以信任和借力，但不能依赖

在创业过程中，我经历过好几个重大的卡点：产品的形态和升级方向、流量的获取和转化、技术的提效和稳定。

每次遇到卡点，我的第一个想法就是去市场上招牛人，让他们来解决。

我的这个想法，也是一个商界老前辈教我的："专业的事情，交给专业的人，哪怕花大价钱聘请他们，也是用钱去'收割'他们多年的经验，这样节省时间！省下来的时间能赚的钱，可比给他们的工资高得多！"

这个理论完全没问题。

但是，如果把对人才的信任和借力，变成了一种无助情况下的依赖，就很危险了。因为，这种依赖，会让你很被动：你离不开这个牛人了，他一走，你的业务就停滞甚至崩盘；其次，你没有掌握评价标准，你看不出牛人做得好还是不好，完全是被蒙在鼓里的。

所以，任何一个新开的业务或者业务过程中遇到的卡点，一定要亲自上手，跑过流程，知道细节，明白底层的经历，这并不意味着你需要样样都会，什么都管，而是走过这个流程后，你知道怎么去判断人才优劣，避免被别人蒙蔽，知道业务发展的快慢节点。

开始一项业务之前，亲自上手：不会就学。

比如，我现在开始做新个体创业辅导，既然是辅导新个体，那我首先要变成一个成功的新个体——要打造自己的个人品牌，要付费参加各种圈子，要设计产品结构和交付形态，要亲自写文章拍视频做内容，要真正和用户交流并做好服务。只有走过这整个流程，我才有资格去教别人，有能力去复制给团队和员工。

创业者可以不必每天做细节性的业务，但是你必须自己做过业务，懂业务。

## 八、不仅公司要有品牌，作为创始人，也要有个人品牌

我曾经听过一个段子。

如果有人问你："你是做什么的？"

你回答："我是创业的。"那说明你还没挣钱，甚至在亏钱。

如果你回答："我是做生意的。"那大概率说明你正在赚钱。

确实，人一旦创业，尤其是拿了投资人的钱创业，基本上就不怎么考虑自己赚不赚钱这件事情了。而且，会时时处处替公司着想，哪怕上市套现、财务

自由看起来那么遥远，甚至完全没可能，也会大公无私地永远把公司利益放在第一位。

然后，你会用各种办法，比如上媒体、开发布会、投广告，去把公司的品牌立起来。但是，很少有创始人会考虑其实自己也有个人品牌！

我建议你，无论是公司型产品化创业，还是个体 IP 创业，一定要有打造个人品牌的意识。

从用户的角度来说，公司品牌再厉害，都是遥远的、冷冰冰的。而一旦公司品牌和创始人的人格、魅力和故事结合起来，等于品牌人格化，瞬间让公司品牌有了温度和灵魂。

比如同样是买橙子吃，一个不知来路的橙子，一个有品牌有广告的橙子，一个带着褚时健动人的人生奋斗故事的橙子，你更倾向于买哪个？

卖个橙子，夹带个人品牌：人生总有起落，精神终可传承。

所以说，公司品牌和创始人个人品牌，并不对立，也不孤立，而是一种相互缠绕、相互赋能的关系。

再举个例子。你知道"得到"App，也知道罗振宇，但是估计你已经分不清到底是先知道的"得到"App，后知道的罗振宇；还是先知道的罗振宇，后知道他创办的"得到"App 了。

再从创始人自身角度来看，个人品牌，是创始人的核心资产：别人拿不走，而且能复用。

我们预想一个最差的结果，如果你有自己的个人品牌，哪怕有一天行业垮了，公司没了，或者行业还在，公司还在，而你被赶出公司了，通过个人品牌，你随时能东山再起，从头再来！

怎么打造你的个人品牌呢？

简单说来：写文章、发视频、出书。

往细了说，再写十篇文章都讲不完。你可以关注我后面的文章，也可以加我的微信，看看我每天的朋友圈，关于创始人/超级个体的个人品牌，我每天都会分享一些心法。

### 九、迎合创业生活方式的最好姿态——性格阉割，精神断奶

创业不是一种工作，而是一种生活方式。

选择了创业，表面上你看到的是每天上下班自由不用打卡，不用听别人的摆布，自己掌握自己的命运，不再领微薄的死工资而是能赚很多钱。

然而，真正创过业，真正经历过轰轰烈烈的增长、束手无策的停滞的残酷竞争的创业者，才明白创业的残酷和理想的脆弱。

不是我危言耸听，这是真相，真相往往是残酷的。

也不是说，文章写到最后，给你泼个冷水，让你别去创业了。这是无法逃避的客观规律：你想要获得创业的时间和精神自由，物质和财富的暴涨，就必须承受创业过程中的黑暗、焦灼、痛苦和丑陋。

毕竟，上帝馈赠你的每一份礼物，都在暗地里标好了价码。

在我自己的创业过程中，每当我经受扑面而来的困难和情况——有些是你从没遇见过的问题、有些是你无法想象的人性之战，有些是你怎么努力也无法破解的困局——我心中总会生发悔意：为什么当年那么作，好好的百万年薪的老师工作不做，非要来创业？

直到有一次，我听到一个创业前辈，在直播间里分享他的创业心得，我的内心终于平衡了。

他说："公司一旦超过50人，各种办公室政治什么的都冒出来了；尤其公司在三四百人那会儿，每周要是不处理几起内部矛盾、临时突发的毁灭性问题和根本无法想象的外部冲击，都觉得这周不正常！"

创业的本质，就是解决问题。

一边解决市场和用户的问题（卖产品、卖服务），一边解决公司内部的各种人际和业务问题（带团队做管理），一边解决公司的生存和发展问题（做业务定战略）。既然是解决问题，你一定要做事情，而做事情，就一定会有摩擦，会有反人性的甚至是丑陋事件出现。

所以，创业不是请客吃饭，不是花前月下，不是你侬我侬，创业就是一场无情的实力角斗场，人性现形处。如果你要创业了，记得一定不能玻璃心——创业之前，先性格阉割，精神断奶吧！

当然，如果因为性格和能力的缘故，你无法承受这些，那建议你即使创业也别搞太大，别一开始就拉团队、拿融资、上杠杆、大规模，围绕自己的兴趣、特长和经验，进行新个体创业，小而美，总好过大而苦。

### 十、健康——再怎么强调，也不为过

创业，很容易让人失去生活，甚至丢掉健康。

一方面，是因为压力太大，风险太大，必须加班加点地和时间赛跑，和竞争对手拼刺刀；另一方面，创业者很容易进入心流状态，一工作起来就废寝忘食，全然忘我。

我在2019年增速最快，也是压力最大的那段时间，每天白天开会、面试，晚上拉着团队处理棘手问题，基本上每天都是凌晨两点走出公司。

于是，我就和爱人分房睡了，毕竟我晚上下班回家，她早就睡了；我一早起来上班，她还在梦乡里。为了不打扰她休息，分房睡是最好的方案。甚至，用我家人、朋友的话说："连生孩子都没时间。"

2019年12月的某个凌晨，我左腹发生剧痛——怎么上洗手间也没用的那种剧痛，赶忙去医院急诊，最后查出：左肾上有个1.6cm的结石。医生说，这个结石，是因为运动少、喝水不够、经常熬夜、心理压力太大导致的。

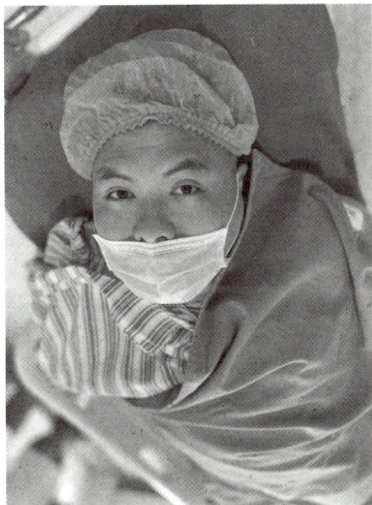

▲ 创业太拼，轻则吊瓶，重则手术，工作全停

那年冬天，因为这个结石，我做了两场手术，都是全麻。

手术结束后，不知道是心理作用还是麻药的后遗症，整个人都瘫了，站着说话都得靠着墙或者直接蹲下。

从那以后，我才知道，身体健康到底意味着什么。然后，我开始了规律的作息，正常的锻炼。

创业者，你的身体健康真的很重要！往远了说，影响寿命；往近了说，影响你的工作状态。

规律饮食、早睡早起、作息正常这些就不说了。重点要提的是一定要保持锻炼和运动的习惯。这可以让你处在一种活力状态下，让自己感受到身体内活力的流动，处理问题的时候才有更充沛的精力、脑力和心力。

为了保持健康和活力状态，我还专门请了一位精力管理教练。因此，这方面我的心得和经验可不比创业赚钱少，你也可以添加我的个人微信，多看看我的微信朋友圈，每天我都会在上面分享健康秘诀。

# 普通人如何写书

写书、出书有两个最实际的好处：

第一，它会给你一个身份的加持。

你会多一个作者或者是畅销书作家的身份和头衔，这个头衔能够给你带来很多品牌价值。因为中国人的传统观念里面，就是立言、立德、立行，其中这个立言，就是著书立说。中国人对于读书人、出书的人都有一种莫名的近乎神秘的崇拜。所以，出了一本书之后，你的身份会得到升级，旁人看你的眼光也会完全不一样。比如一个群里面，如果谁是出过书的，你看他的眼神肯定不一样。

第二，它能够给你带来经济上的回报。

很多人都知道，其实出书的版税收入并不高，我出过十几本书，但是出书这件事本身给我带来的经济回报不是那么直接（一本书大概赚几元钱，卖几十万册，算在一起也才100万元以内）。但是，它带来的其他价值很高，比如，你可以吸引非常多精准流量，这些精准流量后期变现的潜力是非常大的。或者说你可以通过出书获得其他更多的变现机会。

举一个例子。我在去年寻找方向的时候，一位大佬曾经给我指了一条路，说我可以去辅导别人创业。而创业的具体形式就是教那些想赚钱的人如何通过做副业来变现。尽管我后来没有走这条路，但是，当时我觉得还是靠谱的。于是，我就去网上搜索关于副业赚钱的材料和书籍，我搜到一本叫《副业赚钱》的书，它永远都在畅销榜第一名，大家可以看一下，这本书光评论就有1万多条，那么它在京东这个平台上，它的出货量可能就是10万~20万册，你想这是多么恐怖的一件事情。

这本书的作者叫Angie，我在去年8月份就看了她这本书，觉得写得蛮好的。直到今年，我们互加微信，成了朋友。

她通过写这本书，事业迎来了爆发式的增长。她说，他们三个人的团队一年做了八位数，就是千万左右流量的入口和个人品牌、影响力都来自这本书。而且，她后面又连续出了四五本书，可见会对她的人生产生多么大的影响。

读书的好处就不用我多说了，大家心里都特别清楚。那么我们怎么来写一本书呢？注意，我这里说的是怎么来写一本书，因为如果我们的话题变成了如何出一本书，那么更多是出版人跟你一起去打磨的事情，比如说你要选哪个品类、选哪个主题、选哪个受众的群体、在什么样的出版社、以什么样的营销方式来打爆这本书，它更像是一个营销策划的范围。

那么我们今天的分享更多集中在如何把一本书写出来，它是一个内容创作的过程。

### 一、写书必做：买装备

写一本书之前，假设你跟出版人都已经选好题、定好大方向和受众人群，要开始落笔了，第一件事情不是直接去写。

那第一件事情是什么呢？是买装备。

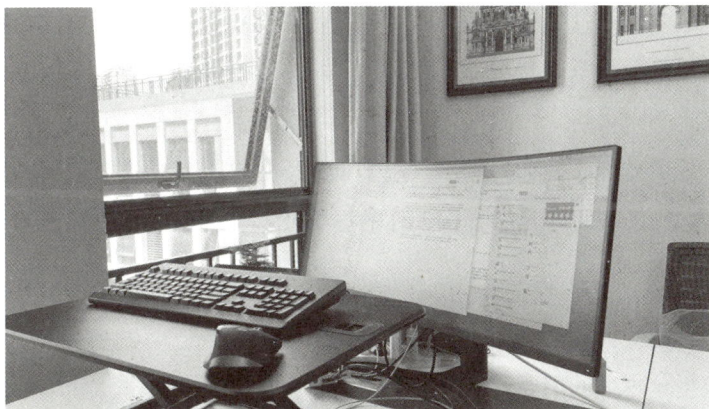

"工欲善其事，必先利其器"，因为打字是一件挺磨人的事情，如果你的装备准备用不顺手，非常消耗人的精力，效率还低。

如果你要写书的话，给自己置办两个大件：一是机械鼠标、机械键盘，打字效率比较高；二是一个超大屏幕的显示器，而不是再去买一台电脑，是买个显示器接在你的笔记本上，这个显示器可以多屏显示，比如说左边放文本，右边放参考资料等，这样效率也会提升的。

买完设备等于做好了基本功。

## 二、动笔前三部曲：穷举法、列纲要、定目标

### 1.穷举法

正式开始的第一件事情也不是写，而是穷举法。

把你要写的选题、方向里面的其他已经出版的书，通过买实体书也好、各种App阅读也好，总之，都要大概浏览一遍。

不用一本一本地细看，但至少要浏览这些书里收录了哪些具体的章节和板块，这个过程能够帮助你迅速构建一个知识体系和知识板块，也就是说，你的书至少在出来的时候不会有硬伤，或者说不会片面化，穷举法就是第一步。

我自己在写的时候，手边会放一大摞书。这些书是干什么用的？显然不是我拿来抄袭的对象。但是，至少我会翻一下，保证我的知识结构里面至少不会硬生生地落下某些东西而造成读者的阅读体验感变差。

其实，我们做任何事情，不仅是写书，包括做项目、选产品、定 IP、定人设，第一步都是穷举，找对标，我们只有看尽了世界上更多的案例，内心才能够更笃定。

古人说的"操千曲而后晓声，观千剑而后识器"就是这个道理。只有你看得够多了，你的视野才足够开阔，你的思维才不会狭隘，你的知识体系才不会有漏洞。

### 2.列纲要

你要把这本书的纲要列出来。纲要又分为章、节、题。

"章"就是你总共分为几个大章节，一般的书都分成三至五个大的章节，

有些可能会更多；"节"就是每一章下面有几个小节；"题"就是每一节下面有没有子话题，这样条分缕析。

它本质是总分结构，或者叫作以上统下，先总后分。这个过程，其实是搭出一个纲要，就相当于一个框架，它就相当于你盖房子的时候的轮廓和骨架。

千万不要上来就写细节，比如去写一个具体的子话题，你看不到全盘，直接进入细节，到最后还是会迷茫的。所以，还是要把大纲列出来。这个过程，就是搭一个房子的架构，一个外形和轮廓，它有助于你整个文章的谋篇布局。再者，它可以让我们整个写书的工作从心理上变得更加轻松。比如，你总共分成四章，每个章下面有四个小节，那就是16个话题，也就是说，这一本书你就写16篇文章，如果以我经常用的万字长文的水平，那就是一篇文章1万字，16篇文章，16万字，一本书就写完了。

### 3.定目标

就是给自己设定目标。如同上面举例一本书，它分为16节，那么为了倒逼自己执行到位，一定要在明确的时间内完成初稿的交付，最好的方式就是咬定目标不放松。

| 周一 | 周二 | 周三 | 周四 | 周五 | 周六 | 周日 |
|---|---|---|---|---|---|---|
| | | 4 完成书稿目录 预约面试名单 完成 | 5 9:00-12:00Ada电话 14-17:00 电话咨询 19:00-后 面试 完成: 序-我的故事 | 6 完成第一章 定位系统 | 7 完成第二章 品牌系统 1-5 节 名字头像标签 金句朋友圈 | 8 完成第二章 品牌系统 6-9节 介绍, 故事 使命愿景价值观 |
| 9 完成第三章 产品 1-3节: 了解行业 判断需求, 客户 安排新员工培训 第二章: 故事 | 10 医院复诊 短视频文案选题 (弹性) 赶进度 | 11 完成第三章 产品 4-6节 类型 矩阵 产品包装 短视频稿子写好了 | 12 完成第四章 内容 1-2节: 平台、建设 | 13 完成第四章 内容 短视频和直播 内容第一第二节 第三节第四节 | 14 拍摄短视频 第四第五章缓冲 | 15 完成第五章 流量 1-3节 买流换裂 |
| 16 完成第五章 流量 4-5节 私域体系 | 17 完成第六章 发售 1-2节 直播、社群 私聊和朋友圈 | 18 完成第七章 交付运营 社群运营新法 | 19 缓冲上述章节中 落后的部分 | 20 完成第八章 团队 重新写 | 21 后记/附录 以及整体梳理 交稿 | 22 |

给自己定一个目标，比如每天或者每两天写一篇，然后总计多少天。一定

要把整本书的所有章节全部写完。没有目标就没有衡量的标准，就没有行动的动力，所以定完大纲之后，不是直接写，而是定目标。

### 三、下笔后三部曲：写、补、审

要真正开始动笔写了。写作时要举很多案例，说很多的故事原因，列很多的数据。在这个过程中，有一个提高效率的方法，或者说这个方法是以前我踩坑踩多了之后总结出来，最后反思之后的迭代。

我们经常会在写的时候，边写边找案例、找素材、找资料、找数据、找图片，这个过程其实是会打断你写作的心流模式的，或者说不断地中断你写作顺畅的过程，它会让你的效率变得越来越低，因为你在写的过程中，一旦被某个事件打断，打断之后再重新回到那个状态，又需要一段调整的时间，那这样效率不可能高的。所以，我建议第一遍写稿的时候，一字到底，一篇到底，我只写内容，只写核心思想，所有的举例和案例都先留着、空着。

下一步，是补充素材。

还是以上面为例，比如说把16篇文章全部写完了，再从头到尾补充素材。当然，你在第一遍写的时候，就要在相应的地方做好标记（比如，要在文章的中间写上此处应该插入某某素材或案例），等你第一遍全部写完之后，再从头到尾在这些标记过的地方一次性来插入和补充素材。

就等于说把边写内容边找素材混合的事情拆分成为有先后顺序的两件事情：先写核心内容主稿，再补充素材。

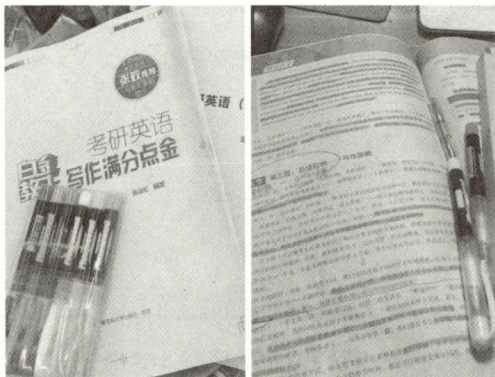

最后一步是在交稿之前完成审校，看看里面有没有明显的知识硬伤或者表述上不符合逻辑的地方，是否有明显的错别字。这些地方虽然出版社会有三审三校的流程，但是，还

是要自己检查一遍。给你看张图片。

这是我2015年写书时自己的一份材料，我把整个书稿写完之后，会去打印店里把整本书打印出来装订好。然后，买上不同颜色的水笔，在上面开始校对。比如，有些地方是重点，我会画一下，有些地方写错了我会擦掉，因为用这种打印版的文字进行校对，效率会更高一些，准确率也能够上去。

你改完之后，再把这一本有标记的打印版、连同你的电子稿交给出版社的编辑老师。这样，其实对方的工作效率也会更高。

这就是写书的整个过程。

# 行业选择——如何发现一门好生意

## 一、择行如择偶，不慎毁一生

都说"女怕嫁错郎，男怕入错行"。确实如此，择行如择偶，行业选得不合适，事业很难发展起来。

我在北师大读研的时候，认识了两位新闻系的朋友。他们毕业后做的都是新闻传媒工作。S君去了传统的报纸媒体行业，T君则去了一家国内巨无霸级的互联网公司的新媒体部门。时隔十年之后再聚首，S君和T君已经拉开了巨大的差距：S君所在的传统媒体行业，因为受到互联网、科技产品、短视频等的冲击，日渐式微，尽管他也兢兢业业、努力进取，但薪水一直没怎么涨，甚至天天担心被公司优化裁员；而T君则先后赶上了微博新媒体、公众号新媒体和短视频新媒体几个红利风口，加上自己业务能力出众，工作足够勤奋刻苦，现在早已位居高位，收入颇丰，遥遥领先于S君了。

毕业院校和专业一致，才华能力相差无几，努力程度几乎一致的两个人，怎么就拉开了差距呢？你会说"时也、运也、命也"，但是不得不承认：行业不同，基本决定了未来发展的速度和天花板。毕竟，个体再优秀，也会受到行业和大势的裹挟。

可见，无论是找一份工作还是找一个方向创业，行业的选择，至关重要。

## 二、创业成功的三个因素

我从2017年离开新东方开始创业。

因为是公司化运营的创业方式，难免会经历融资的过程。

创业的五年多里，从红杉资本、经纬中国、真格基金这样的顶级投资机构到相对普通的投资机构，我接触了270多家（至今，这些投资机构的创始人、主要合伙人或投资总监的联系方式，还躺在我的微信通讯名单里）。在向这些世界上最聪明的人融资的时候，不仅是一个销售自我和公司的推销过程，更是一个交流、学习的成长过程。

而我也从当年的新东方名师身份，经由这次创业，具备了经营者思维，成为一名创业者。

在此之后，但凡有人问我某个创业值不值得做，我不会凭借自身的行业背景和个人喜好来判断，而是不自觉地借用当年投资人评估我的项目优劣的三个标准：赛道、赛车和赛手。

赛道：顾名思义，就是你这个项目所处的行业、面向的市场。一辆赛车要想在比赛中表现突出（或者至少要做到变现稳定），必须选一个足够平坦、足够宽敞、足够长远的赛道。

赛车：可以理解为操盘这个项目的团队。团队的成员由哪些人组成、成员的能力水平如何、他们之间的配合度怎么样。这些成员组成的团队，相当于比赛时的那辆赛车。

赛手：顾名思义，就是在这个赛道上操作驾驶这辆赛车的司机。通常可以理解为创业项目的一号位，也就是创始人。创始人作为赛手，他的经验、能力、情绪稳定性、自我迭代和学习的能力，基本上决定了一场赛事能否夺冠。

### 三、如何发现一门好生意

我们这里重点讲讲如何选择一个好的赛道。一门生意是不是个好生意，除了和经营者的能力水平，甚至和自身的运气有关，更大的关联，是由所处的赛道决定的。

如何判断自己选择的创业项目，是否处在一个好的赛道上，是不是一门好生意呢？

#### 1.行业全貌

行业全貌，在于我们要用上帝视角从上往下俯视这个行业。

俯视行业的时候，重点不是关注这个行业的人群、市场规模、营收体量，因为这是"市场规模"维度需要考量的因素。

俯视行业全貌，我们真正要关注的，其实是这个行业所处的周期。

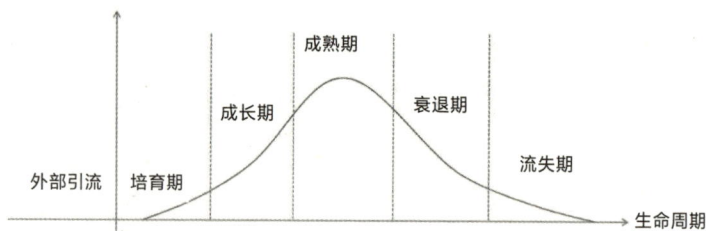

每个行业都有自己所处的发展周期，我们也可以理解为大势。在合适的周期内进入行业，也即顺势而为，不说能够拔地而起，至少也能让你少吃很多不必要的苦。

任何一个行业，结合当时的社会政策背景、人口基数、技术条件、经济水平、竞争者状况，可以分成培育期、成长期、成熟期、衰退期、流失期这五个阶段。

就我自己而言，选择行业的过程中，经历过三次明显的行业周期带来的深刻觉知。

2009年，当时还在北师大读研的我进入新东方工作。那个时代的教培行业，已经处于明显的成熟期：大家对课外付费补习的消费习惯充分接纳、国家政策鼓励支持、整个教培行业的产业链发展完善。到研三毕业的时候，我已经完成了在北京生活和发展的经济层面上的原始积累。

2017年，我选择做互联网少儿英语培训。那时，已经出现多家强有力的竞争机构，行业竞争比较激烈，而我切入的是0~6岁低幼儿童的英语培训（启蒙培训），因为这个年龄段的英语学习需求，相对于6~12岁的孩子会弱一些，因此玩家其实并不多；再加上这个年龄段属于所有教育产品的流量起点和入口，因此还是具备相当的商业价值的。竞品少、人群优，这两个因素使我站在了行业早期培育期的阶段上。

2018年，短视频平台抖音进入了第一个迅猛发展期。我在公司内部快速组织了一个三五人的小团队，开始在抖音上做育儿相关的账号和内容。然而，我们内部团队做了一段时间，发现了导流和变现上的难度。为了控制成本，没过几个月，我把这个项目小组喊停了。

这两次创业，很多同事、朋友夸我选行业有眼光，其实我内心想得更多的是：如何用同样的努力和能力，避开完全竞争的红海赛道和成熟周期，来获得更好的创业成功概率。我的第三次失败，则是因为没把握好行业周期。

那么，如何尽可能地了解一个行业的周期和全貌呢？

有两个方法，一个严谨理性，一个主观感性。

（1）严谨理性地了解行业全貌

数据不会骗人。我们可以在"国家统计局""搜数网"上查找行业的相关数据，也可以在"钛媒体""行行查"上搜索相关行业的行研报告。这些数据和报告，会从严谨的数据和高度概括的角度，来评判一个行业的整体情况。据我所知，任何一个投资人，在和意向投资的创业公司创始人见面交谈前，都会做足功课，搜索、下载并研究这个行业的数据和行研报告。

（2）主观感性地了解行业所处的周期

我曾听过一位资本圈的大佬说过一句话："当一个行业已经挣不到钱的时候，出来教大家怎么在这个行业挣钱这件事，还能挣到一笔钱。"

听着挺讽刺的，但其实不无道理。

因此，当年看到某个行业已经出现大量的图书出版物、培训课程的时候，基本上已经到了这个行业的成熟期晚期，甚至是衰退期。毕竟，真正处在行业发展早期或爆发式增长的发展期，人们都忙着挣钱抢钱，哪有时间出来培训呢？或者说，当他们把挣钱的方法都教给你，不是明摆着给自己培养竞争对手来抢钱吗？

### 2.市场规模

市场规模，就是你在多大的河里钓鱼。

大江大河钓大鱼，小溪小沟钓虾米！

选择一个行业的时候，要看看这个行业的体量。通常而言，在一个更大市场里面，创业获得的机会和收益，都会更高一些。

我记得早期接触投资人的时候，经常听他们讲一句话："这个行业的天花板是否足够高？"

　　如果行业的体量不大、天花板不高，几个强有力的玩家稍微做几年，就做到头了。对于大公司大玩家来说，没有持续增长的可能性；而对于小个体小创业公司来说，甚至还没来得及进场玩，游戏就已经结束了。

　　当然，近年来，在把行业的市场规模作为行业的评价标准这件事上，也有一些不同的声音，比较值得思考。

　　有人认为，选择一个项目，未必需要它是大体量、大市场，精准地切入一个小众的甚至差异化的市场，未必不是一件好事。

　　为什么这么说呢？

　　因为大体量、大市场，通常来说，门槛并不高，玩家比较多，竞争过于充分。而且，巨头大厂大概率已经进场，甚至已经完成了布局并处在绝对领先的位置上。这样的大市场，通常是看起来很美，做起来很难——不是因为你不够好，而是做这个市场的其他选手太好了，你被比下去了。

　　我们不去谈金融、互联网、消费品这些市场大，但却早已被巨头占领的行业，就说说家居行业，当大家都在隶属于家居行业的电器、装修等行业争得头破血流的时候，有一个看似小众、体量不大的市场迅猛崛起——家庭收纳服务。

　　家庭收纳服务，顾名思义，就是上门为你做物件规整码齐，还你一个整洁清爽的家居环境。

　　我有位学员，本来在商场里做导购，疫情期间被裁员了。疫情缓和后，出来找工作依旧艰难。百般无奈之下，经朋友介绍，她和她妈妈一起，开始做起了上门收纳的工作。而且，幸运的是，她的网感特别好，比较喜欢玩短视频，在我的指导下，她给自己和她妈妈在抖音和快手上分别做了一个账号，后来都做成了百万量级，而且她妈妈的账号甚至比她本人的更吸粉。现在，她可以在短视频平台上获得稳定的流量，为大家提供收纳培训和工作机会。这个选择让她从一名无业青年，摇身一变成了一个300多人团队的负责人，经济收入和生活都发生了翻天覆地的变化。

　　当然，在考察一个行业的市场规模的同时，另一个特别值得关注，甚至更应重视的因素，是这个市场的增速如何。

市场增速，某种意义上代表这个行业发展的势头和动能。增速快的行业，天然地会对这个行业内的创业者形成一种外部利好的推力。就算你禀赋资源、天赋能力一般，这个行业都会推着你往前走。

2015—2018年前后，微商盛极一时。处在这个行业里的任何一个产业链上的创业者，基本上都赚到了钱。这是因为那几年，本身微信的注册人数还处在最后一个增长期（尤其是下沉城市），注册和使用微信的人越来越多，附着在这种趋势上面的商业模式，也当然处在大增速之中。

在考察市场规模这个维度的时候，除了注意市场体量、市场增速之外，还需要考虑你的产品是否高频刚需，用户人群体量是否够大以及消费能力是否够强。

首先，从产品角度分析，如果你所从事的行业是高单价、高频次、真刚需，那是天底下最好的生意——这个产品必须用、每次买的价格都不低，而且需要持续不断地买！当然，最好的生意，有时候也是最理想化的生意，很难三个因素全占了。通常而言：高价、高频、刚需，这三个因素能占任意组合的两个，就是不错的行业了。

其次，从人群角度分析，你的产品，制造出来，是要卖给人的，而不是堆在库房里的。因此，研究谁是你的客户，就显得极其重要。通常来说，人群的购买力和消费欲上，存在一条鄙视链：女人>孩子>老人>宠物>男人。因此，如果做女人、孩子的生意，这两个人群无论从体量基数还是购买力上来说，都是极其好的。

我创业时做的是0~6岁的英语启蒙产品。第一，产品的直接交付对象是孩子；第二，因为0~6岁的孩子的学习主动性和自觉性相对较弱，大概率是需要家长（尤其是宝妈）陪同的，因此，也等于做了女人的生意。所以那时，无论是给团队全体成员开会，还是给投资人讲故事，我都会说："这个项目，从创业情怀上来说，是很有意义的教育项目，而且是家庭教育项目；从商业逻辑上来说，我们赚的是女人和孩子的钱。"

因此，你选择的行业和赛道，从市场规模维度的用户人群角度来看，尽量符合如下标准：女性好过男性，孩子好过大人，职场人群好过学生群体，高净值人群好过职场人群。

### 3.技术和政策

因为我本身并不是经济学者，我更多地会从一线创业实战获得的商业认知角度，来看待行业的选择和发展。因此，以我的经验看来，任何一个行业获得爆发式的增长、进入从业者能雨露均沾的发展期或成熟期的条件，无非两个：人口红利和技术红利。

人口红利好理解，出生率的增长导致人口越来越多，更多的人口意味着更丰富的人才和更多的需求。

重点看看一个行业的技术红利。

还是以前10年（更短时间来看，是前3年）发展迅猛的在线教育为例。

在线教育的元年是2013年，我的切身感受是线下班，尤其是非刚需的四、六级班，人数变得越来越少——因为越来越多的学生选择了网络学习，线下的学生被分流了。

线下的式微，就意味着线上的增长。很多学生在线上买课，非常方便——因为技术层面来讲，微信、支付宝付款，十分便捷、安全；很多学生甚至直接在自己报名老师的微信社群里看文字图片，听老师的语音或者提前录制好的视频来上课，这没什么不好的，而且时间上比较灵活。其实这也得益于类似微信这样的社交工具在技术层面上的日渐成熟。

而2017年外教直播一对一/小班课、2018年、2019年K12直播超级大班课迅猛发展，行业的发展势头、竞争势头、融资势头，甚至再现了当年的团购、网约车和共享单车行业的盛况。当然，这种迅猛发展，本质上也得益于直播技术在微秒级延迟率、班容率大幅度提升上的进步。

可以说，抓住这些技术红利的人，都曾因此获得巨大的利润。所以，我们考察一个创业项目的时候，要重点考虑这个项目所在的行业会不会因为技术的大踏步变革而产生效率的提高和需求的更好满足，如是的话，应该会有很好的创业机会。

除了技术之外，另一个要重点考虑的因素是政策。

做生意本来就是要顺势而为的，国家的政策一定程度就是最佳的趋势，跟着大趋势走，才能坐上顺风车。

2021年夏天，经历"双减"政策的切肤之痛后我深刻体会到政策对于一个公司、一门生意、一个行业，到底意味着什么。

在评判一门生意所在的行业的优劣的时候，从政策角度来看，一定要关注国家鼓励什么、限制什么、惩罚什么。而且不仅是关注，更要有一定的敏感性和预判性。

关注政策走势，除了看新闻，还可以看看中央各部委和地方政府出台的文件。大家可以登录官网，看政策板块下的相关文件。

通过考察行业全貌、市场规模、技术和政策这三个大维度，基本可以在选择一个行业和生意之前，做到预判和胸有成竹。

虽然说任何一段行业的经历，对我们都是一种积累和财富，但是如果能在进入一个行业之初，就做好充分的考察和判断，是能更好地降低失败风险、提高成功概率的。

当然，如果你现在的心态是不想高举高打、拉一个团队弄一笔融资开一个大公司去创业，而是希望在风险可控、收益可期的范围内，通过自己的兴趣、特长、经验进行新个体轻创业，我认为也是一种很好的选择。小而美未必不是一种好的创业状态。